La vie émotionnelle du tout-petit

Alicia Lieberman

La vie émotionnelle du tout-petit

Traduit de l'anglais (États-Unis)
par Claire Joly

EDITIONS
ODILE JACOB

Ouvrage publié aux États-Unis
par The Free Press, New York
sous le titre : *The Emotional Life of the Toddler*

15 RUE SOUFFLOT, 75005 PARIS
INTERNET : http ://www.odilejacob.fr

ISBN 2-7381-0454-1

À MES PARENTS,
DR MANUEL FRIDMAN
DR ROSA ASRILEVICH DE FRIDMAN

ET À MON FILS,
MICHAEL MORRIS LIEBERMAN

LES RACINES ET LE FRUIT

Remerciements

Chaque livre est un hommage à ceux qui l'ont rendu possible. Nombreux sont ceux qui m'ont accompagnée pendant que j'écrivais le mien et leurs voix se sont souvent mélangées à ma voix.

J'ai eu la chance d'avoir trois femmes extraordinaires pour professeurs qui m'ont aidée à devenir ce que je voulais être.

Mary Ainsworth m'a acceptée dans son programme de troisième cycle quand je suis arrivée dans ce pays. C'est elle qui m'a introduite à l'univers de la recherche, qui m'a appris à observer les tout-petits et leurs parents et m'a fait découvrir la théorie de l'attachement, théorie qui, au fil des ans, s'est avérée de plus en plus précieuse. C'est également elle qui m'a donné des conseils pendant que j'écrivais ma thèse et qui m'a permis de découvrir les joies d'écrire dans une autre langue. Elle m'a fourni tout ce dont j'avais besoin pour entreprendre ce voyage et est restée ensuite une base solide sur laquelle m'appuyer.

De Selma Fraiberg, j'ai appris comment guérir. Elle savait à quel point la souffrance peut se transmettre d'une génération à l'autre, du parent à l'enfant, et elle savait également comment parler en faisant preuve de sagesse et d'ouverture d'esprit, comment rompre le cycle d'hostilité et restaurer la confiance et l'amour. La joie qu'elle manifestait pendant ses cours est restée gravée dans ma mémoire.

Marjorie Harley m'a fait découvrir l'univers des plus grands. Elle était à la fois d'une grande générosité et d'une grande exigence, et je lui dois beaucoup.

Deux de mes directeurs de thèse m'ont mise sur la voie que je poursuis actuellement. Le premier, Joseph Adelson, m'a encouragée à écrire et surtout à penser. Le deuxième, Peter Blos Jr., m'a montré l'exemple. Son travail clinique nous rappelle constamment ce qu'il est possible de faire à condition de savoir écouter.

J'ai eu la chance de travailler sous la direction de Stanley Greenspan lors de mon premier poste. Son intérêt pour la recherche n'a d'égal que son enthousiasme à le faire partager. Sa compréhension des mécanismes de la vie émotionnelle chez les tout-petits a permis d'importants progrès en matière d'intervention préventive, et cela a été pour moi un privilège de travailler avec lui dans ce domaine de pointe.

Mais le présent mérite autant d'égards que le passé. Le programme parents/enfants pour lequel je travaille actuellement constitue pour moi un second foyer, à tous les sens du terme. J'ai pour son directeur Jeree Pawl une reconnaissance immense, lui qui nous sert de guide avec tant de conviction depuis toutes ces années. Ce livre porte l'empreinte de bien des heures heureuses passées avec lui à discuter, reconstruire, évoquer et même parfois tout simplement imaginer l'univers intérieur des tout-petits.

J'ai la chance de travailler avec des confrères qui sont également des amis chers. Je tiens à remercier Judith Pekarsky, Graeme Hanson, Barbara Kalmanson et Stephen Seligman pour avoir introduit dans les activités d'enseignement, le travail clinique et même les tâches administratives un esprit de camaraderie et une curiosité intellectuelle qui venaient égayer la routine quotidienne.

Des confrères que j'estime ont également lu les premières versions de ce livre et m'ont abondamment conseillée. Je tiens à remercier Mary Ainsworth, Terry Brazelton, Emily Fenichel, Jeanne Miranda et Arietta Slade pour leur lecture attentive et leurs commentaires constructifs.

Ma relectrice, Susan Arellano, m'a apporté un soutien sans relâche et ne s'est jamais trompée dans ses jugements. Étant elle-même mère d'un jeune enfant, elle savait quand recentrer les choses. Ce livre a largement bénéficié de ses suggestions.

Les exemples cités renvoient à de vrais enfants et à de vraies familles. Je leur suis reconnaissante de m'avoir permis de m'approcher d'eux et de travailler avec eux. Ce livre n'aurait pu se faire sans leur coopération.

Stephanie Berg, qui a héroïquement tapé mon manuscrit, a été ma première relectrice. Son sourire ou son sérieux chaque fois qu'elle m'apportait un nouveau chapitre m'encourageait ou me mettait en garde, la plupart du temps avec raison. Anne Cleary, notre secrétaire d'administration, m'a convaincue qu'il n'existe pas de but qu'on ne peut atteindre et elle m'a bien souvent aidée à le vérifier.

L'essentiel de ce livre a été rédigé à la maison, le soir après le travail, avec les encouragements de mon mari, David N. Richman, qui, par ses réflexions et ses intuitions, m'a constamment soutenue. Il m'a appris ce que signifie être accompagné dans sa solitude. Je le remercie, pour cela et pour bien d'autres choses.

CHAPITRE PREMIER

L'importance des premières relations

Vivre avec un jeune enfant est en soi une expérience passionnante. Qui vous montrera avec autant d'enthousiasme que cette feuille mouillée qui traîne là par terre est une pure merveille, ou que de faire des éclaboussures dans son bain procure une sensation de bonheur infini ? Les tout-petits* savent vivre dans l'instant et s'émerveiller devant l'ordinaire. C'est cette capacité qu'ils vont faire partager aux adultes qu'ils aiment en les aidant à retrouver les plaisirs simples de l'existence.

Mais les tout-petits traversent aussi des moments sombres. On sait à quel point ils peuvent être têtus et imprévisibles. Ils sont aussi difficiles à vivre qu'à comprendre. Par moments, les parents se trouvent pris dans des rapports de force et se sentent dépités de ne pas l'emporter plus facilement dans un combat où les armes sont aussi inégales. À d'autres, ils se sentent tout simplement dépassés. Comment savoir ce que veut un enfant qui est incapable de formuler clairement sa demande ? Le petit garçon ou la petite fille ne peut que répéter inlassablement le même geste jusqu'à ce que le parent comprenne enfin de quoi il s'agit et réagisse de manière adéquate.

Chez les tout-petits, les exemples de comportement qui demandent une explication ne manquent pas.

---

* En anglais *toddler*. Ce terme fait référence à l'enfant qui commence à marcher (*to toddle* : marcher d'une démarche mal assurée) mais englobe plus généralement la période qui va de un à trois ans, avec ses problèmes physiologiques et psychologiques spécifiques *(N.d.T.)*.

• Blair se tape la tête contre le mur chaque fois qu'il est en colère ou qu'il se sent frustré.

• Eddy pleure parce qu'il a faim, mais il refuse tout ce que sa mère lui propose à manger.

• Sandra pousse des hurlements et essaie de se cacher chaque fois qu'elle voit un éléphant dans un livre.

• Lenya lâche la main de son père et se met à courir au-devant d'un cheval qui arrive vers elle au grand galop dans le champ près de chez elle.

• Mary cherche sa mère dans toute la maison et quitte la pièce en courant dès qu'elle l'a trouvée.

• Marty pleure pour qu'on le porte et tout de suite après, demande à ce qu'on le remette à terre.

Ce type de comportements met la logique des adultes à rude épreuve. Pourquoi un enfant chercherait-il à se faire mal, pourquoi choisirait-il de rester le ventre vide, pourquoi aurait-il peur d'une image inoffensive, pourquoi se jetterait-il au-devant du danger, pourquoi chercherait-il sa mère à la seule fin de la quitter, pourquoi enfin demanderait-il du réconfort pour le rejeter lorsqu'on le lui donne ?

Ces réactions, qui paraissent inexplicables aux yeux des adultes, sont parfaitement sensées du point de vue d'un enfant qui a un, deux ou trois ans. Ce livre se propose d'en expliquer l'origine. Les idées qui y sont exposées sont la synthèse de mon observation des enfants, d'un travail clinique mené en collaboration avec des tout-petits et leurs familles et des théories sur le développement infantile et des découvertes les plus récentes. Les concepts qui structurent ce livre se fondent sur la théorie de l'attachement telle qu'elle a été développée par le psychanalyste John Bowlby et la psychologue Mary Ainsworth. Il s'agissait pour eux d'expliquer pourquoi, au cours des trois premières années de leur vie, les enfants éprouvent un tel besoin de construire une relation forte avec leur mère et un petit nombre d'adultes privilégiés. Les prémisses de cette théorie, c'est que les tout-petits ne peuvent acquérir une autonomie et des compétences qu'à condition de pouvoir se reposer sur un adulte qui les sécurise et les protège. De ce sentiment de sécurité initial naîtra l'impulsion de développer de nouveaux savoir-faire et d'apprendre comment fonctionne le monde.

L'accomplissement affectif le plus important de la petite enfance consiste à réconcilier autonomie et compétences avec l'amour et la protection des parents. C'est particulièrement visible chez les enfants qui maîtrisent tout juste la marche. L'enfant va et vient entre le parent et ses activités, revenant vers l'adulte pour lui montrer ses découvertes, chercher du réconfort ou simplement « recharger ses batteries » par un gros câlin avant de repartir pour de nouvelles aventures.

Les parents vont servir de base primaire aux explorations des tout-petits. Lorsqu'ils réagissent aux expériences de l'enfant en l'encourageant, cette base primaire se transforme en base de sécurité. L'enfant se sent sécurisé par ses parents et ce sentiment lui donne l'assurance nécessaire pour conquérir de nouveaux territoires.

Les tout-petits n'utilisent pas tous de la même façon la base de sécurité que leur offrent leurs parents. Certains enfants sont par nature timides et réservés ; ils ont besoin de passer plus de temps auprès de leurs parents avant de pouvoir explorer par eux-mêmes. D'autres sont tellement fascinés par la nouveauté qu'il est impossible de les retenir. Ces différences de tempérament marquent la façon dont les tout-petits vont utiliser leurs parents comme base de sécurité dans leurs explorations.

Mais la plupart des parents ne sont pas ancrés en un point fixe, ni ne sont indéfiniment disponibles. La base de sécurité est une personne qui a d'autres choses à faire que de toujours répondre aux désirs de l'enfant. Il va donc falloir négocier pour trouver un équilibre satisfaisant entre les besoins et les désirs des uns et des autres. Ce que l'on entend par « satisfaisant » va bien entendu évoluer au cours du développement de l'enfant.

Lorsqu'un enfant commence à marcher, ses parents sont obligés de mettre bon nombre de leurs désirs et de leurs projets entre parenthèses parce que les exigences physiques et affectives de la locomotion nécessitent souvent une attention de tous les instants. À mesure que l'enfant gagne en stabilité et en maîtrise (entre dix-huit et vingt-quatre mois), les parents ont moins besoin de se plier à ses désirs. Ils estiment que c'est désormais à l'enfant de s'adapter à leurs projets, et non l'inverse.

C'est à ce moment-là que les pressions de la socialisation se font sentir. Entre deux et trois ans, on attend des enfants qu'ils apprennent une foule de choses en un temps record. On leur demande en particulier de renoncer au plaisir d'être un bébé pour le troquer contre celui, plus ambigu, d'être « un grand ». Plus d'un enfant perçoit le fait d'être propre, de renoncer au biberon ou de se conformer aux règles domestiques comme un inconvénient plutôt qu'un avantage. Il réagit en refusant de faire certaines choses lorsqu'il ne se sent pas prêt ou, si rien d'autre ne marche, en piquant une colère. Pourtant ces protestations lui coûtent cher sur le plan émotionnel. Les tout-petits ont peur de perdre l'amour de leurs parents s'ils les mécontentent. Cette peur s'exprime à travers les difficultés propres à cet âge : angoisse de séparation, troubles du sommeil, peurs inexplicables.

La fonction protectrice de l'adulte va se transformer à mesure que celui-là s'adapte aux besoins d'un enfant plus grand. Les parents ne peuvent plus se contenter de servir de base de sécurité externe, qui ancrait les allées et venues de l'enfant. Ils doivent désormais aider l'enfant à devenir un partenaire qui résoudra avec eux les conflits et trouvera des solutions permettant de conserver la bonne volonté de part et d'autre. Cette collaboration fait naître chez l'enfant un sentiment de sécurité plus complexe qui repose sur la conscience de pouvoir désormais résoudre des conflits.

Pour l'enfant, cette collaboration est un atout extrêmement précieux, en particulier dans les moments de tristesse, de colère et de frustration dans la mesure où elle lui sert de rempart contre le désespoir et un effondrement émotionnel. L'enfant apprend qu'il peut traverser des crises et en sortir indemne. Cette collaboration affective lui permet de s'approprier la fonction de soutien qu'a le parent. Ce qui au départ était une base de sécurité externe est intériorisé. Où qu'il aille, l'enfant porte en lui l'amour et la protection de ses parents.

Mais cette collaboration ne fonctionne pas toujours harmonieusement. Il n'est en effet pas toujours possible de résoudre les conflits de manière à satisfaire tout le monde. C'est particulièrement vrai entre un et trois ans, période de loin la plus troublée avant l'adolescence. Colères, hurlements, protestations, agressions physiques, bouderies, éloignement sont monnaie courante dans les familles qui élèvent un tout-petit. C'est inévitable. Il n'est ni possible ni souhaitable de toujours être au diapason avec ses enfants : ils ont besoin de mettre à l'épreuve leur personnalité en contestant l'autorité de leurs parents. Ce qui, par contre, est possible et souhaitable, c'est de favoriser un climat d'échange en restant à l'écoute, en reconnaissant que parents et enfants n'ont pas toujours les mêmes buts, en essayant de réconcilier les différences et en acceptant le désaccord le cas échéant.

La collaboration parents-enfant reste nécessairement longtemps inégale. L'enfant a peut-être des positions très arrêtées sur ce qu'il veut, mais c'est aux parents d'élever leurs enfants et non l'inverse. Les adultes ont besoin de se faire suffisamment confiance pour avoir le dernier mot, sans pour autant devenir des monstres de cruauté. Que les parents sachent faire preuve de fermeté rassure les enfants : ils en concluent que les adultes qu'ils aiment savent ce qu'ils font et que leurs décisions sont dignes de confiance.

Le développement du tout-petit est conditionné par la présence ou l'absence de cette base de sécurité et de la collaboration avec ses parents. Ces deux notions permettent de mieux comprendre des progrès tels que l'apprentissage de la propreté ou des peurs telles que l'angoisse de séparation. Et même des réactions à des événements extérieurs comme la crèche ou le divorce des parents deviennent plus facilement déchiffrables à leur lumière.

Les chapitres qui suivent se proposent de décrire les pensées, les sentiments et les réactions que suscite chez les tout-petits le fait de grandir. Ils montrent également comment les parents peuvent aider leurs enfants à surmonter cette épreuve avec davantage de confiance et de sérénité.

Parents et enfants s'aident mutuellement à grandir. En éduquant leurs enfants, les parents s'éduquent eux aussi. C'est pour eux l'occasion de revivre leur enfance et de l'améliorer. Ce livre aura atteint son but s'il aide les parents à élever leurs enfants comme ils auraient eux-mêmes souhaité l'avoir été.

CHAPITRE 2

Qu'est-ce qu'un tout-petit ?

> La mère attentionnée apprend à marcher à son enfant. Elle se tient suffisamment à distance pour ne pas le gêner, mais elle lui tend les bras. Elle imite ses mouvements et s'il menace de tomber, elle se précipite à sa rescousse. Ainsi, l'enfant n'a pas l'impression d'être livré à lui-même... Mais la mère fait plus encore. Son visage l'encourage, il est comme la promesse d'une récompense. L'enfant marche donc les yeux rivés sur le visage de sa mère et non sur les embûches qui se trouvent sur sa route. Il est soutenu par ces bras qui ne le retiennent pas et s'efforce d'atteindre le giron maternel. Il ne se doute pas qu'au moment même où il affirme qu'il a besoin de sa mère, il lui donne aussi la preuve qu'il peut se passer d'elle puisqu'il marche désormais seul[1].
>
> Comme pour faire écho à la scène précédente, Linda, deux ans et demi, murmure à sa mère : « Je suis un bébé, mais je suis aussi une grande fille. » Sa mère, émue aux larmes, pense tout bas : « Moi aussi. »

Ces deux exemples traduisent bien ce que représente la deuxième année dans la vie d'un enfant. Entre un et trois ans, les enfants se définissent par leur capacité à marcher sans aide. Cette capacité, qui se développe et se consolide entre douze et trente mois, constitue un progrès énorme aussi bien pour les parents que pour l'enfant. On est loin de la proximité physique qui caractérise la première année. Mais comme l'exprime la petite Linda, les choses se font dans la continuité. Comme lorsqu'il était bébé, l'enfant a besoin de contacts fréquents avec ses parents. Sauf que son indépendance motrice lui permet désormais de décider où il veut aller et quand, sans forcément en passer par ses parents.

Cette autonomie nouvellement acquise modifie la conception

que l'enfant a de lui-même. Sa principale tâche sur le plan émotionnel consiste à concilier le plaisir d'explorer loin de ses parents et le sentiment de sécurité qu'il retire de leur présence. Le rôle des parents (et il n'est pas facile) consiste, lui, à protéger l'enfant des dangers de la locomotion jusqu'à ce que l'enfant soit capable de le faire lui-même.

Dans de nombreuses situations, les parents et l'enfant seront obligés de trouver un équilibre entre la sécurité de la proximité et le plaisir de la découverte.

En ce sens, l'enfance apparaît comme le premier laboratoire des épreuves et des dilemmes de la vie adulte. Plus que tout autre âge, cette période nous confronte à deux pulsions très fortes et néanmoins contradictoires : le désir de se sentir en sécurité à l'intérieur d'une sphère de relations intimes et l'énergie grisante que procure l'exploration insouciante sans restriction ni inhibition, où l'on s'envole sans se soucier de ceux que l'on laisse derrière.

Les tout-petits vivent très fortement ce dualisme, et leurs expériences de la proximité et de l'exploration auront des conséquences à long terme. Notre mode de vie est en grande partie conditionné par notre manière d'exprimer, d'équilibrer et de réconcilier ces deux pulsions. Nous explorerons sans doute différentes alternatives à différents stades de notre vie, nous lançant tour à tour à l'aventure ou nous repliant dans la méditation. Mais en fin de compte, nous essaierons toujours de retrouver cet équilibre unique qui, de manière intangible, nous correspond le plus, équilibre entre la prudence et l'audace, l'habitude et la nouveauté, l'intimité et l'autonomie.

À la question « Qu'est-ce qu'un tout-petit ? », on peut donc répondre brièvement que c'est un être qui sort d'une période qui a duré un an pendant laquelle il dépendait presque exclusivement de ses parents et qui est maintenant impatient de découvrir le monde ainsi que la place qu'il va y occuper. Le désir de découvrir propulse l'enfant en avant, mais sa capacité d'apprendre reste liée à sa capacité à se reposer sur les autres.

Ce chapitre se propose de développer cette trop succincte réponse. Il va se concentrer sur les deux domaines d'exploration principaux du tout-petit : le monde extérieur où celui-ci va exercer ces deux nouveaux savoir-faire que sont la marche et le langage, et l'univers intérieur du corps, siège de sensations et de sentiments nouveaux qu'il va devoir comprendre et maîtriser afin de devenir membre de la société à part entière.

La découverte du monde

La deuxième année apporte une restructuration des rapports entre deux motivations essentielles de l'homme : l'attachement et l'exploration. Chacune s'exprime à travers une série de comportements qui vont permettre à tout moment aux parents de comprendre les désirs et les besoins de leur enfant. Dans le cas d'un comportement d'attachement, l'enfant cherche à se rapprocher du parent : il le suit, s'agrippe à lui, demande à être porté, embrassé, câliné. Ce genre de comportement indique un besoin de proximité et de réconfort. Dans le cas d'un comportement d'exploration, l'enfant cherche au contraire à s'éloigner du parent : il veut marcher, grimper, courir, sauter et examiner le monde qui l'entoure. Sa préoccupation majeure est de découvrir le monde.

À mesure que l'enfant fait l'expérience de l'attachement et de l'exploration, il faut qu'à son tour, le parent apprenne à se sentir à l'aise avec deux comportements éducatifs complémentaires : un comportement protecteur fondé sur la proximité physique qui sécurise l'enfant et un laisser-faire qui l'encourage à explorer sans crainte.

Jeannie, vingt mois, assiste à sa première fête. Quand elle arrive avec ses parents, elle est confrontée à une foule d'inconnus dans une maison elle aussi inconnue. Elle enfouit son visage dans les jupes de sa mère et jette périodiquement des regards inquiets sur le reste de la pièce. La maîtresse de maison essaie de la séduire en lui proposant des jouets, mais pendant le premier quart d'heure, Jeannie semble littéralement collée à ses parents. Il est clair qu'elle a besoin de rester auprès d'eux pour prendre confiance dans cette situation nouvelle. Ses parents s'en aperçoivent et évitent de la brusquer. Ils lui montrent les gens qu'elle connaît et lui font remarquer ce que la pièce peut avoir d'agréable pour l'aider à se sentir à l'aise. En voyant un garçon de neuf ans qu'elle connaît et qu'elle aime bien, Jeannie se détend peu à peu et accepte de jouer avec lui. Mais elle ne quitte pas ses parents du regard. Eux, de leur côté, continuent à l'encourager. Bientôt, Jeannie se mêle joyeusement aux autres enfants, même si, périodiquement, elle revient voir ses parents pour leur montrer un jouet ou demander un câlin.

Harry, dix-huit mois, a tanné son père toute la matinée pour qu'il l'emmène au « pac » (parc). Il est à peine neuf heures, mais ce dimanche matin,

Harry est debout depuis six heures et demie. Son père, qui l'a pris dans son lit, le fait patienter avec des promesses : « Quand on aura fini de petit déjeuner, Harry. Il faut d'abord que je me lève et que je prenne une douche. Et ensuite, on ira au parc. » Cette rengaine satisfait Harry pendant un temps. Il fait des aller retour entre sa chambre et celle de ses parents et apporte des jouets pour s'amuser au chevet de son père. Il demande périodiquement : « Papa debout ? Pac maintenant ? » Quand ils arrivent enfin au parc, Harry lâche la main de son père et se dirige joyeusement vers le toboggan. Il a envie d'explorer et il sait que son père n'est pas loin. Pendant un moment, Harry s'amuse sur le toboggan, une activité qu'il adore et dont il a l'habitude. Son père le regarde avec plaisir, faisant de temps à autre des commentaires sur les prouesses de son fils. Au bout d'un moment, Harry décide d'aller voir les balançoires. Il se tourne vers son père, le prend par la main et l'entraîne vers les balançoires en disant : « Papa pousse. » Harry sait qu'à présent, il a besoin de l'aide de son père. Il fait appel à lui dans l'espoir d'obtenir ce qu'il veut.

La base de sécurité

Ces deux exemples montrent que chez l'enfant, l'équilibre entre attachement et exploration est conditionné par l'attitude des parents selon qu'ils protègent leur enfant ou l'incitent à explorer. Lorsque les choses se passent raisonnablement bien, le parent joue le rôle de base de sécurité à partir de laquelle l'enfant va pouvoir explorer et à laquelle il peut revenir en toute confiance pour obtenir le réconfort dont il a besoin avant de repartir.

Compte tenu de l'importance du rôle parental, on a désigné l'équilibre entre comportement d'attachement et comportement d'exploration sous le nom de « comportement de base de sécurité »[2]. L'enfant, absorbé par les défis de l'apprentissage et de la découverte, se sert du parent comme d'un havre réconfortant où il va pouvoir se réfugier lorsqu'il a peur, qu'il est fatigué ou qu'il a besoin de quelque chose.

Les adultes sont souvent irrités de voir leurs enfants s'agripper à eux ou demander à être portés dans des situations qu'ils estiment sans danger. Ils peuvent par exemple s'impatienter lorsque leur enfant insiste pour les suivre aux toilettes, lorsqu'il se met à pleurer parce qu'un inconnu lui a pincé la joue, qu'il s'accroche à eux à la vue du plus gentil des chiens ou qu'il réclame leur présence au lieu de s'endormir le soir.

Ce genre de comportements peut certes mettre les nerfs des parents à rude épreuve, mais le fait d'avoir peur du noir, d'être laissé seul ou en compagnie d'inconnus, d'être exposé à des stimuli nouveaux ou intenses — bruits violents ou mouvements brusques — est normal chez de jeunes enfants. Au cours de leur évolution, les hommes ont associé ces situations à une prise de risques accrue, qu'il s'agisse d'accidents ou d'attaques de prédateurs. Les êtres humains (enfants compris) sont naturellement équipés pour capter les signaux de danger. Nous réagissons selon des mécanismes comportementaux innés qui visent à maximaliser notre sécurité et à augmenter nos chances de survie[3,4]. Nous cherchons par exemple la protection de gens en qui nous avons confiance — un comportement que les tout-petits adoptent instinctivement dès qu'ils se sentent menacés.

La locomotion est un excellent indicateur préverbal de ce que ressent l'enfant. Le fait de rechercher la proximité et le contact (comportement d'attachement) montre que l'enfant a besoin qu'on l'aide pour se sentir en sécurité. Le fait de s'éloigner (comportement d'exploration) suggère au contraire que l'enfant se sent suffisamment en sécurité et qu'il privilégie la nouveauté aux dépens de la sécurité. Un enfant se développera d'autant mieux que ses parents seront capables de comprendre la signification de ces comportements et d'y répondre de façon appropriée.

Le besoin de protection chez le tout-petit

À partir du moment où un enfant est capable d'adopter un comportement de base de sécurité, il participe activement à sa propre protection. C'est une chose qui n'a pas toujours bien été comprise. Un livre sur le développement infantile affirme par exemple que « les tout-petits foncent droit vers le danger » et que si les parents n'étaient pas là pour les retenir, « il y a longtemps que les enfants n'existeraient plus »[5]. En fait, les tout-petits semblent équipés d'un système de détection interne qui leur permet d'analyser leur environnement et de déterminer ce qui est dangereux ou pas.

En fait, les enfants se prennent souvent spontanément en charge en restant à relative proximité de leur mère. Un chercheur britannique a réalisé une étude dans un parc de Londres pour analyser les déplacements de jeunes enfants par rapport à la position de leurs mères, restées assises sur un banc ou dans l'herbe. D'après les résultats et mis à part quelques exceptions, les enfants s'étaient fixés leurs propres limites et restaient à une cinquantaine de mètres de leurs mères[6].

Il se trouve que ce périmètre coïncidait avec ce qui constituait pour elles une distance raisonnable. Tant que les enfants restaient à l'intérieur de ce périmètre, les mères ne bougeaient pas. Si, par contre, ils s'aventuraient au-delà, elles se levaient pour aller les chercher. Dans presque 70 % des cas, c'était inutile. Les enfants étaient libres d'aller plus loin s'ils en avaient envie, mais en réalité, ils se cantonnaient à cette zone de sécurité tout en se tenant hors du contrôle physique direct de leurs mères.

Cette étude rend fort bien compte de la complexité du comportement de base de sécurité chez les tout-petits. Ces enfants se déplaçaient par « à-coups » qui réduisaient ou augmentaient la distance par rapport à leurs mères. Ces à-coups sont révélateurs de la façon dont la plupart des tout-petits évoluent dans l'espace. La mère sert de centre aux activités de l'enfant, ses allées et venues s'organisant en fonction de l'endroit où elle se trouve. Chose particulièrement révélatrice, ces enfants préféraient rester à proximité de leurs mères (dans un rayon d'un mètre cinquante), les jeux plus éloignés ayant tendance à durer moins longtemps. Autrement dit, ils se sentaient plus en sécurité là où, de fait, ils couraient le moins de risques, et ils préféraient y passer le plus de temps.

Lorsqu'ils se trouvaient loin de leurs mères, ces enfants se retournaient fréquemment pour voir ce qu'elles faisaient ou leur montrer quelque chose. En général, la mère ignorait ce genre de démonstrations sauf lorsque l'enfant désignait une source potentielle de danger, un chien en liberté par exemple. Dans ce cas, la mère appelait son enfant et venait le chercher s'il n'obéissait pas. Le fait de montrer du doigt aide l'enfant à distinguer ce qui est dangereux et ce qui ne l'est pas, et c'est la réaction de sa mère qui lui sert d'indicateur. Lorsque l'objet montré n'est pas dangereux, la mère ne prête aucune attention ou une attention modérée. Si, par contre, il est dangereux, elle intervient immédiatement.

Le comportement maternel tel qu'il est analysé dans cette étude montre comment les parents peuvent aider leurs enfants à éviter le danger et à assurer leur propre sécurité. Ces mères laissaient leurs enfants libres d'aller et venir ; elles n'éprouvaient pas le besoin d'être constamment auprès d'eux. Elles se basaient sur les besoins de l'enfant : elles étaient disponibles sans être accaparantes. Par ailleurs, elles intervenaient immédiatement lorsque c'était nécessaire.

La vigilance des parents est indispensable dans la mesure où l'enfant n'est pas encore tout à fait capable d'assurer lui-même sa sécurité. Les mécanismes qui permettent à un jeune enfant de déchiffrer son environnement restent pendant très longtemps sommaires. Les tout-petits n'ont pas une perception des distances très développée. Ils sont par exemple incapables d'évaluer si un objet situé à une certaine distance constitue ou non une menace. De plus, dans une société aussi technologique que la nôtre, ce qui est perçu comme instinctivement dangereux (bruits soudains et forts, obscurité, animaux, solitude) n'est qu'une infime partie de la foule de choses qui menacent un enfant. Les voitures, les escaliers, les ascenseurs, les inconnus apparemment sympathiques peuvent dissimuler toutes sortes de dangers. Un jeune enfant n'est pas équipé, ni par la nature ni par l'expérience, pour pouvoir les anticiper.

Cela signifie que même si les enfants cherchent spontanément la protection, leur sécurité dépend largement de la capacité d'anticipation des adultes. Les accidents sont l'une des premières causes de mortalité chez les jeunes enfants, ce qui nous rappelle à quel point ils sont vulnérables. Dans de nombreux cas, l'adulte a besoin d'assurer une protection unilatérale, souvent malgré les protestations énergiques de son enfant.

La base de sécurité, métaphore de l'équilibre intérieur

Les enfants ne sont pas uniquement exposés au danger lorsqu'ils se déplacent. Ils peuvent également avaler des produits nocifs, jouer avec des allumettes ou des objets pointus, s'assommer avec des objets pesants. En fait, chaque rencontre de l'enfant avec le monde est une source potentielle de peur ou de danger et peut conduire à une demande de réconfort ou de protection. La moindre tentative d'autonomie va mettre le tout-petit devant le paradoxe suivant : il est libre d'explorer et en même temps, il est prisonnier de ses propres limites (sa peur par exemple) ou des contraintes extérieures (les interdictions de ses parents).

Le concept de base de sécurité illustre bien les tiraillements affectifs ressentis par l'enfant lorsqu'il entre dans cette nouvelle phase. Ce sont ses parents qui vont l'aider à déterminer à quel moment il convient d'explorer ou de rester à proximité. L'enfant en retire un sentiment de confiance intérieur qui lui permet de se sentir protégé tout en conservant sa sociabilité, son indépendance et ses compétences. La base de sécurité qui, au départ, était l'apanage des parents est intériorisée pour devenir une composante stable de la personnalité de l'enfant.

En apprenant à équilibrer proximité et exploration, l'enfant rencontre d'autres dilemmes affectifs. Suivant ce qui se passe dans chaque situation, le fait de s'approcher ou de s'éloigner du parent va signifier l'intimité par opposition à l'autonomie, l'appartenance sociale par opposition à la satisfaction individuelle, la captivité par opposition à la liberté, l'humiliation et la sujétion par opposition au sentiment de puissance, l'amour par opposition à la haine et à l'aliénation.

Le tout-petit est obligé d'en passer par tous ces stades parce qu'il est sans arrêt confronté à des situations où il se sent tour à tour grand et fort ou bien minuscule et démuni. Il peut courir et faire le fou et l'instant d'après, pleurnicher, s'agripper à ses parents et vouloir qu'ils fassent tout à sa place.

> Lorsque Johnny traverse la salle à manger sans tomber une seule fois, il se sent invincible. Par contre, lorsque son grand frère s'en mêle et le fait tomber, il a une impression de déchéance qui lui donne envie de mordre son assaillant (si seulement il pouvait l'attraper !). Lorsque son père vient à sa rescousse, gronde l'aîné et le remet sur ses pieds, ses espoirs renaissent, son triomphe est manifeste. Tout semble à sa portée. Mais lorsque quelques minutes plus tard, la fatigue le terrasse, il se dit que plus jamais il ne pourra aller aussi loin et il éclate en sanglots.

Pour les parents, il s'agit là d'une situation stupéfiante. S'ils devaient vivre la totalité des sentiments qu'éprouve un tout-petit en une journée, les adultes s'écrouleraient de fatigue ou seraient diagnostiqués comme des êtres « instables au plan émotionnel ». À l'heure actuelle, vivre avec un tout-petit exige que ses parents soient prêts à tout. Peu à peu, cependant, l'enfant sera capable d'éprouver et d'exprimer des émotions de manière plus modulée et le tourbillon des premières années se transformera en relative harmonie au moment où l'enfant entrera à la maternelle.

Il existe de nombreuses expressions qui témoignent du bien que nous pensons de ceux qui sont autonomes. Nous disons « il ira loin », « elle vole de ses propres ailes » ou encore « c'est quelqu'un de très droit »[7]. Ces marques d'approbation, aussi justes soient-elles, ont tendance à minimiser les inconvénients de l'autonomie. Aller loin sans l'aide de personne comporte des risques : une certaine solitude, une absence de protection, la possibilité de tomber et de se faire mal.

Les jeux de cubes, qui consistent essentiellement à construire des tours pour mieux les faire tomber, symbolisent les chutes brutales qui accompagnent les progrès de la locomotion. En orchestrant la chute d'une tour, l'enfant projette sur elle ce qui, en général, lui arrive à lui. Autrement dit, il s'approprie la situation pour mieux la dominer.

Un enfant ne peut jouer que s'il se sent en sécurité. Construire une tour et la faire s'écrouler est pour lui une manière de se remémorer les moments difficiles alors qu'il se trouve lui-même dans une position de force, par exemple campé sur son derrière. Lorsqu'une petite fille tombe, elle ne joue pas. Elle se tourne vers sa mère. Mais cette aide salvatrice ne comporte pas que des avantages. Par peur d'une nouvelle chute, sa mère lui interdira peut-être de poursuivre ses investigations. Rien d'étonnant donc à ce qu'un grand nombre d'enfants quittent les bras de leur mère à peine remis sur leurs pieds. Les enfants se remettent beaucoup plus vite de ce genre « accidents » que leurs parents. Ils n'ont qu'une envie, c'est de repartir. Le fait qu'on les retienne est une des plus grandes frustrations de cet âge.

Changements dans le comportement de base de sécurité

L'équilibre entre comportement d'attachement et comportement d'exploration n'est pas constant. Il évolue en fonction d'un certain nombre de facteurs, dont la situation, l'humeur du parent et celle de l'enfant. Le désir d'explorer domine parfois pendant des semaines, pour être soudain remplacé par une période où l'enfant a besoin de s'agripper à ses parents, comportement qui leur paraît souvent extrêmement régressif. Parfois, c'est l'inverse qui se produit. L'enfant s'agrippe à ses parents pendant des semaines, et puis tout à coup, il se met à explorer avec passion, et ses parents se surprennent à regretter cette dépendance qui les inquiétait auparavant. Malgré ces fluctuations, on voit se dessiner les grandes tendances du développement de l'enfant. Elles sont esquissées ci-dessous [8].

▸ De douze à dix-huit mois : découverte de la marche et de la parole

C'est l'âge où la plupart des enfants sont enchantés de pouvoir enfin se déplacer. La position verticale leur permet de percevoir le monde sous un tas d'angles nouveaux, et ils ne se lassent pas de mettre en pratique ce moyen de locomotion nouvellement acquis. Les retours vers la mère sont de courte durée et se limitent souvent à un simple effleurement. Ce sont les escapades qui ont le plus d'attrait. L'enfant est tellement absorbé par ses progrès que pendant un temps, il se moque des bosses et des chutes. Ce qui compte, c'est de continuer à avancer, à découvrir, à conquérir.

L'humeur dominante de cette période est la jubilation. L'enfant adore s'enfuir, pour pousser des cris de joie lorsqu'il est poursuivi et rattrapé par sa mère. Pour un enfant de cet âge, ce jeu a une grande importance symbolique. Il le rassure sur le fait que la mobilité n'est pas synonyme d'aliénation ou d'abandon, et que sa mère ne le laissera pas seul, qu'elle ira le chercher cent fois s'il le faut. Pour un parent exténué, ce jeu peut sembler une véritable torture. Pour l'enfant, c'est l'affirmation essentielle que l'indépendance et la proximité vont de pair.

Le plus bel exemple du désir et du besoin qu'a l'enfant d'être rattrapé, c'est ce qui se passe quand le parent ne répond pas. L'enfant tombe ou se fait mal. Au lieu de finir en éclats de rire, cela se termine en pleurs. Dans ce genre de situations, le message implicite que le parent fait parvenir à l'enfant est le suivant : « Si tu continues à faire le fou comme ça tout seul, tu vas te faire mal. » L'éventail des expériences et des sentiments que l'enfant perçoit comme sans danger est prématurément réduit.

La locomotion met le corps de l'enfant au centre de son expérience. Ses jambes lui permettent d'accomplir des tas de choses merveilleuses : il peut désormais marcher, grimper, sauter, courir. Et ses jambes sont à leur tour au service de petites mains alertes. La petite fille peut maintenant grimper sur la coiffeuse et attraper la jolie poupée en porcelaine qui l'a toujours attirée. Elle peut traîner toutes ses peluches de sa chambre à la cuisine pour tenir compagnie à Maman. Elle peut se glisser sous un placard pour récupérer une bille qu'elle a perdue depuis longtemps et la mettre dans sa bouche. Elle peut rester cachée des heures avant qu'on la retrouve déchirant méthodiquement les pages d'un livre qu'elle a déniché en grimpant sur le bureau de sa mère.

Le corps est le point d'attache de toutes ces activités. C'est à cet âge que les enfants apprennent à se reconnaître dans un miroir. Ils adorent montrer et nommer les différentes parties de leur corps et de celui des autres. Ils découvrent un nouvel intérêt pour leurs organes génitaux qu'ils explorent attentivement et dont ils apprennent le nom. Ils éprouvent un irrépressible besoin de mordre à mesure que leur poussent de nouvelles dents de lait. Ils passent de longues heures à se tripoter le nombril, à jouer avec leurs organes génitaux, à examiner leurs orteils, à se regarder dans la glace, à mâchouiller et à mordiller.

Le fait de savoir nommer les objets qui les entourent est pour eux un progrès aussi décisif que celui de marcher. Il existe une merveilleuse symétrie entre la faculté de nommer et celle de marcher, facultés qui apparaissent à peu près en même temps. Dans tous les grands mythes de la création, c'est le Verbe qui accouche du monde. L'enfant crée lui aussi du sens en nommant les choses du monde qu'il découvre. Certains de ces noms coïncident, exactement ou approximativement, avec les dénominations communément adoptées : « Maman », « Papa », « woua-woua », « lolo ». D'autres sont des inventions purement personnelles qui ne serviront qu'à l'enfant. Le langage, comme la locomotion, ouvre de nouvelles perspectives. Le bonheur de créer du sens par le biais du langage est aussi grisant que le bonheur de découvrir des horizons nouveaux en se déplaçant.

La marche et le langage sont complémentaires au sens où ils rassurent les enfants sur leur capacité à se sécuriser eux-mêmes.

> Ari, dix-huit mois, court après un chaton, totalement grisé par le plaisir de la poursuite. En se retournant, il se rend compte que sa mère est restée en arrière, plus loin que jamais auparavant. Pendant un instant, son visage exprime le choc et l'incrédulité, mais il se ressaisit et se précipite vers sa mère en criant : « Qui vient ? Qui vient ? » C'est la formule que sa mère utilise pour l'appeler lorsqu'il s'éloigne trop et qu'il s'est appropriée pour se rassurer dans ce moment difficile.

La peur de perdre le parent. Lorsque les parents ou la nourrice sont présents, les tout-petits sont ravis des nouvelles choses qu'ils savent faire. Par contre, lorsque ceux-ci s'en vont, les enfants se mettent souvent à pleurer et protestent contre leur départ en s'agrippant à eux ou en leur bloquant le passage. En l'absence du parent, il peut arriver que l'enfant devienne grave et réservé. Le niveau d'activité ainsi que l'intérêt pour l'exploration diminuent. L'enfant semble tourné vers l'intérieur comme s'il se raccrochait au souvenir rassurant du parent. Quand la personne qui lui sert de base de sécurité est absente, l'enfant a besoin de faire appel à sa mémoire et à son imagination pour l'évoquer intérieurement. Cela tient au fait qu'à cet âge, l'enfant ignore encore que « loin des yeux » ne signifie pas nécessairement « loin du cœur ».

En général, la réserve disparaît avec le retour du parent. La manière dont l'enfant réagit aux retrouvailles est un bon indicateur de son caractère et de la relation qu'il a avec ses parents[3]. Certains enfants fondent en larmes en apercevant leurs parents, une manière pour eux de relâcher la tension intérieure. D'autres « cherchent la bagarre » et adoptent une attitude provocatrice. L'enfant peut également exprimer l'ambiguïté de ses sentiments en se réfugiant dans les bras du parent tout en le repoussant ou en lui donnant des coups de pied. Il arrive que la réserve persiste après le retour des parents : l'enfant évite leur contact, il détourne son regard ou s'éloigne physiquement d'eux. Certains enfants continuent même à jouer comme si de rien n'était, ignorant totalement l'accueil de leurs parents.

Ces différentes réactions reflètent la manière particulière qu'a chaque enfant d'exprimer sa colère ou sa détresse face à l'absence de l'adulte. L'enfant peut craindre que le parent ne soit pas véritablement de retour et qu'il disparaisse à nouveau, physiquement ou affectivement. La froideur de son accueil est pour lui une façon de se protéger contre la déception d'une nouvelle séparation. Les parents peuvent atténuer cette angoisse en se montrant affectivement disponibles chaque fois qu'ils passent du temps avec leur enfant. Ils peuvent également lui dire au revoir en lui promettant de revenir, et l'accueillir en témoignant leur joie et leur affection même lorsque l'enfant commence par les repousser. Les chapitres 7 et 8 examinent en détail les difficultés de la séparation et ce que les parents peuvent faire pour la rendre plus supportable.

Cela dit, les tout-petits accueillent en général leurs parents avec joie après une séparation d'une durée raisonnable. Là encore, les réactions sont multiples et reflètent la personnalité de chaque enfant. Un enfant fera un sourire ou dira bonjour de loin, un autre viendra montrer un jouet, un troisième s'approchera et demandera à être porté. Ce type de comportements privilégie l'attachement par rapport à l'exploration et la distance. Ces réactions univoques indiquent que l'enfant continue à faire confiance à ses parents même pendant une absence temporaire. Le fait d'avoir intériorisé la base de sécurité l'aide à surmonter l'absence de ses parents jusqu'à leur retour.

Parfois, lorsque la proximité devient trop étouffante, il arrive que l'enfant se rebiffe et devienne irritable, comme c'est le cas dans l'exemple qui suit.

> Chaque semaine, Natalia, quatorze mois, et sa mère assistent à un cours de bébés nageurs. Pendant trois quarts d'heure, Natalia se cramponne à sa mère tandis qu'elles pataugent ensemble dans la piscine. Même si elle adore ce cours, Natalia est invariablement de mauvaise humeur au moment de s'habiller. Sa mère se rend compte que, après avoir été totalement dépendante d'elle dans la piscine, sa fille a besoin d'un moment de répit. Elle laisse donc sa fille courir jusqu'à ce que celle-ci revienne d'elle-même. Dès que Natalia lui montre qu'elle est prête à être à nouveau avec elle, celle-ci lui annonce qu'il est l'heure de se doucher et de s'habiller. Natalia obéit avec joie parce que, après avoir eu la possibilité d'explorer par elle-même, elle n'a plus l'impression de dépendre uniquement de sa mère.

Cet exemple montre comment un parent attentif peut utiliser les signaux non verbaux d'un enfant pour comprendre ce dont il a besoin. En sachant se faire discrète et en attendant patiemment que sa fille soit prête à revenir, cette mère lui servait véritablement de base de sécurité.

▸ Phase de transition : accroissement du sentiment d'insécurité

Aux alentours de dix-huit mois, la locomotion est une chose acquise et cesse d'être l'obsession principale dans la vie de l'enfant. Au lieu d'être un but en soi, la marche devient le moyen de parvenir à une fin. L'effort de maîtrise se déplace de la locomotion à proprement parler aux buts qu'elle permet d'atteindre.

D'un point de vue psychologique, ce changement comporte un paradoxe. Pour bien des enfants, l'angoisse de séparation atteint son paroxysme aux alentours de dix-huit mois. Des études longitudinales sur la réaction des enfants à la séparation d'avec leur mère montrent que les pleurs culminent à cet âge-là pour diminuer ensuite[9]. De même, Mahler et ses collègues ont fait remonter à cet âge un comportement qu'ils ont qualifié de « filature » et qui se réfère au besoin de connaître les moindres faits et gestes de la mère[10].

À cet âge, les enfants réclament également davantage l'attention de leur mère. À vingt-deux mois, Dinah a commencé à crier « Parle seulement à moi » chaque fois que sa mère essayait de discuter avec d'autres gens. À vingt-quatre mois, Michael acceptait les sorties en famille à la seule condition que sa mère s'asseye à côté de lui et ne parle qu'avec lui pendant le trajet. Certains enfants veulent boire dans le verre de leur mère et manger dans son assiette. Ils lui proposent également des morceaux de nourriture de leur assiette et lui apportent des objets qu'ils empilent sur ses genoux. Souvent, lorsque le souhait d'avoir Maman à soi tout seul reste inexaucé, il en résulte une escalade dans les revendications, mais aussi des hurlements et des pleurs. Souvent, l'enfant a des réactions disproportionnées face à des blessures sans gravité et se désespère facilement lorsque l'on a perdu ou cassé quelque chose.

Pourquoi les enfants sont-ils plus crampons et plus grognons au moment précis où ils gagnent en autonomie ? Il paraît logique qu'après une période qui va de douze à dix-huit mois où l'enfant est tout entier concentré sur la locomotion et l'exploration, il ait besoin de redécouvrir que sa mère est là pour lui apporter soutien et protection. En plus, depuis qu'il maîtrise la locomotion, il a davantage conscience des risques qu'elle comporte. Précisément parce qu'il se sent plus autonome, l'enfant peut se permettre de demander à sa mère de le protéger, désir qu'il avait mis de côté lorsqu'il apprenait à marcher.

Encore une fois, la métaphore de base de sécurité nous aide à mieux saisir ce qui se passe. De même qu'un très jeune enfant passe du désir d'explorer à celui d'être protégé par ses parents, l'enfant qui grandit traverse de longues phases pendant lesquelles il s'investit complètement soit dans l'exploration, soit dans l'intimité. La petite enfance peut se comprendre en grande partie comme une prise de conscience par l'enfant de ce que représentent les notions d'attachement et d'exploration, et d'en créer un style unique qui restera relativement stable sa vie durant.

▸ De vingt-quatre à trente-six mois, éveil de la conscience et socialisation

Aux alentours de leur deuxième anniversaire, la vie intérieure des tout-petits devient davantage accessible à leurs parents, et ce, grâce au langage et aux jeux symboliques. En plus des objets, l'enfant apprend à nommer ses sentiments. Il est fier d'annoncer qu'il est content, triste ou fâché. « Moi » et « à moi » deviennent des formules magiques dans un monde trop prompt à lui ravir ses trésors. Il n'est pas rare de voir un enfant de deux ans accueillir un de ses semblables par un « à moi » alors qu'il serre dans sa main un de ses jouets préférés. Cet enfant a compris qu'il valait mieux prévenir que guérir.

Les sentiments qu'il ne peut exprimer se manifestent souvent à travers le jeu symbolique ou des actions lui permettant de les revivre. Jouer est pour l'enfant une manière de se souvenir.

> Rhonda, une petite fille ayant perdu sa mère à l'âge de deux ans, va chercher des chaussettes dans le panier à linge sale et les sème dans toute la maison. Sa mère utilisait de vieilles chaussettes pour épousseter les meubles. La nourrice demande à Rhonda de remettre les chaussettes dans le panier à linge. Elle obéit sagement à l'exception d'une chaussette. Lorsque la nounou insiste pour qu'elle remette toutes les chaussettes, la petite fille se blottit dans un coin, l'air malheureux, en serrant la chaussette sur sa poitrine. Cet épisode exprime ce qu'elle ne pouvait pas dire, à savoir que sa mère lui manquait et qu'elle aurait voulu pouvoir se réfugier dans ses bras.

La peur de perdre l'amour de ses parents. Cette nouvelle faculté d'imagination vient enrichir la vie intérieure de l'enfant. Il acquiert par conséquent un sens plus aigu de ce dont il devrait avoir peur. Alors qu'un enfant plus jeune se soucie avant tout des déplacements effectifs de sa mère et qu'il a essentiellement peur de se séparer d'elle et de la perdre, l'enfant plus grand doit faire face à une angoisse plus subtile mais tout aussi terrifiante. Il s'agit de la désapprobation parentale, qu'il assimile, de façon tout à fait compréhensible, à la perte de leur amour. Les échanges les plus importants à cet âge tournent autour du message parental suivant : « Je t'aime toujours, même lorsque je suis fâché contre toi. » Cette excellente nouvelle n'est assimilée que progressivement par l'enfant, qui a besoin d'accomplir un véritable tour de force cognitif pour y parvenir. Il lui faut faire contrepoids à l'expérience immédiate et incroyablement concrète — le visage furieux et la voix forte du parent (ou dans le cas de personnalités plus réservées, une froideur inhabituelle) — en se souvenant de la chaleur des échanges antérieurs qui, à ce moment précis, lui paraissent trop lointains pour qu'il puisse s'y raccrocher.

Il n'est pas facile d'évoquer un passé rassurant lorsque l'on a sous les yeux un présent qui fait peur. Certains adultes ont même perdu confiance lorsqu'ils étaient confrontés à ce genre d'épreuves. En vérité, les parents sont souvent obligés de se remémorer qu'ils peuvent en même temps aimer et être en colère. Certains s'en rendent compte au moment où ils sont en train de rassurer leur enfant.

Le désir de plaire chez les tout-petits. La peur de perdre l'amour de ses parents a un gros avantage : le fait que l'enfant soit quasiment prêt à tout pour le conserver. C'est un atout précieux qui aidera l'enfant à développer une conscience sociale et, pour finir, morale. L'amour de l'enfant pour ses parents est si fort (même lorsqu'il n'est pas aussi visible) qu'il provoque chez lui un changement d'attitude : il va se retenir de taper et de mordre, partager ses jouets, apprendre à être propre. Ce désir de reconnaissance est pour le parent un allié extrêmement précieux lorsque l'enfant fait l'apprentissage de la vie sociale. Il est de loin plus efficace et plus sain que toutes les menaces de punition.

> Emma, vingt-deux mois, a la fâcheuse habitude de hurler chaque fois qu'elle n'obtient pas ce qu'elle veut. À chaque fois, ses parents lui disent fermement : « Arrête, Emma. Ça me fait mal aux oreilles. » Si elle continue à crier, ils se bouchent les oreilles et disent : « Maintenant, je ne t'entends plus. » Au bout d'environ une semaine, les hurlements ont diminué de façon notable et au bout de trois semaines, ils ont complètement disparu.

> David, vingt-huit mois, vient de mordre son petit frère. Il se fait gronder par sa mère. « David, je t'ai dit de ne pas faire ça. Je suis très en colère. » David s'approche de sa mère et pleure à chaudes larmes, la tête enfouie dans ses jupes. Cette dernière est occupée à calmer le bébé qui hurle toujours à cause de la morsure. Au début, elle n'a ni la patience ni la force de consoler David, mais au bout d'un moment, elle lui caresse les cheveux en disant : « Je n'aime pas me mettre en colère contre toi, mais tu n'as pas le droit de mordre. C'est défendu. » David la regarde d'un air très sérieux et secoue la tête de gauche à droite en disant « défendu ». Sa mère répète « défendu » d'une voix maintenant plus douce et l'encourage à retourner jouer. Les jours suivants, la mère de David le voit faire semblant de mordre en secouant la tête et en disant « défendu ».

Ces enfants se plient à la volonté de leurs parents parce qu'ils veulent avant tout leur faire plaisir. Les tout-petits qui se développent dans des conditions normales cherchent l'approbation de leurs parents sans en être pour autant obsédés. Ils arrivent à supporter la frustration et savent affirmer leur volonté, mais aussi se plier à celle des autres. Un enfant équilibré se sentira à l'aise avec toute une gamme d'émotions. Voici ce que Michael, trois ans, a répondu à sa mère, une femme inquiète, lorsqu'elle lui a demandé s'il était content : « Je suis content *et* pas content *et* fâché *et* collant *et* méchant. » Il ne voulait pas se laisser séduire à ne reconnaître que sa bonne humeur.

Il faut que les parents fassent attention de ne pas abuser de la capacité de faire plaisir innée qu'ont les enfants. Les tout-petits ayant des parents trop critiques peuvent rencontrer des difficultés dans leur développement affectif. Ils peuvent avoir peur de perdre l'amour de leurs parents au point de devenir exagérément dociles. Ou, inversement, adopter une attitude de défi parce que c'est le seul moyen d'arriver à leurs fins (ils anticipent l'opposition de leurs parents et se préparent à riposter). L'un ou l'autre de ces comportements — qu'il s'agisse d'une soumission excessive ou d'un négativisme persistant — signale une restriction dans la capacité à donner et à recevoir offerte à l'enfant.

Les parents dont les enfants ont ce type de réactions feraient bien d'examiner quelles attitudes, quelles attentes et quelles réactions ils ont vis-à-vis de leurs enfants. Il est probable qu'en se montrant moins exigeants et plus rassurants, ils atténueront leurs difficultés. Les chapitres 3 et 7 examinent les sujets de conflit et les angoisses fréquentes pendant cette période et suggèrent des manières d'y remédier.

Le besoin d'affirmer sa volonté. L'enfant se trouve dans une situation paradoxale : il veut plaire à ses parents, mais il a également besoin de risquer leur colère ou leur déception. Cela s'explique par le fait qu'à cet âge, rester fidèle à soi-même devient une motivation essentielle. Le cycle « conflit-résolution-réconciliation », qui se produit tout au long de la journée avec plus ou moins d'intensité, constitue la base du développement psychologique de l'enfant. Cela lui permet de prendre conscience que d'une part, il n'est pas la copie exacte de ses parents, et que d'autre part, les conflits avec les gens qu'on aime sont inévitables et qu'on peut se mettre en colère sans que ce soit fatal. Comme l'a fait remarquer Terry Brazelton, cet âge est par définition une déclaration d'indépendance, même si elle est parfois ambiguë[10].

La découverte du corps

La curiosité d'un enfant sain est sans limites. Lorsqu'il est immobile, il est profondément absorbé par la découverte des mystères de son corps. Il se tripote, apprend à se reconnaître dans une glace, prend plaisir à nommer les différentes parties de son corps et est ravi de découvrir la différence qui existe entre les sexes. Le sens qu'il a de lui-même, le sentiment de sécurité ou d'angoisse qu'il éprouve sont profondément marqués par l'expérience qu'il fait de son corps.

Se reconnaître dans un miroir

Les bébés commencent à s'intéresser à leur reflet relativement tôt dans la première année. À quatre mois, ils se font des sourires. Entre huit et douze mois, ils sont manifestement excités par leur image : ils rient, babillent et gigotent avec ravissement. Si on leur présente un miroir déformant, ces réactions de plaisir restent identiques. Ce qui les intéresse avant tout, c'est la manière dont leurs mouvements modifient l'image dans le miroir. C'est un peu comme s'ils appuyaient sur un jouet qui fait du bruit ou faisaient bouger un mobile. Ils ne songent pas encore à se demander : « Qui est ce bébé dans la glace ? »

Ces réactions changent de manière significative au cours de la deuxième année. Entre treize et quinze mois, les enfants deviennent étonnamment sérieux lorsqu'ils se regardent dans une glace. Si on leur présente un miroir déformant, ils le fixent intensément, comme s'ils essayaient de comprendre ce qu'ils voient. Si quelqu'un met subrepticement une saleté sur le visage d'un enfant de moins de dix-huit mois, il essaiera de toucher la saleté *sur le miroir*. Il n'associe pas encore l'image dans le miroir avec le reflet du moi.

Aux alentours de dix-huit mois, les enfants commencent à manifester des signes qu'ils se reconnaissent dans un miroir. On en a la preuve flagrante dans cette expérience où l'on met discrètement du rouge à lèvres sur le visage de l'enfant. Avant dix-huit mois, l'enfant montre le miroir. Après dix-huit mois, il touche la marque de rouge à lèvres sur son visage[11]. Environ au même moment, les enfants se mettent à utiliser les pronoms « je », « moi », « à moi » et même leur prénom pour parler d'eux-mêmes.

Ces observations suggèrent que les enfants sont désormais capables de se percevoir objectivement, comme des individus que l'on peut appréhender à la fois de l'extérieur et de l'intérieur. Cette étape importante leur donne une conscience accrue de leur image, et ils s'y intéressent davantage. Les parents rapportent qu'à cette époque, les enfants commencent à avoir des idées très arrêtées sur ce qu'ils veulent porter et ce à quoi ils veulent ressembler.

Au début, le moindre écart par rapport à l'image habituelle peut perturber leur capacité de se percevoir de l'extérieur.

> À vingt-deux mois, Jessica s'est fait mordre par un autre enfant et pendant quelques jours, elle a la lèvre enflée. Elle va fréquemment devant la glace et se regarde d'un air inquiet en demandant doucement : « Jessica ? » Elle semble s'interroger si, malgré le changement d'apparence, elle est restée la même.

On observe fréquemment le désarroi des tout-petits lorsque leurs parents portent un masque, et ce, même lorsqu'ils les ont vus le mettre. La transformation est si brutale que l'enfant a du mal à identifier la continuité intérieure sous la différence extérieure. C'est pourquoi une fête comme Mardi-Gras peut dérouter et même effrayer certains petits, leur entourage changeant trop radicalement par rapport à ce qu'ils ont l'habitude de voir. Les parents qui le savent pourront choisir des costumes qui ne changent pas trop l'allure habituelle de leurs enfants.

Passé leur deuxième anniversaire, les enfants réagissent avec plus d'assurance devant un miroir. Désormais, si on leur met du rouge à lèvres sur la figure, ils sont capables de se l'enlever ou de se mettre en quête du bâton de rouge pour se l'appliquer eux-mêmes. Les miroirs déformants les inquiètent cependant toujours autant. Les enfants continuent à déduire leur identité de ce qu'ils voient dans la glace et toute modification importante est perçue comme un changement intérieur. Il ne leur vient pas à l'idée que le miroir puisse leur jouer des tours. En ce sens, les enfants partagent déjà la préoccupation des adultes à propos de l'apparence et du rapport entre intérieur et extérieur.

Conscience et curiosité sexuelles

L'intérêt pour les correspondances entre intérieur et extérieur va tout naturellement conduire à une attention renouvelée vis-à-vis des organes génitaux. Les tout-petits aiment se tripoter, mais entre un et trois ans, ils le font dans un but nouveau. Au cours de la deuxième année, les enfants commencent à mieux maîtriser les fonctions urinaire et anale. Ils ont donc davantage conscience de leurs organes génitaux et savent mieux faire la différence entre les sensations anale et génitale. L'exploration du corps leur permet de découvrir comment ils sont faits. Ils sont également capables de lier leurs gestes aux différentes sortes de plaisir qui en découlent.

La découverte des organes génitaux et le plaisir qu'ils procurent sont sources de beaucoup de fierté et d'enthousiasme. Les tout-petits adorent se promener nus, ils adorent s'exhiber et se faire admirer. Le corps et ses merveilles occupent le devant de la scène.

> Ira, trente mois, tient son pénis en faisant pipi. Il déclare : « C'est l'Empire State Building. » Son père, qui est architecte, vient de lui en montrer une photo et de lui dire à quel point c'était un édifice imposant et magnifique.

Le devenir du plaisir de l'enfant vis-à-vis de son corps dépend dans une large mesure de la manière dont ses parents réagissent. Réagir avec plaisir au plaisir de l'enfant confère à son expérience une assise solide dans la mesure où elle est fondée sur l'approbation des parents.

Cela ne signifie pas que le parent doive cautionner et admirer l'enfant chaque fois qu'il s'exhibe en public. Les critères individuels comme les règles sociales ont leur importance et il revient à chaque parent et à son entourage de décider, en fonction de son milieu social, quelles attitudes sont publiquement admissibles et quelles attitudes ne sont admissibles qu'à la maison.

C'est le ton et l'attitude des parents plus que le contenu précis de leur discours qui vont aider l'enfant à se socialiser, sans que cela le coupe pour autant de son plaisir ou que cela le culpabilise. Le fait d'orienter l'enfant vers autre chose que ses organes génitaux marche en général très bien. Lorsqu'un enfant est plongé dans une activité que le parent juge impropre, il peut fort bien lui dire quelque chose comme : « Je sais que tu aimes toucher ton zizi. Mais il vaut mieux que tu le fasses dans ta chambre ou dans ton bain parce que c'est quelque chose de privé. »

Le fait d'avoir un pénis ou un vagin n'est pas seulement une source de plaisir, c'est aussi un moyen de se comparer aux autres, garçons ou filles. Aux alentours de dix-huit mois, les enfants ont un sens très aigu de leur identité sexuelle. Ils se perçoivent comme des petits garçons qui vont avec les autres petits garçons ou comme des petites filles qui vont avec les autres petites filles. Les comparaisons vont bon train et se poursuivront jusqu'à l'âge de cinq ou six ans. Ces comparaisons peuvent procurer des sensations de plaisir comme elles peuvent provoquer des réactions d'angoisse.

> Lori prend un bain avec son ami Nick. Elle lui dit : « Il est magnifique, le tien. » Nick hoche la tête en souriant, mais sans lui rendre son compliment. Un instant plus tard, Lori lui demande : « Dis-moi que le mien aussi, il est magnifique. » Les enfants ont parfois besoin qu'on les rassure et qu'on leur dise qu'ils sont « magnifiques » tels qu'ils sont.

Le fait de s'identifier comme fille ou garçon et d'accepter son identité sexuelle n'implique pas qu'on ait renoncé à être les deux à la fois. Dès qu'ils sont capables de verbaliser leurs fantasmes, un grand nombre d'enfants déclarent avec emphase qu'ils possèdent un pénis *et* un vagin. Les petits garçons restent très longtemps persuadés qu'ils peuvent être enceintes, donner naissance à un enfant et être à la fois son père et sa mère. Les petites filles veulent épouser leur mère autant que leur père. Les petits garçons veulent avoir des seins pour pouvoir allaiter leur bébé. Tout le monde veut tout avoir. Là encore, comme dans de nombreuses situations, les enfants refusent d'accepter les contraintes extérieures, y compris les lois de la nature.

La prise de conscience progressive que l'on est garçon ou fille, mais que l'on ne peut pas être les deux, est accompagnée d'un sentiment de perte qui trouve souvent son expression symbolique dans le jeu des enfants. Voici comment, en jouant avec sa mère, Lori exprime qu'il lui manque quelque chose.

Lori (déshabillant sa poupée) : Voyons ce qui est arrivé à cette petite fille.
Sa mère : Qu'est-ce qui lui est arrivé ?
Lori : Il faut qu'elle aille à l'hôpital.
Sa mère : Et pourquoi donc ?
Lori : Parce qu'elle a perdu sa queue.
Sa mère : Et qu'est-ce qu'on va lui faire à l'hôpital ?
Lori : Une piqûre.
Sa mère : Et sa queue, elle va la retrouver ?
Lori : Non. Une grenouille m'a mordu la queue. *(Un temps)* Et toi, tu en as une de queue ?
Sa mère : Non.
Lori : Eh bien, trouves-en une. Prends celle du chien. (Elle rit et s'en va sur son cheval à roulettes qui, soit dit en passant, a une fort belle queue.)

À un autre moment, Lori demande à sa mère de lui accrocher une carotte entre les jambes, puis elle s'enfuit en courant et en gloussant de plaisir. Une autre fois, son père la surprend dans les toilettes en train d'essayer de faire pipi comme un garçon.

On admet en général que les petites filles aient envie d'avoir un pénis et qu'elles expriment cette envie d'innombrables façons, directes ou indirectes. On reconnaît moins volontiers que les petits garçons aient envie d'avoir des seins et de porter un bébé dans leur ventre. Voici comment cette envie s'exprime pour Ari, entre vingt-huit et trente-quatre mois. Cette période correspond à la deuxième grossesse de sa mère.

Ari porte une poupée qu'il serre fort dans ses bras. Il dit : « Ne pleure pas, mon bébé. Je vais te donner du lait. » Et il fait semblant de donner le sein à sa poupée.

Ari glisse un coussin sous son pull-over et se pavane dans toute la maison en disant : « J'attends un bébé. »

Ari est sur son pot. Il est un peu constipé. Il pousse et ça lui fait mal. Il dit : « Peut-être qu'un bébé va sortir. »

Ari se regarde dans la glace, l'air sérieux. Il dit : « Regarde, j'ai un gros ventre. Tout le monde va penser que je suis enceinte. Personne ne va croire que j'ai trop mangé. »

La meilleure façon de répondre à cette envie qu'ont les tout-petits de posséder les attributs de chaque sexe est sans doute d'abonder dans leur sens et de ne les corriger que lorsqu'ils vous posent des questions directes. Loin d'être néfastes, les désirs et les jeux symboliques comme ceux de Lori ou d'Ari donnent à l'enfant un cadre rassurant qui lui permet d'explorer la réalité à son rythme. Au fur et à mesure de leurs expériences, les enfants élaborent leurs propres explications. Mieux vaut que les parents s'abstiennent de leur ouvrir les yeux à moins que leurs enfants ne le leur demandent explicitement. Ces élaborations sont provisoirement utiles à l'enfant. Il les remplacera par des versions plus conformes à la réalité lorsqu'il sera prêt. Le rôle du parent se limite à fournir les renseignements qui lui sont demandés.

> Martin, trente-six mois, demande à sa mère qui est enceinte : « Maman, tu l'aimes, le bébé ? » Sa mère lui répond qu'elle l'aime beaucoup. Martin lui demande alors pourquoi elle l'a mangé.
> On pourrait pardonner à une mère de donner une longue explication sur la manière dont on fabrique les bébés et dont ils viennent au monde. Mais la mère de Martin choisit de s'en tenir uniquement à la question posée. Elle dit : « Je ne l'ai pas mangé, Martin. Mon ventre est très gros parce que les bébés grandissent à l'intérieur du ventre de leurs mamans. » Martin écoute, les yeux écarquillés, mais il ne dit rien de plus. Deux jours plus tard, après avoir digéré l'information, Martin pose la question qui logiquement suit : « Et moi, est-ce que j'ai grandi dans ton ventre ? » Il a un sourire ravi en écoutant sa mère lui raconter comment il a grandi et grandi jusqu'à ce qu'il soit prêt à sortir. Ce n'est que quatre mois plus tard, après la naissance de sa sœur, qu'il a l'idée de demander comment elle est sortie.

Les enfants posent leurs questions au compte-gouttes parce qu'ils prennent le temps de digérer l'explication fournie. Ils savent ce qu'ils peuvent emmagasiner et cessent de poser des questions dès qu'ils en savent assez. Il est bon de respecter ce signal et de ne pas s'inquiéter parce que l'enfant n'a pas appris autant que ce que nous imaginons qu'il devrait.

DÉCOUVRIR LES PRODUCTIONS DU CORPS

De même que les tout-petits adorent jouer avec leur corps, ils s'intéressent profondément à tout ce qu'il peut produire.

> Max, dix-neuf mois, est assis dans son petit fauteuil à bascule, l'air complètement ailleurs. Il a introduit son doigt dans sa narine droite et en retire lentement un filet d'épais mucus, produit d'un rhume prolongé.

Monica, vingt mois, commence tout juste à aller sur le pot. Elle est assise sur son siège, les jambes écartées, et laisse son pipi chaud lui dégouliner sur la main.

Andrés, vingt-huit mois, refuse qu'on lui coupe les cheveux. « C'est mes cheveux. C'est moi qui les ai fabriqués ! », glapit-il. Ses parents décident de lui mettre une barrette pour les tenir en place.

Sandra, dix-neuf mois, est surprise en train de barbouiller méthodiquement les murs de la salle de bain avec ses excréments.

Tobias, trente mois, oriente son pénis dans différentes directions en urinant. « Je fais des dessins avec mon pipi ! », s'exclame-t-il.

Tina, dix-huit mois, vient juste de se calmer après une longue crise. Lentement, elle touche les larmes qui sont restées sur son visage et se lèche pensivement les doigts.

Sofia, quinze mois, refuse qu'on lui coupe les ongles. « À moi, à moi ! », s'écrie-t-elle.

Sammy, vingt-huit mois, s'applique à faire de petits tas de salive sur la table de la cuisine.

Leticia, trente mois, lâche un vent bruyant dans la queue du supermarché. « J'ai pété ! », annonce-t-elle joyeusement.

Ces expériences fondatrices vont permettre à l'enfant de se familiariser avec ce que son corps est capable de fabriquer. L'urine, les excréments, les ongles, les cheveux, les larmes, le mucus, la salive, les gaz sont autant de domaines d'exploration fascinants.

Les enfants ignorent que du point de vue des adultes, ce genre de comportements est inacceptable. La « socialisation » du corps est un travail long et difficile. Les enfants (comme certains adultes) préféreraient de beaucoup célébrer leur corps que de le discipliner.

Un enfant peut découvrir son corps et ce qu'il produit dans la joie et l'intérêt ou dans la gêne et la honte. Cela dépend en grande partie de la réaction de ses parents. Avoir la jouissance de son corps n'est pas incompatible avec le fait d'apprendre que certaines choses relèvent du domaine privé, peu importe à quel point elles sont agréables ou semblent naturelles. Lorsque les parents encouragent l'intérêt que leur enfant manifeste à l'égard de son corps tout en lui apprenant la différence entre le privé et le public, ils transforment les sensations physiques en instruments légitimes de l'exploration de soi.

CHAPITRE 3

Le tout-petit et ses parents

Il existe une idée largement répandue qui veut que les tout-petits soient par nature têtus, récalcitrants, rebelles. C'est par certains côtés une idée qui arrange tout le monde. Lorsqu'une mère sort épuisée d'un conflit apparemment sans issue avec son enfant, elle peut se demander si elle n'est pas en train d'élever un monstre qui traversera la vie en s'opposant à ses amis comme à ses ennemis. Dans ces moments-là, on peut se consoler en se disant que c'est l'âge plus que la nature de l'enfant qui est en cause. Nous savons que l'âge évolue, nous ne sommes pas si sûrs que ce soit le cas de la nature.

Il est vrai qu'élever de jeunes enfants est une source de stress. L'observation de mères et d'enfants non encore scolarisés dans le cadre domestique montre que des conflits mineurs se produisent toutes les trois minutes et que des conflits plus graves éclatent à raison de trois par heure[1,2,3,4]. Plus l'enfant est petit, plus ce genre d'antagonisme est fréquent. Les conflits opposant des enfants de deux ou trois ans à leurs mères se produisent deux fois plus souvent qu'avec des enfants de quatre ou cinq ans[2]. Par conséquent, les mères de jeunes enfants ressentent parfois une tension et une fatigue telles qu'un auteur est allé jusqu'à les décrire comme des « victimes non reconnues[1] ».

Ce chapitre part du principe qu'à cet âge, les problèmes n'ont pas tous de solution évidente et instantanée. Il y a des conflits qui réapparaîtront encore et encore. Il y a des domaines de friction, de mécontentement ou de regret qui resurgiront à certains moments avec plus ou moins d'intensité.

Le but de ce chapitre n'est pas de proposer des solutions miracles, mais de décrire ce que ressentent parents et enfants, en s'efforçant de comprendre les épreuves propres à cet âge. Les difficultés de la petite enfance — le négativisme, les attitudes de défi et les colères de l'enfant d'une part, et la frustration, l'exaspération et la fatigue des parents de l'autre — sont présentées comme autant d'obstacles nécessaires, inévitables et finalement précieux au moment où les enfants apprennent à devenir des individus conscients de leurs besoins et de leurs désirs, mais aussi attentifs aux besoins et aux désirs des autres. Pour mieux aider leur enfant à traverser cette période difficile, les parents ont besoin d'encourager une certaine collaboration fondée sur la conscience qu'ils ont des droits et des responsabilités de chacun selon son âge. Comment une base de sécurité se transforme-t-elle en collaboration, comment cette collaboration va elle-même évoluer et quels bouleversements vont accompagner sa formation, telles sont les principales questions auxquelles ce chapitre se propose de répondre.

L'expérience des parents

Qu'est-ce qui rend l'éducation d'enfants si lourdement chargée au niveau affectif ? Tout d'abord, c'est souvent une activité solitaire. Privées du soutien fourni autrefois par la famille au sens large, les mères au foyer doivent désormais s'occuper de la maison *et* des enfants sans l'aide ou la compagnie d'autres adultes. Le manque de reconnaissance et de considération vient souvent alourdir ce bilan dans la mesure où les mères au foyer sont traditionnellement considérées comme des femmes « qui ne travaillent pas », même si elles font le ménage, la couture, la cuisine, la lessive, le repassage et les courses, qu'elles gèrent le budget familial, paient les factures, conduisent les enfants à l'école, coordonnent les différentes activités familiales et trouvent encore le temps et l'énergie d'éduquer, de stimuler et de socialiser leurs bambins.

Pour les mères qui travaillent, les pressions sont encore plus fortes. Les femmes avec des enfants de moins de trois ans font des semaines de quatre-vingt-dix heures, si l'on inclut les exigences de leur travail, les tâches ménagères et les enfants. Cela fait vingt-quatre heures de plus que la semaine de travail moyenne d'un père[5]. Il semble en fait que le rôle du père au sein d'une famille moyenne avec des enfants non scolarisés consiste essentiellement à apporter un soutien affectif à la mère et à jouer avec les enfants plutôt qu'à véritablement partager les tâches ménagères et éducatives[1,6]. Le rôle marginal du père vis-à-vis des tâches ménagères et éducatives demeure la règle malgré un courant social vers une participation accrue de celui-ci.

Si l'on ajoute à cela les chiffres sur la fréquence des conflits mère-enfant, conflits qui nécessitent tous d'être négociés et résolus, il apparaît clairement que les mères ont beaucoup à faire. Il n'est par conséquent pas étonnant qu'en tant que groupe, elles se plaignent d'un taux de stress relativement élevé, de crises de dépression et d'un mécontentement global à l'égard de leur vie quotidienne. Cette situation n'est pas sans incidence sur les pères puisqu'elle affecte l'atmosphère affective générale de la famille. Bon nombre de pères se sentent coupables de moins s'investir dans les tâches éducatives que les mères, mais ont du mal à faire changer les choses.

En cas de stress ou de surmenage, les parents arrivent moins bien à faire preuve de la patience et de la souplesse qui leur permettraient d'affronter la détermination d'un enfant bien portant. L'énergie de leur enfant leur semble parfois faire insulte à leurs nerfs en miettes et leurs os fatigués. Une attitude de défi peut ressembler à s'y méprendre à une attaque personnelle. Dans pareille situation, parler de collaboration peut paraître aussi insensé que l'invention d'un savant enfermé dans sa tour d'ivoire. Dans ces moments-là, il peut être sage de se retirer du conflit et de faire une pause pour réfléchir à sa propre expérience et celle de l'enfant.

Obstacles à la base de sécurité

Le chapitre précédent décrivait comment l'enfant se sert du parent comme base de sécurité pour apprendre des choses sur lui-même et sur le monde. Tout se passe bien tant que parent et enfant sont détendus et s'entendent bien. Mais dès qu'il y a conflit, trouver un équilibre satisfaisant entre proximité et exploration peut être une entreprise difficile pour les parties en présence.

Quatre facteurs contribuent aux heurts entre parents et enfants : le désaccord sur ce qui représente ou non un danger ; le fait que l'enfant veut tout avoir ; l'opposition et le négativisme qui accompagnent le sentiment d'avoir une volonté propre ; et les colères que provoque un refus des parents. Chacun de ces facteurs devient plus facile à gérer à mesure que les parents comprennent les difficultés cognitives et affectives auxquelles l'enfant est confronté au cours de sa deuxième et sa troisième année.

ÉCARTS DE PERCEPTION CHEZ LES ENFANTS ET LES PARENTS

Enfants et parents ont souvent des points de vue diamétralement opposés sur les questions de sécurité. Ces désaccords viennent souvent d'une compréhension différente de ce qui constitue un danger.

À vingt-deux mois, David refuse de donner la main à sa mère au moment de traverser la chaussée. Les voitures et les rues embouteillées sont une des composantes de la vie de ce petit citadin qui voit les adultes les emprunter en toute sérénité. Il ne peut admettre qu'elles constituent une menace pour sa sécurité. Pourquoi ne peut-il pas traverser la rue seul, comme tout le monde ?

Beth, vingt-quatre mois, n'arrive pas à s'endormir le soir. « Le monstre va venir », prétend-elle. Ses parents savent fort bien qu'aucun monstre ne viendra, mais ils n'arrivent pas à convaincre leur fille. Par contre, le fait de laisser la veilleuse allumée la rassure.

Nathaniel, trente mois, est surpris en train de jouer avec des allumettes. Son père le gronde copieusement. Indigné, Nathaniel répond : « Mais tu le fais bien, toi ! »

Seth, quinze mois, est fasciné par les braises qui rougeoient dans la cheminée. Il s'avance en titubant et c'est tout juste si sa mère parvient à le rattraper. « Ça brille ! Ça brille ! », s'écrie-t-il.

Amy, vingt-huit mois, va pour la première fois au cinéma. À peine les lumières éteintes, elle se met à hurler et insiste pour partir. Tous les efforts pour la rassurer restent vains.

Andy, trente mois, se met à pleurer chaque fois qu'il voit un certain masque africain chez son oncle. « Vilain monsieur », affirme-t-il. Ses parents ont beau lui dire que le masque n'est pas vivant, il ne se calme pas pour autant.

Ces exemples montrent les réactions de peur souvent incompréhensibles des enfants devant des situations que leurs parents jugent banales et, à l'inverse, leur assurance à toute épreuve devant des entreprises qui font trembler leurs parents.

Il est clair qu'enfants et adultes ne voient pas le monde de la même façon. Dans sa description de la petite enfance devenue maintenant un classique, Selma Fraiberg parle de la magie du raisonnement enfantin[7]. Les enfants interprètent les relations de cause à effet à leur façon ; ils ont des idées bien à eux sur la portée de leur pouvoir et celui de leurs parents ; ils élaborent des théories sur ce qui est « pour de vrai » ou « pour de faux », dangereux ou effrayant, animé ou inanimé.

Les tout-petits essaient toujours de comprendre ce qui leur arrive et ce qui arrive autour d'eux. Quand leurs théories semblent vérifiées, ils se sentent extrêmement fiers de leurs facultés de raisonnement naissantes.

> Marc, trente mois, se réveille avec une conjonctivite. Sa mère lui dit : « Tu as l'œil rouge. » Marc se regarde dans la glace et dit d'un ton pensif : « J'ai peut-être regardé trop de choses rouges. » Toute la journée, il évite soigneusement de regarder des objets rouges, confiant dans son approche du problème. (Celle-ci est apparemment fructueuse : le lendemain, la rougeur a disparu.)

Mais les choses ne se résolvent pas toujours aussi bien. Les tout-petits peuvent être assez perturbés par la manière dont ils s'imaginent que fonctionne le monde. Un grand nombre de peurs en apparence étranges à cet âge sont dues à des associations erronées qui passent inaperçues parce que l'enfant n'est pas encore en mesure d'exprimer ce qu'il ressent.

> Depuis une semaine, Cynthia, dix-huit mois, hurle chaque fois qu'elle doit prendre son bain. Comme elle adore aller à la piscine, ses parents savent qu'elle n'a pas peur de l'eau. En y regardant de plus près, ses parents s'aperçoivent que Cynthia commence à se détendre lorsque sa mère la tient, mais elle se remet à hurler et à se cramponner à sa mère lorsque l'eau s'écoule à la fin du bain. La mère de Cynthia se souvient tout à coup qu'un petit jouet a été aspiré par la bonde la semaine précédente. La peur de l'enfant devient tout à fait claire. Si son jouet a été aspiré, qu'est-ce qui l'empêcherait d'être aspirée à son tour ?

Les adultes rient souvent de ces terreurs irrationnelles ou sont agacés par les désagréments qu'elles occasionnent. Et pourtant, le meilleur moyen de dissiper ces peurs est de les prendre au sérieux. Écouter attentivement, poser des questions pour élucider ce que pense l'enfant et proposer une explication rassurante ainsi qu'une promesse de protection (« Je ne laisserai personne te faire de mal... ») sont autant de moyens de faire savoir à l'enfant que ce qu'il éprouve est pris en compte et que le parent fera en sorte qu'il ne lui arrive rien.

Lorsque l'enfant veut tout avoir

La maîtrise de la locomotion s'accompagne du sentiment nouveau d'avoir une volonté propre. L'enfant désire les objets avec une frénésie que lui envieraient les adultes les plus blasés. « J'en veux, j'en ai besoin ! », s'écrie Jessica, comme si elle redoutait que sa seule volonté ne suffise pas à exprimer l'urgence qu'elle éprouve. Pendant un temps, cette formule s'applique à tout ce qu'elle désire : le nouveau collier de sa mère, une poupée dans la maison de sa tante, des jouets dans une vitrine, des biscuits mis de côté pour le dessert. L'équation qu'elle énonce « j'en veux (donc) j'en ai besoin » n'est pas de l'ordre de la manipulation. Elle s'efforce tout simplement d'exprimer au mieux son désir de posséder tout ce qui lui plaît et d'augmenter sa valeur à travers les objets possédés.

Un désir comblé apporte au tout-petit un plaisir intense ainsi qu'une sensation de plénitude et d'achèvement. Nous avons tous vu l'expression sublime de joie se peindre sur le visage d'un enfant qui vient d'obtenir ce qu'il voulait (un ballon gonflable par exemple). Cela dit, l'enfant est souvent confronté à la nécessité de choisir entre des sources de plaisir qui s'excluent mutuellement. Il veut tout, mais il ne peut tout avoir en même temps. Il ne peut pas être près de sa mère et s'en aller en courant. Il ne peut pas rester chez sa grand-mère et partir avec ses parents. Il ne peut pas faire du toboggan et de la balançoire en même temps. Mais il en a envie, parce que le monde regorge de possibilités merveilleuses.

Choisir implique d'avoir une chose, mais de renoncer à une autre. L'expression déroutée de l'enfant qui apprend cette dure vérité témoigne bien de sa confusion. Le monde qu'il découvre ne fonctionne pas tout à fait comme il le souhaiterait : ses règles vont à l'encontre de ce qui devrait être.

Devant un état de fait aussi haïssable, la réaction du tout-petit est d'une brutalité très caractéristique. Il refuse tout simplement de s'y soumettre et apprend à dire « non ». Parfois, il commence même par dire non pour le simple plaisir de savourer les possibilités qu'offre ce mot. « Non », dit tranquillement Lucy lorsque sa mère lui annonce qu'elles vont aller au parc, puis elle lui prend gaiement la main et trottine à ses côtés. À d'autres moments, le refus est tenace et violent. « Non, non et non ! », clame la même petite Lucy alors que sa mère lui propose une tenue après l'autre pour la journée. Épuisée, la mère finit par réduire la liste à deux possibilités : la robe d'été rouge ou verte ? « La verte », répond Lucy, fière d'avoir le pouvoir de décider.

Opposition et négativisme

Le tout-petit se heurte à un monde fait de « non », et pour le meilleur et pour le pire, c'est au parent qu'il revient de dire « non ». « Non, tu ne peux pas monter sur le tourne-disques. Non, tu ne peux pas mettre tes doigts dans les prises électriques. Non, ni dans le magnétoscope non plus. Non, tu ne peux pas manger la terre des plantes vertes, même si tu trouves ça bon. Non, tu n'as pas le droit de mordre ta sœur ni de tirer la queue du chien. Et tu n'as pas non plus le droit de me taper quand je te dis non. »

La liste de ces interdits n'est la faute de personne. Elle fait partie d'un long et fastidieux travail qui va transformer l'enfant en individu qui apprendra peu à peu à vivre selon les valeurs et les règles de sa culture. Les parents ont beau avoir repensé la maison en fonction de l'enfant, ils ont beau lui proposer des activités de son âge, il reste malgré tout une quantité de « non » qu'il faut énoncer clairement et sans ambages. Rien d'étonnant donc à ce que l'enfant, qui apprend vite, se sente lui aussi obligé d'annoncer sa liste personnelle de « non », par souci d'équité si ce n'est d'autre chose. Ce qui sous-tend le négativisme de l'enfant n'est autre qu'une manière de rappeler : « Non, je ne suis pas ton clone et je refuse d'abandonner mon individualité pour faire ce que tu veux que je fasse et pour être comme tu veux que je sois. » Si on tient compte de cela, il faut reconnaître que les tout-petits sont relativement faciles à comprendre et finalement, pas si terribles.

Cependant, la force avec laquelle l'enfant exprime son message représente un défi pour ses parents. Certains éprouvent de la colère et du découragement face à une opposition aussi systématique. Ils se prennent à regretter les premiers mois lorsque leur bébé était encore câlin, docile et facile à contenter et qu'ils savaient lire et interpréter les signaux d'une façon qui apaisait tout le monde. À mesure que l'enfant affirme son indépendance et qu'il devient même terriblement exigeant, bon nombre de parents déplorent l'intimité des premiers temps, avec ses projets communs et sa proximité physique.

Parents et enfants se regardent souvent de part et d'autre d'un gouffre de demandes qui s'excluent mutuellement et les câlins ne suffisent plus à rétablir le plaisir de la relation. Il n'y a rien d'autre à faire que d'apprendre à accepter, respecter et même apprécier les différences. Ce n'est qu'alors que l'intimité de la première année pourra être retrouvée et insérée dans un nouvel ordre des choses.

La petite enfance favorise également un certain négativisme de la part de l'enfant dans la mesure où ses insuffisances linguistiques font naître des problèmes de communication avec les adultes. La curiosité des tout-petits à l'égard du monde, l'intensité de leurs sentiments vis-à-vis d'eux-mêmes et de leurs corps, leur autonomie et leur volonté croissantes, tout cela devrait s'accompagner d'une aisance verbale. Or, les progrès sont lents et difficiles dans ce domaine. Les tout-petits se retrouvent par conséquent souvent dans des situations extrêmement frustrantes. Ils ont envie d'exprimer quelque chose, mais ils n'ont pas les mots pour le dire. Ils ne savent pas, ils ont envie d'apprendre, mais ils sont incapables de demander. Ils s'aperçoivent qu'ils ne comprennent pas ce que les autres racontent et que les autres ne les comprennent pas non plus.

Lorsque les tout-petits sont incapables de parler des choses qui leur tiennent à cœur, ils sont obligés d'en passer par les larmes ou les cris. Cela arrive même aux adultes. La voix est le véhicule de l'émotion, et lorsque la parole nous fait défaut, nous avons besoin de crier ce que nous voulons dire par quelque moyen que ce soit. Souvent, ce qui passe pour du négativisme chez l'enfant est en fait un effort désespéré pour se faire comprendre.

Les crises de colère

Lorsqu'un « non » ne donne pas le résultat escompté et que l'enfant voit sa volonté contrariée par des instances supérieures, il ne lui reste souvent pas d'autre issue que de piquer une colère. Que peut-il faire d'autre ? Ses facultés verbales ne sont pas suffisamment développées pour qu'il puisse plaider sa cause de façon convaincante. N'ayant qu'un accès limité aux ressources familiales, il ne peut obtenir gain de cause en menaçant de supprimer le versement d'une allocation ou en confisquant les clefs de voiture. Et se draper dans sa dignité demande une trop grande maîtrise de soi pour une créature aussi passionnée. La crise de colère — se jeter par terre en pleurant à chaudes larmes et en poussant des hurlements — est une expression extrêmement éloquente, quoique rarement appréciée à sa juste valeur, de ce que l'enfant ressent intérieurement. Cela reflète à la fois son effondrement intérieur et sa protestation indignée devant le fait que sa volonté ne règne pas en maître.

Une bonne partie du désordre affectif de la deuxième année tourne autour de la difficulté d'intégrer la volonté de l'enfant dans la constellation familiale. L'enfant apprend que ses désirs (si importants et apparemment si légitimes) ont besoin de se conformer à ceux des autres. De leur côté, les parents apprennent qu'ils ont eux aussi besoin de dire « non » avec fermeté et conviction, mais, il faut l'espérer, sans trop de dureté.

C'est pourquoi les colères ont une telle importance pour le bon développement de l'enfant. Elles l'emmènent au plus profond de son être et l'aident à comprendre que colère et désespoir font partie de l'expérience humaine et ne conduisent pas nécessairement à un effondrement affectif durable. Si les parents parviennent à demeurer affectivement disponibles tout en restant fermes, les colères apprendront aussi à l'enfant qu'il ne sera pas abandonné dans « la nuit sombre de l'âme ».

Helena, treize mois, aime pousser le long du couloir un poussin à roulettes. Aujourd'hui, elle a envie d'élargir ses horizons et décide d'aller jusque dans le bureau de son père. Une des roues reste coincée dans l'embrasure de la porte. Impossible de faire bouger le poussin. Helena se jette par terre en sanglotant et en se tapant la tête par terre. Son père, qui n'est qu'à moitié ravi d'être interrompu, vient néanmoins la relever et lui dit : « Viens, je vais t'aider. » Helena continue à sangloter. Son père réitère sa proposition et pose la main d'Helena sur la roue qui est coincée. Il guide sa main jusqu'à ce que le poussin soit décoincé. Ivre de joie, Helena pousse son poussin dans le bureau.

Tommy, dix-huit mois, veut monter sur le tricycle flambant neuf de son grand frère. Il hurle et sanglote. Sa mère lui dit d'un ton réconfortant : « Quand tu seras grand comme Daniel, toi aussi, tu auras un tricycle. » Elle l'emmène dehors pour aller chercher des escargots, une activité qu'il adore. Quand ils reviennent, la mère convainc Daniel de laisser son petit frère faire un tour de tricycle.

Sandra, vingt-quatre mois, pique une colère en entendant sa mère lui dire qu'elle n'aura de biscuits qu'après le dîner. Elle tape du poing par terre. Sa mère lui dit d'un ton ferme : « Je suis désolée, Sandra, mais d'abord le dîner et ensuite les biscuits. » Sandra pleure pendant un moment, couchée par terre. Sa mère continue à préparer la cuisine et dit : « Ce ne sera pas long et le dîner est tout simplement délicieux. »

Jerry, vingt-huit mois, frappe sa mère lorsque celle-ci lui dit qu'ils ne peuvent pas aller au parc le soir. Elle le prend par la main et lui dit d'un ton sévère : « Je sais que ça ne te plaît pas, mais tu n'as pas le droit de me taper pour autant. » Jerry lui donne un coup de pied. La mère attrape Jerry et l'emmène dans sa chambre alors qu'il hurle. Elle lui dit : « Tu resteras dans ta chambre jusqu'à ce que tu sois prêt à être à nouveau avec moi. »

Savoir réagir à une colère met en jeu rien moins que la formation du caractère. Et les parents peuvent s'améliorer avec l'expérience. Lorsqu'un parent sait qu'il a raison et refuse de céder à l'attrait d'une paix temporaire, tout le monde en bénéficie. Le parent apprend que le fait de refuser certains plaisirs à un enfant ne le rend pas névrosé pour autant et l'enfant apprend qu'il peut survivre à une frustration momentanée.

En insistant pour avoir raison, l'enfant met la famille face à certaines questions essentielles de la vie en communauté. Tout le monde, parents comme enfants, doit être capable de différer le moment de la gratification et d'accepter la frustration qui en découle avec une certaine bonne grâce. Nous avons tous besoin de transformer notre colère et même certains éclairs de haine pour les rendre acceptables, tout comme nous avons besoin de trouver un équilibre entre l'exercice du pouvoir et la soumission au pouvoir d'un autre. Ce que l'on apprend d'une colère bien gérée sera précieux non seulement dans le cadre de la famille mais dans d'autres situations sociales.

Lorsque la colère et la frustration l'emportent sur la proximité et la réconciliation, les enfants peuvent perdre espoir quant à l'avenir des relations humaines. Gabriel, trois ans et demi, dont les parents s'étaient séparés depuis peu, a fait cette remarque : « Les grandes personnes vivent ensemble, elles se disputent et après, elles ne peuvent plus vivre ensemble. » Ce commentaire ne portait que sur les adultes et impliquait ce présupposé inconscient, s'appuyant sur le fait que ses deux parents continuaient à bien s'occuper de lui, que cela ne s'appliquait pas aux enfants. Il est néanmoins évident que la séparation de ses parents l'avait amené à se dire que chez les adultes, la colère conduit à l'éloignement plutôt qu'au rapprochement.

Gabriel énonce évidemment une vérité profonde, à savoir que la colère est difficile à gérer et que lorsqu'on l'exprime mal, on risque de courir à la catastrophe. Avec chaque enfant qu'elle élève, la société répète sa propre évolution. Chaque fois qu'un enfant se trouve pris entre l'impulsion de riposter — de mordre, de taper, de donner des coups de pied — et la peur de ses conséquences, on assiste à la naissance de la conscience et par là même, à celle de la société. Dans le meilleur des cas, l'agression physique va progressivement faire place à la verbalisation de la colère et à la négociation d'une solution à des désaccords profonds.

Les parents constituent une base de sécurité qui va permettre à l'enfant d'explorer non seulement le monde extérieur, mais tout un éventail de sentiments qu'il va découvrir à mesure qu'il grandit. Que ses parents soient capables de l'aider à traverser une crise de colère ou de désespoir lui permet d'apprendre que ces derniers peuvent être des alliés précieux en cas de besoin.

Les sections qui suivent se proposent de montrer comment l'expérience d'une base de sécurité va pouvoir se transformer en collaboration gratifiante entre parents et enfant.

De la base de sécurité à la collaboration

> La mère d'Ari est enceinte de huit mois et elle le sent. Peu avant qu'il soit l'heure d'aller au lit pour Ari, elle regarde le salon jonché de jouets et dit : « Ari, il faut que tu ranges tes jouets. » Ari lui répond : « Fais-le toi, maman. Je suis trop fatigué. » Sa mère lui répond : « Moi aussi, je suis fatiguée, Ari. Si on rangeait ensemble. » Ari rétorque : « OK, ensemble. Tu ramasses et je te regarde. »

Difficile de savoir comment Ari est arrivé à sa définition du mot « ensemble ». Croit-il vraiment que regarder sa mère ramasser les jouets fait partie de la tâche ? C'est possible, car après tout, il l'a déjà fait plusieurs fois auparavant. Ou bien fait-il semblant de croire que c'est une forme d'aide, espérant tromper sa mère et la pousser à accepter ?

Peu importe comment Ari est arrivé à cette conclusion. Ce qui importe, c'est qu'il négocie activement avec sa mère. Il sait qu'elle s'est fixé un but (faire en sorte qu'il range ses jouets) qui est différent du sien (ne pas le faire). Il invoque d'abord une excuse pour ne pas les ranger — la fatigue —, excuse qui a jusque-là toujours marché. Lorsque sa mère refuse son excuse et qu'elle la reprend même à son compte, Ari est obligé de trouver une issue de secours. Sa mère va lui fournir la solution rêvée en suggérant qu'ils fassent ensemble la tâche tant redoutée. Ari s'adjuge tout de suite le seul aspect du travail qui lui convient : regarder les choses se faire. Le fait que sa proposition n'ait pas été acceptée n'enlève rien à ses talents de négociateur, brillant quoique assez prévisible.

Cet échange a permis à Ari de se familiariser avec le fonctionnement d'une collaboration « rectifiée quant au but[8] », un concept formulé d'une drôle de manière, mais très utile pour comprendre le fonctionnement de la collaboration parents-enfants. Lorsque les tout-petits insistent pour mener à bien ce qu'ils ont prévu, ils s'aperçoivent que leurs parents ont eux aussi des buts et qu'ils ne correspondent pas forcément à ceux de l'enfant. Lorsque parents et enfant parviennent à faire coïncider des buts divergents par la négociation, la relation se définit alors par le don et le contre-don, et évolue vers une collaboration où les deux parties travaillent ensemble pour mettre en œuvre une solution qui satisfasse tout le monde.

C'est confrontés à l'exemple de leurs parents que les enfants apprennent ce que signifie une véritable collaboration, et devenir partenaire à part entière peut prendre très longtemps (parfois toute une vie). Les tout-petits sont comme tout le monde, ils privilégient d'abord leurs objectifs, qui peuvent rester inchangés sur une période de temps donné. Trois mois après l'épisode évoqué plus haut, Ari est arrivé avec une autre excuse fort valable pour ne pas ranger ses jouets. « Je ne peux pas les ranger maintenant, Maman. Je n'ai que deux mains et elles sont occupées. » L'ingéniosité que les enfants mettent en œuvre pour défendre leurs intérêts exige toujours plus de créativité de la part des parents pour protéger les leurs. Dans ce cas précis, la mère d'Ari a choisi de relever le défi. « Ça fait trop longtemps que tes mains font la même chose, Ari. Elles ont besoin d'apprendre à faire quelque chose de nouveau, là, tout de suite. »

Obstacles à la collaboration

Dans un comportement de base de sécurité, l'enfant trouve un équilibre confortable entre deux buts contradictoires : rester près de sa mère ou partir explorer loin d'elle. Lorsque le parent est physiquement et affectivement disponible, l'enfant peut décider librement quand s'en aller et quand revenir. C'est à ce moment-là que les enfants sont les plus heureux et les plus charmants. Découvrir de nouveaux horizons lorsque l'on en a envie et être accueilli à bras ouverts par la personne aimée chaque fois que l'on décide de revenir, c'est la définition du bonheur pour un jeune enfant actif.

Dans le cas où un enfant peut aller et venir à sa guise et que le parent est toujours présent et réceptif, les objectifs du parent coïncident avec ceux de l'enfant et il n'y a par conséquent aucune discordance entre eux. C'est l'harmonie qui l'emporte parce que le parent veut et peut être totalement disponible, comme le souhaite l'enfant.

De nombreux facteurs peuvent venir perturber ces conditions idéales. Exemple déchirant entre tous, l'enfant veut rester à proximité du parent alors que celui-ci n'est pas disponible, que ce soit physiquement ou affectivement. La mère peut être obligée d'aller travailler, elle peut avoir envie d'être seule ou de se consacrer à d'autres personnes qui comptent. Il peut arriver dans ce cas-là que l'enfant ne la laisse pas partir. La mère est au centre de son univers et il a tellement besoin d'elle qu'il est incapable de faire preuve d'une telle sérénité. Il appelle sa mère et s'agrippe à elle. Elle n'a pas d'autre solution que de le repousser et de se soustraire à son contact. Elle se sent parfois angoissée et coupable ; ou tout simplement agacée. Lorsque parent et enfant n'arrivent pas à se retrouver affectivement au moment où le besoin s'en fait sentir, il en résulte souvent un éloignement, un sentiment de colère et de frustration mutuels.

Inversement, à d'autres moments, c'est l'enfant qui a envie de partir et les parents qui s'y opposent. Ce peut être parce qu'ils veulent le protéger d'un danger réel, qu'ils ne sont pas d'accord avec ce qu'il veut faire ou qu'ils désirent simplement rester en sa compagnie. Dans ces moments-là, c'est l'enfant qui repousse ses parents, parce qu'il se sent englouti par leur présence et entravé par leurs demandes. C'est alors qu'à son tour, le parent se sent rejeté, inutile et mal aimé.

C'est dans ces situations où les besoins divergent qu'une collaboration « rectifiée quant au but » devient essentielle à la résolution du conflit. Parent et enfant doivent trouver le moyen de sortir d'un affrontement où l'on oppose un « non » à un autre et où il y a une escalade de la colère et de l'impuissance.

Négocier les désaccords

Quels sont les obstacles à la négociation d'une solution ? Les parents craignent parfois qu'en cédant, ils ne transforment leur enfant en enfant gâté. Ils pensent qu'une fois qu'ils ont dit « non », il faut qu'ils s'y tiennent, par souci de cohérence.

Mary, dix-huit mois, joue avec une balle de golf dont la famille se sert pour jouer avec le chien. Elle la lance et court la chercher, faisant presque exactement comme le chien. Elle glousse d'excitation et de plaisir. Son père lui dit que la balle est sale et qu'elle ne peut pas jouer avec. Elle pleure amèrement lorsque son père la lui confisque. Le frère de Mary prend la défense de sa sœur et dit : « Mais tout le monde joue avec la balle. Mary ne la mettait pas dans sa bouche. » Le père se sent un peu honteux, mais il y va de son honneur. Il conclut : « J'ai dit "non", un point c'est tout. »

Stefan, trois ans, joue pieds nus dans les flaques laissées par le jet d'eau pendant que sa mère arrose les plantes. C'est une journée d'été particulièrement chaude et la mère se sent fatiguée et irritable. « Arrête, Stefan ! » dit-elle. « Mais j'ai envie », supplie Stefan. « Non ! » dit sa mère. « Pourquoi ? » demande Stefan. « Parce que c'est comme ça », réplique sa mère qui n'a pas envie de faire marche arrière.

Bon nombre de parents sont obsédés par des exigences à la fois personnelles et sociales de toujours faire les mêmes réponses à leur enfant et de ne jamais lui céder. En cas de conflit, ils se raccrochent au moindre millimètre de leur volonté vacillante parce que le fait d'être cohérent possède à leurs yeux l'aura d'une vertu transcendantale.

Il faut bien reconnaître que dans le feu de l'action, nous prenons tous des décisions qui, après coup, paraissent idiotes ou inutiles. Le fait d'insister, envers et contre tout, pour suivre une ligne de conduite est plus un signe de rigidité que de cohérence. Si un adulte nous le faisait remarquer, c'est avec soulagement que nous changerions d'avis. Pourquoi ne pas le faire quand c'est notre enfant qui s'insurge contre un de nos décrets les moins inspirés ?

Les enfants peuvent être extrêmement sensibles aux défauts de leurs parents. À trente-quatre mois, le petit Joshua, le visage ruisselant de larmes, a dit à sa mère qui hurlait : « Ce n'est pas juste, Maman. Tu vaux mieux que ça. » Sa mère a entendu son fils et a effectivement fait mieux. Elle a arrêté de hurler, s'est ressaisie et s'est expliquée : « Je vais te dire pourquoi je me suis mise tellement en colère, Joshua. Je n'aime pas que tu ne fasses pas ce que je te dis. » Le fait que la mère soit disposée à changer a donné lieu à une conversation très fructueuse sur ce que mère et fils étaient censés faire pour bien s'entendre.

Que les parents soient disposés à changer d'avis quand on leur présente des arguments convaincants montre à l'enfant qu'il existe une forme supérieure de cohérence : pouvoir discuter de différents points de vue.

Il existe, bien entendu, de nombreux cas où les objectifs des parents doivent l'emporter sur ceux de l'enfant et où leur « non » doit prévaloir.

Prenons l'exemple classique de parents qui s'apprêtent à laisser leur enfant avec une baby-sitter pour la soirée. L'enfant s'accroche au cou de sa mère en hurlant : « Ne me laisse pas ! » La mère se sent déchirée entre un sentiment de compassion pour la détresse de l'enfant et un certain agacement, entre l'attrait d'une soirée hors de la maison et l'impulsion de rester. Dans pareille situation, un compromis semble impossible. Mais peut-on trouver une solution concertée ?

Pour rendre justice à la situation, il faut considérer ce qui précède et tout d'abord, les motivations de l'enfant. A-t-il bénéficié de moments agréables avec ses parents pendant la journée, ou bien cette sortie est-elle le coup de grâce après une journée où l'enfant n'a pu satisfaire ses besoins d'attachement ? L'enfant connaît-il et aime-t-il la baby-sitter, ou bien s'agit-il d'une personne nouvelle en qui il n'a pas encore tout à fait confiance ? Le fait que l'enfant proteste peut permettre aux parents d'évaluer s'ils ne lui en demandent pas trop et s'ils lui donnent suffisamment d'affection pour supporter leurs absences.

Bon, peuvent répondre les parents, il est vrai que la journée a été dure, que la baby-sitter habituelle s'est décommandée à la dernière minute et qu'il a fallu trouver une remplaçante que l'enfant connaît à peine. Mais à partir de là, que faire ?

Prendre garde aux sentiments de l'enfant

Comprendre la détresse de l'enfant et la part de responsabilité que nous y avons ne signifie pas qu'il faille changer de décision pour autant (dans ce cas, renoncer à sa soirée). Ce qui va changer, par contre, c'est le ton que nous allons adopter pour expliquer notre décision à l'enfant. Les tout-petits sont toujours rassurés d'entendre une description compatissante de ce qu'ils éprouvent, mais qu'ils sont incapables de formuler. L'enfant est rassuré de nous entendre dire que nous savons qu'il est contrarié, que Papa et Maman étaient très occupés aujourd'hui et qu'ils n'ont pas eu le temps de jouer avec lui, et que les voilà qui partent à nouveau et que ce n'est pas juste. Ils peuvent lui dire aussi que la raison pour laquelle il n'a pas envie de rester avec cette nouvelle dame, c'est qu'il ne la connaît pas, mais qu'eux la connaissent et qu'ils l'ont choisie parce qu'elle était très gentille avec les enfants. Ils peuvent lui promettre de venir lui faire un bisou à leur retour et de vérifier qu'il est bien au chaud sous ses couvertures. Ils peuvent aussi lui promettre de faire une activité spéciale le lendemain pour rattraper ce qu'ils n'ont pas pu faire aujourd'hui. Les parents peuvent dire tout ça, petit à petit, ou bien se concentrer sur ce qui paraît le plus important pour l'enfant. Et puis ils peuvent conclure en disant que maintenant, il faut qu'ils s'en aillent.

Il arrive aussi, bien sûr, que nos enfants refusent de nous laisser partir même lorsque nous avons passé toute la journée avec eux et que leur baby-sitter préférée est disponible. Là aussi, il y a matière à discussion. On peut rappeler à quel point c'était fantastique de faire tout ce qu'on a fait ensemble pendant la journée et que c'est dommage que ce soit fini. On peut dire que la baby-sitter est là pour qu'ils s'amusent pendant notre absence. Et puis, on peut dire que maintenant, il faut que l'on s'en aille. Comme l'a fait remarquer Stanley Greenspan, « fixer des limites précises », cette formule magique, transmise de génération en génération comme la panacée des difficultés éducatives, n'exclut pas que l'on compatisse avec ce que ressent l'enfant[9].

VERBALISER LES SENTIMENTS DE L'ENFANT

Les enfants comprennent ce qui se dit bien avant de pouvoir parler. Lorsque les parents parviennent à traduire ce qu'ils ressentent en paroles compréhensives, cela permet d'apaiser leurs sentiments négatifs et de les rendre supportables. En ce sens, la parole apporte un soulagement par rapport à la confusion des sentiments ; elle introduit de l'ordre dans le chaos.

L'enfant qui n'a pas encore l'usage de la parole est à la merci des crises qui agitent son corps et qu'il vit viscéralement : tiraillements d'estomac, douleurs liées aux poussées dentaires, coliques, chutes soudaines, élancements dus à une otite...

On raconte que Luther comprit qui était le diable au cours d'une crise de constipation.

La solitude, quoique ne prenant pas son origine dans le corps, peut être ressentie physiquement. Le désir de la mère apparaît sous forme d'un vide intérieur et d'une sensation de faim et de soif indéfinie. Toutes ces sensations ne peuvent s'exprimer autrement que par des sons signifiant la colère et la détresse : geignements, pleurs, hurlements.

Le parent, le plus souvent la mère, essaie d'interpréter ces bruits, d'en trouver la cause et d'apporter un remède. Lorsqu'il y parvient et que les choses vont mieux, l'enfant se calme. Lorsqu'il n'y parvient pas, l'enfant demeure pris dans les griffes d'une douleur innommable. C'est pourquoi père et mère se trouvent au centre du sentiment de bien-être ou de mal-être du jeune enfant. C'est à eux de comprendre ce que ressent l'enfant et d'agir en fonction ; c'est également à eux de trouver quelqu'un qui les remplace quand ils ne sont pas là.

Avec l'acquisition du langage, les enfants disposent d'un nouvel outil qui va leur permettre de communiquer avec leurs parents et les gens qui les entourent. Ils sont désormais capables de décrire des expériences dont ils ne pouvaient parler auparavant. Mais avant d'en être capables, ils savaient déjà, pour avoir entendu parler leurs parents, que le langage était un moyen de partager des émotions.

> Reggie, quatorze mois, a été enlevé d'un foyer d'adoption provisoire où il se trouvait depuis sa naissance pour être placé dans une nouvelle famille. Il ne parle pas encore. Pendant les deux premières semaines, il hurle presque constamment, dort à peine et se jette par terre en sanglotant à la moindre contrariété. Sa mère adoptive commence à se demander très sérieusement si elle va le garder. Elle se demande aussi si c'est un enfant normal. En consultation, on lui conseille de réagir à chaque crise de hurlements en serrant l'enfant très fort dans ses bras et en lui répétant : « Tu vas rester avec moi. On ne se quitte plus. Je suis ta maman maintenant. » Cette incantation sert à endiguer la peur et la détresse de la mère comme celles de l'enfant. Le message est enfin compris. Les crises de Reggie s'estompent rapidement et finissent par disparaître.

L'empathie de sa nouvelle mère et sa capacité à nommer sa peur ont permis à Reggie de transformer son désespoir et sa rage en confiance d'avoir été entendu et compris. C'est cette confiance qui l'aidera plus tard à trouver les mots pour exprimer ce qu'il ressent. L'expérience de Reggie, aussi douloureuse soit-elle, est plus encourageante que celle d'un enfant qui n'a personne pour traduire ses sentiments en paroles rassurantes.

Le langage permet aux tout-petits de devenir partenaires à part entière dans leurs relations avec d'autres. Ils disposent désormais de tout un répertoire d'émotions dans lequel puiser au cours de leurs négociations. Grâce au langage, l'enfant dispose d'un jeu de symboles qu'il peut utiliser en raccourci d'expériences plus complexes. Le mot « Maman », par exemple, peut évoquer des moments décisifs de son expérience avec sa mère — ses regards, son odeur, sa voix, la chaleur de son toucher, mais aussi des jeux favoris. Chaque mot peut contenir la valeur affective de mille échanges. C'est un moyen économique d'encoder du sens et d'aider l'enfant à se souvenir. Le langage va venir enrichir la mémoire de l'enfant ainsi que sa compréhension du monde et des liens de cause à effet. Il va également lui permettre de penser à des alternatives et de décider quelle ligne de conduite adopter.

Grâce au langage, les tout-petits vont par conséquent pouvoir exprimer des sentiments qu'ils ne pouvaient auparavant exprimer que par des actes. Au lieu de pousser quelqu'un, ils peuvent maintenant lui dire : « Va-t'en ! » ; au lieu d'attraper le jouet d'un autre enfant, ils peuvent lui dire « À moi ! » ; au lieu de lui taper dessus, ils peuvent dire : « Moi, pas content ! » Le fait de pouvoir utiliser des mots leur évite donc de se sentir submergés par l'angoisse, la fureur et la peur.

LORSQUE LES MOTS NE SUFFISENT PAS

Le langage ouvre certes de nouveaux horizons de communication, mais il a également ses propres limites. Précisément parce qu'il est concis, il capture rarement l'expérience jusqu'au bout, dans toutes ses nuances et ses subtilités. Les mots rendent compte de certains aspects de l'expérience, mais pas de sa totalité, avec sa texture plurisensorielle. Le mot « Maman » peut évoquer uniquement les sentiments positifs de l'enfant à l'égard de sa mère. Les conflits, l'ambivalence, la colère et la peur, qui constituent l'autre versant de la relation, peuvent fort bien demeurer en dehors du domaine de la parole.

En ce sens, la verbalisation comporte un effet aliénant intrinsèque parce que la part de l'expérience qui n'est pas nommée est coupée et isolée de celle qui, grâce au langage, bénéficie d'une existence officielle [10].

Cela vaut également pour la vie émotionnelle de l'enfant. Parce qu'ils ressentent les choses avec une telle intensité, les tout-petits ont du mal à supporter les chagrins et les pertes qui leur sont infligés. Qu'un jouet soit cassé leur semble tout simplement odieux. Et dans ce cas-là, des mots comme « triste » ou « déçu » sont bien en deçà de l'immensité de la perte. L'enfant a besoin qu'un adulte comprenne sa douleur, mais il ne veut pas que celle-ci soit effacée à coups de mots. Comme l'écrit Kevin Frank : « L'impulsion première est de calmer l'enfant, de réparer les choses. Mais les cris reviennent. "Essaie un peu de me calmer !" ou son équivalent non verbal. Pourquoi est-ce aussi exaspérant ? Cela ne fait-il pas resurgir toute la peur, le ressentiment, la frustration demeurés enfouis depuis notre propre enfance ? Et l'impulsion que l'on a de calmer l'enfant ne serait-elle pas par hasard l'impulsion de refermer le couvercle de cette boîte de Pandore ? Il est, en fait, extrêmement difficile d'être véritablement aux côtés d'un enfant qui est inconsolable[11]. »

Dans ces moments-là, seule une proximité silencieuse peut rendre honneur aux sentiments de l'enfant. Un câlin, s'il est accepté, exprime mieux certains sentiments que des mots. En fait, le langage est dans ces conditions nécessairement voué à l'échec. L'heure des mots viendra plus tard, lorsque le parent aidera l'enfant à réfléchir sur ce qui s'est passé. Demander à l'enfant de verbaliser ses sentiments avant qu'il soit prêt à le faire revient à lui fermer l'accès des domaines non verbaux de l'expérience et à lui faire croire, à tort, que parler et sentir sont une seule et même chose.

Lorsque la collaboration s'effondre

Il y a des moments où les parents ne sont pas disponibles affectivement parce que la colère et la souffrance de l'enfant les touchent de trop près. Au lieu d'entourer l'enfant, de lui apporter un certain réconfort ou de verbaliser ses émotions, les parents se mettent à hurler ou se réfugient dans un silence glacial. La collaboration s'effondre et semble perdue à jamais. L'amour fait place à la haine. Impossible de compter sur la relation ou sur sa propre intériorité pour servir de base de sécurité.

Sans nécessairement cautionner ce genre de dérapages, on peut se consoler en se disant que c'est humain et même y trouver certains avantages. À condition qu'ils restent dans des limites raisonnables, ils aideront l'enfant à comprendre qu'il n'est pas le seul à être en proie à des émotions négatives.

À l'heure actuelle, on exige des parents qu'ils soient toujours compatissants et réconfortants. On leur demande de cultiver à son niveau optimal la santé psychique, le développement cognitif et la créativité de leurs enfants. C'est une exigence qui peut avoir de graves conséquences. Dans un climat où les parents se modèlent sans arrêt sur leur enfant, ce dernier n'est plus exposé à la spontanéité des émotions profondes. Confronté à l'empressement de ses parents, l'enfant a l'impression qu'il devrait suivre ce modèle. Pour mériter des parents aussi bien élevés, il a intérêt à être bien élevé lui aussi. Ce genre de pressions peut être très contraignant pour un jeune enfant.

Parfois aussi, les tout-petits ont tout simplement un comportement inadmissible qui se prolonge malgré les efforts des parents pour y mettre fin avec toute la fermeté et la civilité qui s'imposent. Le fait qu'ils finissent par exploser (que ce soit de façon mesurée ou démesurée) va renvoyer à l'enfant un message important : à savoir, *que tout comportement inadmissible de sa part aura des conséquences déplaisantes*.

Il est temps de commencer à le comprendre à cet âge-là. Les enfants de un à trois ans n'apprennent jamais aussi bien que par les sentiments, les leurs et ceux des autres. L'explosion de colère d'un parent peut en fait leur être utile parce qu'elle leur enseigne qu'il n'est pas toujours nécessaire de se dominer.

Se réconcilier après une dispute

L'essentiel est de savoir comment réagir après s'être emporté. Là encore, le langage peut être très utile parce qu'il permet d'élucider ce qui s'est passé « quand Papa/Maman s'est fâché(e) ».

Que la colère du parent soit légitime ou non, elle n'en est pas moins effrayante aux yeux de l'enfant. On peut toujours rendre cette peur acceptable en expliquant ce que Papa ou Maman ont ressenti et en demandant à l'enfant ce qu'il a lui-même ressenti ; on peut également rassurer l'enfant en lui disant que même quand ils sont fâchés, Papa et Maman continuent à l'aimer. Lorsque les enfants parviennent à trouver un sens à certaines expériences difficiles, leur sentiment de sécurité s'en trouve temporairement ébranlé, mais pas totalement détruit. En fait, colmater les brèches avec l'aide du parent va progressivement immuniser l'enfant contre le désespoir de voir un parent d'habitude si aimant se transformer en furie. Il apprend que l'intimité revient une fois la mauvaise humeur passée.

Que faire des moments où le parent s'emporte pour des raisons personnelles, qui n'ont rien à voir avec le comportement de l'enfant ? Là encore, parler est utile. Dire à l'enfant « Je suis désolé(e) » peut lui éviter un sentiment de honte immérité, le rassurer que ce n'est pas sa faute et lui redonner confiance. Cela ne marche, bien entendu, que lorsque les parents sont vraiment sincères. Les excuses perdent toute valeur lorsqu'il ne s'agit que de formules toutes faites, uniquement destinées à déculpabiliser les adultes. Les enfants savent très bien lorsque leurs parents font véritablement des efforts ou quand ils s'excusent uniquement pour faire oublier la crise jusqu'à la prochaine fois.

> À quatre ans, Joshua est capable de dire à son père après s'être fait copieusement gronder par lui : « Papa, je suis petit. Les grandes personnes n'ont pas le droit de s'énerver contre des enfants. Tu devrais pouvoir t'arrêter. »

Ces mots résument les principes que Joshua a appris depuis son plus jeune âge dans des échanges avec son père au cours desquels il avait effectivement l'impression d'être entendu, même au beau milieu d'un conflit.

VALEUR DE LA DÉCEPTION

Un travail de collaboration implique souvent que l'on accepte de modifier ses projets pour faire plaisir à son partenaire. Cela implique tout aussi souvent que l'on accepte de le décevoir parce qu'il nous est impossible de faire ce qu'il ou elle veut. C'est vrai des tout-petits comme des adultes. La déception est un sentiment dont les enfants font très tôt l'expérience et ils ont besoin d'apprendre qu'ils peuvent être déçus sans s'effondrer pour autant.

Cela étant, les parents se sentent souvent coupables de décevoir leurs enfants. La culpabilité peut donc devenir un obstacle à la formation d'une collaboration si les parents cèdent systématiquement aux désirs de l'enfant aux dépens des leurs. Devant une telle abdication de ses parents, l'enfant en déduit que ses désirs sont dans l'ordre naturel des choses et que la frustration et la déception sont des émotions dangereuses qu'il faut éviter à tout prix.

La culpabilité peut aussi amener les parents à trop négocier. Il leur arrive de supplier leurs enfants de se ranger à leur point de vue et d'accepter la situation avec bonne grâce. Je me souviens d'une mère sensible et aimante qui voulait ramener sa fille chez elle après une fête d'anniversaire très réussie. Sophie, sa fille, a fait la sourde oreille évidemment. La mère a essayé de parlementer avec sa fille en lui présentant des arguments extrêmement convaincants. « Allez, Sophie, on y va. Je sais que tu as envie de rester, mais tu es fatiguée. Tous les autres enfants sont partis. Il faut que Tommy aille se coucher et que toi aussi, tu y ailles. Alors s'il te plaît, viens. » Pour toute réponse, Sophie partait en courant et continuait à jouer. Lorsque sa mère a fini par l'attraper, Sophie s'est jetée par terre et s'est mise à hurler. La mère s'est à nouveau mise à parlementer. « Tu es fatiguée, Sophie. C'est pour ça que tu pleures. Partons, s'il te plaît. » Cela a duré quarante minutes, avec une exaspération croissante de la part de la mère et de l'enfant, sans parler de l'hôtesse.

Paradoxalement, l'insistance de la mère à obtenir la permission de sa fille privait cette dernière du droit de ne pas être d'accord et de le montrer. Cette petite fille n'était pas libre d'exprimer ses sentiments négatifs et était obligée de faire plaisir à sa mère. On ne devrait obliger personne, pas même un jeune enfant, à renoncer au droit d'exprimer des sentiments négatifs. Renoncer à la colère, à la tristesse, à la déception, c'est renoncer à une partie de soi-même.

Les enfants qui ne sont pas régulièrement exposés à la déception finissent par perdre leur souplesse, par manque de pratique du don et du contre-don. Ils risquent de devenir égocentriques et difficiles à vivre et à aimer. La mère de Sophie aurait rendu service à sa fille — et à tout le monde — en ne tenant aucun compte de ses protestations, en la prenant sous le bras et en la ramenant chez elle.

Encourager la collaboration

Quelles sont les méthodes qui existent pour faire obéir les tout-petits ? Passons-les rapidement en revue.

• Leur proposer une alternative séduisante. C'est la méthode la moins douloureuse pour tout le monde. « On va rentrer à la maison et une fois là-bas, on regardera les dessins animés. » Ce n'est, bien entendu, pas toujours possible ou efficace.

• Utiliser un ton qui montre que vous êtes intimement convaincu de l'importance et du bien-fondé de votre remarque. Votre fils ou votre fille en seront eux aussi convaincus parce que les enfants ne demandent pas mieux qu'à vous croire et à vous faire plaisir. « Ne reste pas sous la pluie. Les enfants tombent malades s'ils restent trop longtemps sous la pluie. »

• Dans bien des cas, le sens inné de la justice qu'ont les tout-petits peut jouer en faveur des parents. Le fait d'expliquer que tel ou tel comportement gêne les autres montre à l'enfant que tout le monde ne réagit pas comme lui. « Arrête de taper sur la table avec ta cuillère, s'il te plaît, ça me fait mal aux oreilles », ou bien : « Je ne veux pas que tu me traites d'idiot. Je trouve ça blessant. »

• Dans bien des cas, le parent est obligé d'expliquer que c'est lui qui décide. Bon nombre d'enfants ont été guéris de leurs incontrôlables crises de colère par des parents qui venaient de trouver le courage de dire : « Là-dessus, c'est moi qui décide. » Rien n'est plus rassurant pour des enfants en crise que l'autorité indulgente de leurs parents, même si leurs cris de protestation laissent croire le contraire.

• À défaut d'autre chose, l'humour donne parfois des résultats inattendus. Si le parent arrive à transformer l'extravagante requête de l'enfant en jeu, en disant par exemple avec une incrédulité feinte : « Tu veux vraiment ton dessert avant le dîner ? Ça, c'est incroyable ! » et en continuant dans le même registre, l'enfant se prendra peut-être au jeu et apprendra de façon ludique ce qui est permis et ce qui ne l'est pas.

• Prendre des mesures énergiques est parfois la seule chose à faire. C'est particulièrement vrai avec des enfants de douze à dix-huit mois qui ne savent pas encore très bien parler. Avec des enfants plus grands, cela n'interviendra qu'en dernier recours, lorsque rien d'autre ne marche ou que, pour la sécurité de l'enfant, il est important de réagir vite. Attraper un enfant au vol pour l'emmener ailleurs marche parfois mieux que toutes les cajoleries, tous les pourparlers ou toutes les explications du monde dans la mesure où ça lui apprend que le parent fait son travail d'éducateur.

Quelles sont les méthodes qui produisent l'inverse de l'effet escompté ? Susciter la peur ou la culpabilité est l'exemple le plus banal. À un niveau plus subtil, des propositions comme « il faut que tu y mettes du tien » ou « il faut que tu partages » paralysent l'enfant face à l'énormité de la tâche. Comment obéir à des ordres aussi abstraits et généraux ? Dans le même ordre d'idées, comment obéir à l'injonction « sois gentil » ? Même les dix commandements sont plus simples et plus concrets !

En remplaçant l'écrasant concept de « coopération » par la simple phrase « j'ai besoin de ton aide », nous faisons directement appel au désir inné de plaire chez l'enfant. En disant « c'est au tour de Johnny maintenant », nous faisons appel à son sens de l'équité. Des mots à la mesure de l'enfant parlent davantage à ses sentiments. Cela lui permettra de se familiariser avec des valeurs comme la réciprocité, la justice et l'empathie qui sont à la base de toute relation humaine.

Les parents hésitent parfois à parler de leurs besoins et de leurs désirs à leurs enfants pour ne pas les culpabiliser ou freiner leur exubérance naturelle. Si tel est le cas, cela ne dure en général pas très longtemps. Le petit Ira a un jour surpris sa mère disant, après une grippe, qu'elle se sentait beaucoup mieux. Il a immédiatement dressé l'oreille et demandé : « Ça veut dire que je peux recommencer à t'embêter ? »

Les besoins et les désirs des enfants se réaffirment spontanément à condition que les parents ne les étouffent pas. En fait, parents et enfants parviennent à obtenir ce qu'ils veulent les uns des autres selon un relatif équilibre. Environ 50 % des demandes des parents sont exaucées par les enfants au cours de leur deuxième année.

L'opposition, le négativisme, les colères sont certes des épreuves pour l'enfant et le parent, mais elles ont des vertus, dont celle de nous obliger à apprendre l'art difficile mais gratifiant de réconcilier des objectifs divergents et de bâtir une collaboration de toute une vie.

CHAPITRE 4

La question du tempérament

Les bébés apparaissent comme des individus uniques dès leur naissance. Certains sont câlins, d'autres n'arrivent pas à se détendre ; certains pleurent vigoureusement, d'autres poussent à peine un gémissement ; certains semblent toujours en mouvement, d'autres remuent à peine ; certains paraissent indifférents aux changements, d'autres fondent en larmes s'ils ne mangent pas ou ne se couchent pas tous les jours à la même heure.

Ce genre d'observations prouvent que les nouveau-nés viennent au monde pourvus de manières très personnelles de réagir au remue-ménage de leur corps et du monde qui les entoure[1,2]. Parfois, ces réactions se stabilisent pour former une partie de la personnalité de l'enfant, mais dans d'autres cas, telle attitude peut se modifier ou disparaître à mesure que l'enfant grandit. Seul le temps nous apprendra ce qu'il en est.

Mais d'où viennent ces différences ? Comment évoluent elles ? Qu'est-ce qui fait qu'elles vont persister ou disparaître ? Y a-t-il moyen de classer ces différents types de comportement ou sont-ils totalement imprévisibles et aléatoires ? Ces questions ainsi que de nombreuses autres ont de tout temps intrigué ceux qui essaient de comprendre le développement humain.

La notion de tempérament est un outil utile pour qui désire répondre à certaines de ces questions. On peut le définir comme le « comment » du comportement. Lorsque l'on examine le tempérament d'un enfant, on tente de déterminer s'il est passionné, changeant, adaptable et prévisible. On met l'accent sur le style comportemental et non sur les facultés (le contenu ou le « quoi » du comportement) ou sur la motivation (sa raison ou son « pourquoi »)[3].

Lorsque l'on essaie de décrire le tempérament d'un enfant, on utilise souvent des adjectifs qui renvoient à des expériences cinétiques non verbales : nerveux, réservé, débordant d'énergie, lent à se mettre en train. Ces termes recouvrent ce que Daniel Stern[4] appelle « les affects de vitalité » — les sensations qui accompagnent les fonctions primordiales de la vie, telles que la faim et la satiété, l'endormissement et le réveil, l'inspiration et l'expiration, les déplacements, l'expérience des différentes émotions. En ce sens, les niveaux d'affectivité et d'activité sont deux caractéristiques importantes du tempérament[5].

Pendant très longtemps, le tempérament a été perçu comme quelque chose d'immuable, don du ciel ou malédiction avec lequel on naissait, que l'on pouvait utiliser et supporter avec plus ou moins de bonheur, mais dont on ne pouvait jamais se débarrasser tout à fait. Mark Twain, dans un écrit de 1909, fait dire à Satan : « Le tempérament est une loi de Dieu gravée dans le cœur de chaque créature de la main même de Dieu, auquel il faudra obéir en dépit de toute restrictriction ou interdiction, d'où qu'elles émanent[6]. »

Cette idée du tempérament comme prédestination est aujourd'hui passée de mode. Les conceptions actuelles ont tendance à minimiser la notion de sort pour mettre l'accent sur l'influence combinée de la génétique, de la constitution et de l'environnement. Le tempérament ne constitue plus à lui seul un destin.

Cette nouvelle conception du tempérament est apparue lorsque l'on a compris que le tempérament n'était pas une entité immuable, mais un ensemble de caractéristiques relativement stables qui font qu'une personne va réagir de telle ou telle manière. Ces caractéristiques peuvent être amplifiées, atténuées ou modifiées au cours du développement de l'enfant suivant la nature de ses rencontres avec son environnement[3].

Mais quelle est au juste la nature de ces caractéristiques ? Dans quelle mesure les enfants sont-ils différents les uns des autres ? On ne s'étonnera pas de voir les spécialistes proposer différentes théories sur ce qui relève du tempérament et ce qui relève de l'environnement. Alexander Thomas et Stella Chess, pionniers en matière d'étude du tempérament, ont dénombré au moins neuf critères en suivant cent trente-six enfants de la petite enfance à l'âge adulte. Ces critères comprennent *le niveau d'activité*, *la régularité des rythmes biologiques*, *la tendance à l'approche ou au recul* comme première réaction devant une situation nouvelle, *l'adaptabilité*, *l'intensité de la réaction*, *la sensibilité à la stimulation*, *l'humeur dominante* (positive ou négative), *la capacité à se laisser distraire* et *la persévérance* dans l'accomplissement d'une tâche[3, 7, 8, 9]. Les enfants pouvaient avoir un niveau élevé, moyen ou faible dans chacune de ces catégories, ce qui introduisait toute une série de nuances dans la composition tempéramentale de chaque enfant.

Un enfant qui obtient régulièrement un score élevé ou bas dans l'une de ces catégories n'est pas voué à toujours réagir ainsi. Il peut tout à fait réagir de manière inattendue dans une situation particulière ; il peut également changer radicalement d'attitude à partir d'un certain âge. Bon nombre de parents rapportent que leurs enfants étaient extrêmement actifs et passionnés lorsqu'ils étaient tout petits, mais qu'en rentrant à l'école, ils sont devenus calmes et réservés. Un sujet dont les parents se plaignent encore plus souvent, c'est que leurs enfants, qui étaient affectueux, expansifs et insouciants à l'école primaire, sont devenus des adolescents renfermés et irritables. À différents stades, les expériences que vivent les enfants et la perception qu'ils ont d'eux-mêmes et du monde peuvent faire appel à de nouveaux mécanismes d'adaptation et donner naissance à des fragilités inattendues. Les critères évoqués ci-dessus ne sont pas des catégories rigides, mais des indications permettant d'identifier des types de réactions récurrentes chez les enfants.

Les types de tempérament

Tout utiles qu'ils soient, ces neuf critères sont lourds à manier. Pour se faciliter la tâche, Thomas et Chess ont cherché des combinaisons récurrentes chez les enfants qu'ils étudiaient. Ils ont dégagé trois pôles particulièrement répandus : les enfants dits *faciles*, *difficiles* et *lents à se mettre en train*. Une quatrième catégorie, les *enfants actifs*, n'a pas été identifiée par ces auteurs, mais elle découle de nombreuses études sur les tout-petits[1, 10, 11]. Cette classification ne fait pas l'unanimité, mais les types de tempérament dégagés valent qu'on s'y intéresse dans la mesure où ils ont fait l'objet de recherches extensives et semblent présenter une certaine continuité de la petite enfance aux débuts de l'âge adulte.

Les sections qui suivent reprennent cette classification en donnant des exemples précis de la façon dont le tempérament de l'enfant influence la relation avec ses parents et les types de comportement de base de sécurité et de collaboration qui peuvent en résulter.

Les enfants faciles

Ils se caractérisent avant tout par une grande souplesse. Ils ont des cycles biologiques réguliers et prévisibles. Ils sont invariablement de bonne humeur, sont réceptifs à la nouveauté, s'adaptent rapidement aux changements et ont des réactions affectives d'intensité modérée.

De ce fait, ils s'intègrent facilement aux rythmes de la maison. Les parents peuvent programmer leurs activités en fonction des heures de repas et de sieste des enfants puisqu'ils ont lieu tous les jours à peu près à la même heure. Ils peuvent emmener leur enfant faire des courses, chez des amis et même sur leur lieu de travail (si c'est possible ou nécessaire) parce qu'ils sont sûrs qu'il sera de bonne humeur, qu'il s'intéressera à la situation nouvelle et qu'il s'adaptera rapidement au cas où les choses ne seraient pas au départ tout à fait à son goût. Les parents peuvent agir comme bon leur semble : ils peuvent faire des projets ou en changer à la dernière minute sans craindre de provoquer une mini-catastrophe dans les rythmes de l'enfant. Qu'il soit content ou pas, l'enfant montrera ses sentiments de façon réfléchie et modérée.

S'occuper de ce type d'enfants est un plaisir. Les parents ont par conséquent tendance à se sentir efficaces et bien dans leur peau. Cela n'a rien d'étonnant puisque presque tout ce qu'ils font est accueilli favorablement.

> Joey est en général de bonne humeur. Il se réveille avec le sourire et prêt à aller jouer. Cette disposition d'esprit dure tout au long de la journée. Joey accepte volontiers de changer d'activité. Pour lui, les choses deviennent facilement sources de plaisir et d'intérêt. Il a en général des réactions d'intensité modérée, qu'il s'agisse du plaisir ou de la douleur. Il accueille ses parents ou les gens qu'il aime avec joie, mais sans exubérance. Les nouveaux jouets provoquent des rires, mais pas des cris de plaisir. De même, il ne pleure que modérément lorsqu'il va chez le médecin. Ses réactions aux vaccins se limitent à un petit cri plutôt qu'à des hurlements.

Un des problèmes avec les enfants qui sont souples, c'est qu'on les prend pour argent comptant. Ils ont tendance à être si gentils que l'on risque de les pousser au-delà de leur seuil de tolérance. Même les enfants dociles se sentent tristes ou effrayés parfois. Il est bon de s'en souvenir de façon à rester attentifs à leurs besoins affectifs.

Les enfants lents à se mettre en train

Lorsqu'ils sont confrontés à une expérience nouvelle, ces enfants ont tendance à commencer par se replier sur eux-mêmes. Il leur faut en général un certain temps d'adaptation. Ils ne sont pas particulièrement actifs et ont tendance à exprimer leurs émotions de façon plutôt modérée, leur réaction s'intensifiant uniquement si on les pousse au-delà de leur seuil de tolérance. Ces enfants ont besoin de passer du temps à l'écart avant de pouvoir participer à l'action. Mais une fois qu'ils sont prêts, ils font preuve d'autant d'entrain que leurs semblables moins timorés. Les enfants lents à se mettre en train sont souvent considérés comme timides à cause de leur méfiance vis-à-vis de la nouveauté.

> Dans un cadre inconnu, Erin est réservée. Elle observe les nouveaux objets et les nouvelles personnes avant d'entrer en contact avec eux. Elle se met à pleurer si on la brusque. Dans les activités physiques, Erin a des mouvements lents et mesurés. Elle préfère les activités sédentaires comme la lecture ou les puzzles. Les jeux très physiques la fatiguent vite, même s'ils lui plaisent pendant un temps. Elle demande à être portée après avoir marché un court instant même si elle marche, court et saute très bien pour son âge.

Un des risques de ce type d'enfants est d'être catalogués comme « anxieux » ou « peu sûrs d'eux » par des gens qui cherchent des explications psychologiques à leur comportement.

On n'a jamais trouvé de corrélation entre la lenteur à se mettre en train et le sentiment d'insécurité. Un enfant peut très bien compter sur la disponibilité physique et affective de ses parents, il peut compter sur ses propres capacités d'adaptation et pourtant, préférer commencer par observer les gens avant de se mêler à eux. Il va sans dire que si les autres se mettent à critiquer, à ridiculiser ou à vouloir modifier cette tendance au lieu de l'accepter comme la réaction normale et personnelle de l'enfant face à une situation nouvelle, cela peut entraîner un manque d'assurance.

Cela pose le problème de la réaction des parents face à la timidité de leur enfant. Il se pourrait que la timidité ait des origines physiologiques. Dans une étude portant sur des nourrissons adoptés et des nourrissons biologiques, il y avait une plus forte corrélation entre la timidité des mères biologiques et de leurs bébés qu'entre celle des mères adoptives et de leurs bébés.

Les parents ayant un enfant timide ne réagissent pas tous de la même façon à sa lenteur à se mettre en train. Certains compatissent et laissent l'enfant se familiariser avec la situation à son rythme. D'autres essaient de le protéger en minimisant l'exposition à des situations nouvelles et difficiles. D'autres encore essaient d'aider l'enfant à surmonter sa timidité en l'encourageant à se mêler aux autres avant qu'il ne soit prêt. Il y a même certains parents qui se sentent personnellement mis en cause par le comportement de leur enfant et qui ont des réactions de gêne ou d'impatience, comme si leur enfant leur faisait honte.

Ces réactions reflètent en partie l'expérience des parents avec leur propre personnalité. Certains parents timides sont mortifiés que leur enfant partage ce trait de caractère avec eux. D'autres comprennent instinctivement ce que l'enfant ressent. Certains parents expansifs se sentent freinés ou paralysés par la réserve de leur enfant. D'autres, au contraire, la trouvent salutaire parce qu'ils ne sont plus obligés de mener une vie aussi sociable.

Les enfants difficiles

Cette catégorie est en soi difficile à accepter, mais elle a des côtés séduisants lorsque l'on est confronté à un enfant qui met constamment votre patience et votre bonne volonté à l'épreuve. Heureusement, ces enfants ne représentent que 4 % de la population enfantine selon les estimations de Chess et de Thomas, même si certains enfants (comme certains adultes) peuvent s'avérer extrêmement difficiles pendant des jours et même des mois selon les périodes qu'ils traversent. Les efforts pour trouver un terme moins péjoratif ont abouti à des adjectifs comme « contrariant », « turbulent » ou « intraitable ». Il s'agit souvent d'enfants qui ont des rythmes biologiques irréguliers, qui, confrontés à une situation nouvelle, se mettent à l'écart, qui ont des difficultés d'adaptation, sont difficiles à contenter, sont facilement de mauvaise humeur et ont des réactions émotionnelles intenses. Ce sont en gros des enfants imprévisibles qui ont du mal à s'ajuster. Il est par conséquent impossible de faire des projets sans prendre en compte leurs réactions.

> Jenine est souvent au bord de la mauvaise humeur. Ses parents ont constamment l'impression de marcher sur des œufs tellement elle est facilement contrariée. Elle se réveille en pleurant le matin et il lui faut du temps pour être prête à jouer. Elle n'aime pas la nouveauté, ses parents sont

obligés de la porter pendant un long moment avant qu'elle soit prête à explorer. Jenine a également du mal à s'adapter aux changements. Lorsque sa baby-sitter arrive, elle se met à pleurer même si au bout d'un moment, elle est contente. De même, elle commence souvent par hurler en montant pour la première fois sur le toboggan du parc voisin, même si en fait, elle l'aime énormément et qu'ensuite, elle ne veut plus partir. Jenine réagit intensément à tout type de situations. Lorsqu'elle est de bonne humeur, elle accueille sa tante préférée en éclatant de rire et en s'élançant vers elle. Lorsqu'elle est de mauvaise humeur, elle refuse de la regarder pendant un long moment. Lorsqu'elle va chez son pédiatre qu'elle connaît et qu'elle aime bien, elle lui donne des coups de poing dès qu'il essaie de lui regarder l'oreille. Une fois la consultation finie, lorsqu'il lui propose un jouet, elle lui fait un gros câlin.

Tous les enfants difficiles ne se comportent pas comme Jenine. Ils ont des manières bien à eux d'exprimer leurs difficultés. Certains ont des crises de colère fréquentes et prolongées. D'autres pleurent facilement. D'autres encore ont des problèmes d'alimentation, de sommeil ou d'élimination.

Les parents sont souvent soulagés d'apprendre que ce genre de difficultés sont en général dues au tempérament de l'enfant, et non à un défaut dans leurs méthodes éducatives.

Tous les enfants ont besoin que leurs parents leur servent de base de sécurité pour établir une collaboration gratifiante avec eux. Les enfants difficiles en ont encore plus besoin dans la mesure où, dans de nombreuses situations, leurs humeurs changeantes et la facilité avec laquelle ils se replient sur eux-mêmes jouent contre eux. Or, les gens réagissent souvent aux difficultés des enfants en devenant eux-mêmes sombres et renfermés. C'est regrettable. Parfois, les enfants les plus difficiles sont également les plus intéressants parce que leur sensibilité leur fait remarquer des choses que les autres enfants ne voient même pas.

Les cinq conseils que les parents d'enfants difficiles jugent les plus utiles dans la vie de tous les jours : ne pas se sentir personnellement visé par le comportement de l'enfant ; garder le sens de l'humour ; être disponible lorsque l'enfant est là ; lui donner des règles de conduite claires ; avoir un réseau d'aides qui vous permette de faire des pauses et de respirer loin de l'enfant.

Cette recette ne s'applique pas uniquement à l'éducation des enfants difficiles, elle est essentielle pour remettre les choses en perspective dans les moments les plus éprouvants. En lisant ce livre, les parents d'enfants difficiles devraient faire particulièrement attention aux conseils proposés pour aider les enfants à affronter toute situation difficile — séparations et retrouvailles, difficultés à dormir, problèmes de discipline, rivalité entre frères et sœurs, apprentissage de la propreté... Tous les enfants ont besoin que ces situations délicates soient traitées avec doigté, les enfants difficiles plus que les autres.

Les enfants actifs

L'impact d'un niveau d'activité élevé sur le comportement d'un enfant est particulièrement visible au cours des trois premières années lorsqu'un enfant ne sait pas encore très bien ce qu'il peut ou ne peut pas faire. Les enfants actifs ont tendance à avoir une définition plus large du comportement de base de sécurité. Plutôt que de se cantonner au périmètre considéré comme sûr par les parents, ils ont tendance à s'élancer en avant sans se retourner.

> Adam est un enfant très actif. Il a commencé à ramper très tôt : c'était un bébé qui bougeait sans arrêt. Dans sa deuxième année, il court plutôt qu'il ne marche, grimpe sur les tables et les armoires et adore les jeux physiques comme les poursuites ou le ballon. Adam n'hésite pas à se lancer dans de nouvelles entreprises et prend à peine le temps de regarder un objet avant de s'en emparer. Il s'impatiente et devient irritable lorsqu'on l'oblige à rester tranquille, par exemple pendant de longs trajets en voiture ou pendant qu'on l'habille.

Adam fait preuve d'une constante tempéramentale fondamentale chez les enfants actifs : un niveau d'activité élevé. Lorsque ce dernier se double d'une tendance à s'approcher de tout nouveau stimulus, il semble que les enfants actifs soient impossibles à arrêter. Ils ne désirent pas seulement bouger pour bouger, ils sont également irrésistiblement attirés par la foule d'objets qui les entourent.

Les enfants actifs ne sont pas nécessairement très sociables. Certains d'entre eux sont tellement absorbés par leurs occupations physiques que la compagnie d'adultes ne présente pas grand intérêt à leurs yeux. Il leur arrive d'inclure d'autres enfants dans leurs jeux, mais pas nécessairement. Les échanges sociaux paisibles ne correspondent pas à la vitesse de l'enfant actif.

Ces enfants et leurs parents rencontrent souvent de nombreuses difficultés dans leur vie de tous les jours. Les gens sont souvent gênés par la vitalité des enfants actifs et réprouvent l'agitation perpétuelle dans laquelle ils vivent. Les parents d'enfants actifs racontent qu'ils se sentent souvent critiqués, directement ou indirectement, parce qu'ils n'ont pas suffisamment « fixé de limites », comme si le besoin d'activité physique de leur enfant dépendait d'eux. Réaménager la maison en fonction de l'enfant, chose nécessaire pour avoir la paix dans un ménage avec enfants, devient indispensable avec un enfant actif. Mais il est bien évident que tout le monde n'a pas envie de faire le vide dans sa maison chaque fois qu'un enfant actif et ses parents s'annoncent pour quelques heures, d'où une pression supplémentaire pour les parents. Ce genre de situations est à l'origine d'un grand nombre de conflits entre l'enfant et les adultes parce que les contraintes sont telles pour l'enfant qu'il devient à son tour grognon. Combien de visites se sont terminées sur un constat d'échec !

La socialisation du tempérament

Le tempérament n'est la faute de personne, pas même celle de son propriétaire. Ce que l'on en fait, comment on l'utilise, comment on l'apprivoise si besoin est, voilà en quoi l'éducation et la formation du caractère vont consister.

C'est là que la fonction parentale devient un art. La façon dont les parents et les éducateurs réagissent au tempérament d'un enfant va déterminer si ses fragilités seront amplifiées et enracinées dans son identité ou bien si, au contraire, elles ne seront pas recouvertes par des aspects plus performants de sa personnalité et, par conséquent, reléguées au second plan.

Dans les premières années, les enfants n'ont aucun contrôle sur leur style tempéramental. Il est peu probable qu'un tout-petit se réveille en pleurant pour embêter ses parents. Il est également peu probable qu'il aille se cacher derrière sa mère pour essayer d'attirer l'attention sur lui. Et pourtant, il arrive fréquemment que l'on reproche à des tout-petits des comportements qu'ils ne peuvent pas contrôler.

Lorsque le comportement d'un enfant nous agace ou nous gêne, nous réagissons souvent en y voyant des motivations suspectes. En un sens, nous essayons de justifier notre réaction négative en cherchant des motivations négatives au comportement de l'enfant. C'est une réaction humaine, mais ce n'est juste ni pour la relation parent-enfant ni pour le développement émotionnel de ce dernier. Comme nous l'avons dit plus haut, le tempérament décrit *comment* l'enfant réagit et non pourquoi.

En nous souvenant que ces tendances font partie intégrante de la constitution de l'enfant, il nous sera plus facile de compatir avec ce qu'il vit et de réagir à des comportements que nous désapprouvons de manière à épargner son amour-propre. Mieux vaut, par exemple, consoler un enfant qui se réveille en pleurant que le gronder, ou bien encore laisser à un enfant le temps dont il a besoin pour s'acclimater.

Tempérament de l'enfant et comportement de base de sécurité

Le tempérament de l'enfant influence les fluctuations du comportement de base de sécurité. Comme on l'a vu au chapitre 2, la base de sécurité fait référence à l'équilibre entre un éloignement de la mère pour des besoins d'exploration et un retour vers elle pour rétablir le lien affectif et chercher du réconfort.

Les orientations tempéramentales des enfants ont tendance à colorer leur type de comportement de base de sécurité. En général, les enfants actifs qui adorent la nouveauté quittent volontiers leur mère, alors que les enfants qui sont lents à se mettre en train et qui fuient la nouveauté ont tendance à rester plus longtemps auprès d'elle.

Les enfants qui ont une grande capacité de concentration ainsi que l'esprit de persévérance restent souvent loin de leur mère pendant de longues périodes parce qu'ils aiment passer du temps à manipuler et à comprendre des objets. Mais inversement, une fois près d'elle, ils peuvent également y passer plus de temps parce qu'ils sont captivés par ce qu'ils font avec elle.

Les enfants qui s'adaptent très facilement sont susceptibles de s'éloigner de leur mère pour explorer de nouveaux territoires. Les enfants qui s'adaptent moins facilement ont besoin de plus de temps pour se sentir bien et ils n'exploreront sans doute que des lieux qu'ils connaissent déjà.

L'humeur et l'intensité de réaction de l'enfant peuvent également affecter son comportement de base de sécurité. Les enfants qui ont de fortes réactions négatives à de nouveaux stimuli sont susceptibles de rester près de leur mère et auront sans doute besoin d'encouragement et de réconfort avant de pouvoir partir explorer seuls. Les exemples ci-dessous décrivent comment Joey, Erin, Jenine et Adam organisent leur comportement de base de sécurité.

À deux ans et demi, Joey est un enfant curieux, précoce, exubérant. Il semble perpétuellement de bonne humeur. Ses crises de désespoir sont en général de courte durée. Sa mère le décrit comme « l'image même de la docilité ». Joey est capable de jouer longtemps seul, se lançant dans des activités aussi variées que de mettre sa tortue au lit, construire une maison avec des cubes, parler tout seul, regarder ses livres ou grimper dans la cage à poules du jardin. Dans ces moments-là, la mère de Joey a simplement besoin de le surveiller de temps à autre pour vérifier que tout va bien. À d'autres moments, Joey ne montre aucun intérêt pour les jeux solitaires. Il a simplement envie de rester auprès de sa mère : il lui chante des chansons, demande à faire la cuisine avec elle ou lui demande de jouer avec lui. Si sa mère n'est pas disponible, cela lui fait de la peine et il n'est pas facile de le rediriger vers une autre activité. Il ne témoigne plus de cette exceptionnelle capacité à jouer seul comme lorsqu'il en prend l'initiative. Il accepte néanmoins de parler et de chanter avec sa mère au lieu d'être en contact physique proche avec elle. Le comportement de sécurité de cet enfant témoigne donc d'une différence très nette entre les moments où il est seul et les moments où il est avec sa mère.

À trente-trois mois, Erin est une petite fille calme et douce. Elle est plutôt timide et a tendance à commencer par observer. Mais elle est capable de s'intéresser assez vite à un nouvel environnement. Elle exprime sa joie ou sa détresse de façon plutôt modérée. Elle ne s'aventure jamais très loin de sa mère ni ne reste très longtemps auprès d'elle. Les mouvements qu'elle fait pour s'éloigner ou se rapprocher d'elle sont toujours très subtils. Elle s'éloigne progressivement, comme si elle courait après une balle, et revient de même, comme si elle venait de remarquer un jouet intéressant aux pieds de sa mère. Le comportement de base de sécurité d'Erin, comme l'ensemble de sa personnalité, n'est pas sujet à de brusques oscillations. Ce qui domine, c'est un équilibre harmonieux entre un comportement d'attachement et un comportement d'exploration.

Jenine est une petite fille de deux ans et demi très éveillée, mais qui a beaucoup de mal à réguler ses humeurs. Quand elle est chez elle et que sa mère est là, elle peut éprouver un grand plaisir à jouer avec ses jouets et à babiller gaiement en décrivant ce qu'elle fait d'un ton animé. Elle se met cependant facilement en colère lorsque les choses ne vont pas exactement comme elle voudrait. Si sa mère quitte la pièce, par exemple, Jenine s'inquiète, se met à pleurer, demande à sa mère où elle va et bien souvent la suit en geignant. Lorsque Jenine et ses parents vont chez des amis, Jenine reste à proximité de son père et de sa mère. Un enfant plus grand peut la convaincre de jouer avec lui pendant un moment, mais très vite, Jenine panique et retourne vers sa mère.

Dans des situations nouvelles, Jenine refuse de s'éloigner de sa mère et se met souvent à hurler si celle-ci essaie de la faire descendre de ses genoux pour lui montrer des jouets tout proches.

Le comportement de sécurité de Jenine se caractérise par de courts instants d'exploration loin de sa mère et de longues périodes à son contact. Parce que cette petite fille a un seuil de tolérance très faible aux stimuli, elle s'inquiète facilement, même lorsqu'il s'agit d'événements routiniers comme les allées et venues de sa mère dans la maison ou des visites périodiques chez des amis. L'intensité de sa réaction implique qu'elle se sent profondément désorientée face à ces situations et qu'elle a besoin d'un contact prolongé avec sa mère pour se sentir à nouveau en sécurité.

Adam est un enfant de deux ans turbulent, qui semble sans arrêt en mouvement. Même lorsqu'il dort, il gesticule énormément. Il a su marcher à dix mois et la locomotion est le mode d'expression qu'il préfère. Il aborde la nouveauté avec joie, tend la main pour caresser un chien dans la rue, s'arrête pour ramasser des petits morceaux de papier, de plastique, tout ce qu'il rencontre sur son chemin. Il est rarement sur ses gardes ou effrayé devant une situation nouvelle. Lorsqu'il n'est pas tenu fermement par la main, il s'élance en avant sans la moindre hésitation en poussant des petits cris de plaisir. Même s'il peut être très affectueux quand il en a envie, Adam a peu de patience pour les câlins prolongés et il quitte précipitamment les genoux de sa mère au bout de quelques minutes. De temps à autre, il interrompt ses explorations pour venir lui toucher le genou ou lui donner un jouet, mais en général, il la regarde, lui sourit ou lui parle de loin, lui montrant souvent le jouet avec lequel il joue. Il accepte avec joie de jouer avec sa mère quand elle le lui propose, mais est également content de jouer seul. Son comportement de sécurité se résume à de longues périodes d'exploration entrecoupées de moments courts mais gratifiants où il est proche de sa mère.

Tous ces enfants sont des enfants normaux qui ont des types de comportement d'attachement et d'exploration différents. Ils ont chacun leur style. La façon dont ils utilisent leur parent comme base de sécurité nous permet de voir s'ils sont introvertis ou extravertis, dépendants ou autonomes, s'ils se sentent protégés ou bien seuls et menacés, si le monde est source de joie ou de peur. De façon plus subtile, le comportement de base de sécurité porte la marque de l'individualité de chaque enfant — son sens de soi, son mode d'interaction avec ses proches, sa façon de gérer des situations familières ou inattendues.

Style parental et comportement de base de sécurité

Chaque parent a sa manière d'encourager ou de décourager les comportements d'attachement ou d'exploration chez son enfant. Il peut freiner ou au contraire laisser faire. Quand les choses se passent raisonnablement bien, ces deux attitudes viennent se compléter selon que l'enfant a besoin, à tel stade de son développement, de s'éloigner ou de se rapprocher du parent. Ce n'est que lorsque les fragilités affectives des parents viennent déformer la perception qu'ils ont de leur enfant que l'une des deux attitudes l'emporte sur l'autre et que les parents se mettent à freiner trop ou, au contraire, à trop laisser faire.

Il est bien évident que la personnalité des parents influence celle des enfants. Un parent qui protège trop un enfant timide risque d'aggraver sa tendance au repli en lui renvoyant le message que le monde est un endroit dangereux et que l'enfant n'est en sécurité que s'il reste à proximité. Cette même attitude protectrice pourra produire la rébellion et le défi chez un enfant actif et turbulent.

Mais la personnalité de l'enfant a également des effets sur celle de ses parents. Un enfant aventureux pourra ravir des parents timides en leur faisant découvrir de nouveaux horizons tout comme il pourra les terrifier s'ils ne sont pas prêts à accepter de tels exploits. La prudence d'un enfant pourra exaspérer un parent alors qu'un autre trouvera ce comportement tout à fait compatible avec sa personnalité.

Tempérament, collaboration et adéquation

Les enfants ne sont pas les seuls à avoir un tempérament, les parents aussi. Lorsque les personnalités des uns et des autres sont compatibles, les parents supportent mieux ce que le comportement de leur enfant peut avoir de difficile. Cette compatibilité contribue à la fierté et à la satisfaction des parents envers leur enfant.

En même temps, les parents ne contrôlent pas totalement le développement de leur enfant. Erik Erikson a énoncé avec beaucoup d'éloquence cette vérité simple, mais souvent négligée : « Nous altérons la situation si nous considérons abstraitement que les parents ont telle ou telle personnalité à la naissance de l'enfant, personnalité qui reste identique à elle-même et pèse sur ce pauvre petit être. Car cette faible et changeante petite créature entraîne la famille tout entière. Les bébés dirigent et élèvent leur famille autant qu'ils sont dirigés par elle ; en fait, nous pouvons dire que la famille élève un bébé en étant élevée par lui [12]. »

Cela nous ramène à la question de la collaboration abordée au chapitre précédent. Lorsque les tempéraments du parent et de l'enfant sont en harmonie, la collaboration est plus facile parce que chacun se sent à l'aise avec le rythme et l'affectivité de l'autre. À l'inverse, des incompatibilités de tempérament peuvent empêcher de trouver des solutions acceptables pour tous, en particulier lorsque parent et enfant ont des projets antithétiques.

Mais compatibilité n'est pas synonyme d'identité. Cela signifie simplement que parent et enfant sont relativement en phase. L'adéquation existe à condition que les motivations, les capacités et le type de comportement de l'enfant lui permettent de répondre aux attentes de ses parents [3, 7, 8, 9]. L'inadéquation survient en cas d'incompatibilité entre l'attente des parents et la capacité de l'enfant à la satisfaire.

L'adéquation ou l'inadéquation peut être observée au cours des interactions qui ont lieu entre parents et enfant à chaque instant. À la fin d'une journée, un observateur méthodique pourrait établir une moyenne. Par exemple : « Bonne adéquation : 50 % des interactions ; adéquation passable : 30 % ; adéquation médiocre : 20 %. » Le premier résultat refléterait sans doute une série d'activités où les besoins et les désirs de chacun étaient relativement en phase. On peut facilement imaginer quels épisodes ont conduit au dernier résultat.

À cinq heures du matin, alors que ses parents ont encore énormément besoin de sommeil, Andy réclame son petit déjeuner. La mère pousse un grognement et s'enfouit sous les couvertures. Le père prend son ton le plus autoritaire pour dire qu'il est encore l'heure de dormir. Andy, un enfant persévérant de tempérament, insiste qu'il a faim. Le père se souvient que la veille, son fils s'est couché sans avoir vraiment dîné. Selon ce calcul, il n'a donc pas mangé depuis douze heures. Le père se lève en se disant que son fils a peut-être réellement faim. Il lui prépare un biberon et lui dit qu'il devra le boire dans son lit parce que Papa et Maman ont encore besoin de dormir. Andy accepte à contrecœur. Il appelle encore ses parents une ou deux fois, mais renonce lorsque son père lui répond qu'il doit dormir maintenant. Le père et le fils dorment bientôt à poings fermés. Résultat : bonne adéquation entre les attentes et les capacités du parent et de l'enfant.

Il est sept heures et demie. Parents et enfant sont debout. La mère doit emmener Andy chez le pédiatre à neuf heures pour une visite de contrôle. Elle s'aperçoit qu'il est très sale et que seul un bain pourra remédier à la situation. Elle est pressée et néglige le fait que son enfant a l'habitude de jouer longuement avec elle le matin. Elle lui donne son bain, chose qu'il accepte avec plaisir, étant par nature un enfant qui s'adapte facilement et qui est généralement de bonne humeur. Mais il proteste énergiquement lorsque sa mère essaie d'écourter son bain. C'est un enfant actif qui est bien reposé et qui a naturellement envie d'éclabousser, de jouer avec son canard et de faire le fou dans la baignoire. Sa mère lui dit d'un ton impatient que ce n'est pas le jour pour s'amuser et elle le sort brusquement de son bain. Andy se met à hurler. Sa mère, se rendant compte qu'elle est trop brusque avec lui, lui fait un câlin et se sert d'un coin de serviette pour jouer à « il est où, le bébé ? ». Il n'en faut pas plus pour qu'Andy redevienne coopérant. La mère, qui lui est reconnaissante de cette flexibilité, commence à lui raconter par le menu le programme de la journée, profitant de ce qu'il est occupé par le récit pour l'habiller rapidement. Comme la mère d'Andy sait qu'il aime les trajets en voiture, elle met cette idée en avant. Les préparatifs de départ se terminent sans autre désaccord.

Résultat : bonne adéquation. La mère et l'enfant parviennent à faire l'expérience du conflit *et* à en sortir d'une manière qui les satisfasse tous les deux.

Il est huit heures quarante. En se rendant chez le pédiatre, la mère est contente d'être arrivée à tout faire sans se mettre en retard, mais elle s'inquiète un peu de la visite chez le médecin. Elle sait que son fils a une excellente mémoire et qu'il se souviendra des piqûres qu'on lui a faites la fois précédente à peine entré dans le centre médical. Elle décide de ne pas mentionner la visite chez le pédiatre pour ne pas prématurément gâcher la bonne humeur de son fils. Son pressentiment se confirme dès l'arrivée sur le parking du centre. Andy se met à crier : « Pas docteur, pas piqûre » et refuse de sortir de son siège-auto. Sa mère est mortifiée. C'est plutôt quelqu'un de timide qui a horreur des scènes en public. Elle sent le regard des gens peser sur elle tandis qu'elle tente en vain de raisonner avec son fils. Elle estime que ce dernier est trop agité pour aller au rendez-vous et décide de l'annuler. Elle le lui dit et il se calme aussitôt. Elle reprend le volant et appelle le cabinet du pédiatre d'une cabine téléphonique pour prendre un autre rendez-vous.

Résultat : adéquation médiocre. Dans son embarras devant la colère de son fils, la mère a confondu sa propre difficulté à supporter une scène publique avec l'incapacité d'Andy d'affronter la visite médicale. Une tension occasionnelle ne nuit pas forcément aux enfants. Ils sont capables de supporter des émotions fortes à condition qu'un adulte de confiance soit là et que la situation soit adaptée à ce qu'ils peuvent vivre. Lorsque des parents trop protecteurs veulent éviter à leurs enfants de vivre certaines situations inévitables, ils les font douter de leurs capacités à surmonter leurs angoisses.

Il est dix-huit heures trente, l'heure de dîner. Le père, qui tient à donner à son fils une alimentation saine, remplit son assiette de poulet, de purée et de légumes. Une fois repu, Andy commence à jouer avec sa purée, en attendant que ses parents aient fini de manger. Il la malaxe entre ses doigts et finalement, comme ses parents ne font pas attention à lui, commence à s'en barbouiller les cheveux et à en jeter par terre. Son père lui demande d'arrêter et le nettoie avec une serviette, mais il exige qu'Andy reste dans sa chaise haute jusqu'à ce qu'ils aient terminé. Andy s'impatiente de plus en plus. Ses parents lui permettent de descendre de sa chaise et de jouer par terre à côté d'eux.

Résultat : adéquation passable. Il est difficile pour un tout-petit de rester à table quand il n'a plus faim. Après s'être rendu compte que ce qu'ils demandaient était irréaliste, les parents sont revenus à quelque chose qui convenait mieux à l'âge de l'enfant.

Il est vingt heures dix ; l'heure d'aller au lit approche. Père et fils jouent à cache-cache. Le père annonce qu'après encore deux parties, ce sera l'heure d'aller au lit. Andy proteste et son père le rassure en lui disant qu'il va le chercher encore deux fois. À l'heure dite, le père demande à l'enfant de se mettre en pyjama et de se laver les dents. L'enfant obtempère et demande à jouer une fois de plus. Son père lui dit : « On jouera demain. » L'enfant est rassuré par cette promesse. Les rituels du coucher peuvent commencer : ils lisent une histoire et chantent une chanson une fois la lumière éteinte.

Résultat : bonne adéquation. Le père laisse à l'enfant le temps de faire la transition entre le jeu et le sommeil. Il se montre à la fois ferme et compréhensif lorsque l'enfant exprime une réticence toute naturelle à renoncer au jeu.

Ces exemples ont été choisis pour montrer qu'une bonne adéquation n'implique pas forcément une absence de conflit. Elle implique plutôt qu'on soit capable de maintenir le conflit dans des limites acceptables. C'est possible une fois que les parents ont évalué de quoi l'enfant était capable dans une situation donnée et que l'enfant est réceptif aux demandes de ses parents, à condition qu'elles soient raisonnables.

Conflits chroniques entre parent et enfant

Il y a des moments où les conflits parent-enfant forment l'essentiel de la relation et ne reflètent plus seulement les hauts et les bas de la vie quotidienne. Dans ce cas-là, le parent se sent chroniquement irrité par l'enfant. Les moments de plaisir spontané sont rares et fugitifs. Il semble y avoir une différence radicale entre l'identité de l'enfant et celle que le parent souhaiterait qu'il ait.

Il se peut que le tempérament de l'enfant soit à l'origine de cette situation. Il peut effectivement s'agir d'un enfant difficile, avec des sautes d'humeur imprévisibles, des réactions excessives à des contrariétés bénignes et des signaux impossibles à déchiffrer. Cela dit, le plus souvent, ce n'est pas le tempérament de l'enfant qui est en cause, mais la façon dont il est perçu par le parent. Un parent peut par exemple se dire que son enfant pleure pour le manipuler et lui donner une gifle pour qu'il « sache pourquoi il pleure ». Un autre parent peut interpréter les pleurs comme un signe de détresse et essayer d'en trouver la raison.

Une étude de Susan Crockenberg vient illustrer ce point[13]. Elle s'est rendu compte que les bébés irritables à la naissance avaient une relation angoissée à leur mère à douze mois, mais seulement dans le cas où leur mère les avait laissés pleurer et qu'elle se sentait peu soutenue dans sa vie sociale. Autrement dit, lorsque leurs mères se sentent soutenues dans leur vie quotidienne et qu'elles répondent aux pleurs de l'enfant, même les nourrissons les plus irritables finissent par se sentir sécurisés dans leur relation d'attachement.

Pourquoi certains parents ont-ils une réaction adéquate alors que d'autres se laissent prendre dans des conflits avec leurs enfants ? Il est plus facile de poser la question que d'y répondre, la réponse comportant plusieurs strates et variant selon les individus. Comme l'a fait remarquer Tolstoï, toutes les familles heureuses se ressemblent. Chaque famille malheureuse, au contraire, l'est à sa façon.

Pour apporter une réponse extensive, il est nécessaire de tenir compte des aspects biologiques, psychologiques et sociaux de la vie de famille. En voici une esquisse.

1. *La constitution tempéramentale du parent ne correspond pas du tout à celle de l'enfant.* Le parent est par exemple quelqu'un d'actif, d'extraverti, de sociable et d'énergique alors que l'enfant est

plutôt lent, introverti et timide. Lorsque le parent est incapable de prendre plaisir à ces différences, il peut y avoir un antagonisme, ce que le parent considère comme amusant étant jugé trop stimulant par l'enfant. Inversement, des activités qui enchantent l'enfant peuvent paraître d'un ennui mortel au parent.

> Mme Barker est une femme énergique, expansive, athlétique qui se targue « de travailler comme une folle et de s'amuser de même ». Elle parle fort, part dans de grands éclats de rire et prend des décisions rapides. Sa fille Ashley est aux antipodes : réservée, silencieuse, facilement apeurée. Mme Barker éprouve quelque impatience à devoir refréner son comportement pour s'adapter au rythme de sa fille. Inversement, Ashley semble trembler en présence de sa mère, comme si elle se sentait écrasée par elle.

À l'inverse, l'enfant peut être actif, sociable, dynamique et le parent, lent, calme et timide. Dans une dynamique de ce type, l'enfant est constamment en quête de stimulations nouvelles alors que le parent se sent sans arrêt au bord de l'épuisement à cause des demandes de l'enfant.

> M. Preston est un homme passionné par les livres qui, s'il le pouvait, passerait ses journées chez lui à lire. Son fils Kevin, par contraste, a de l'énergie à revendre : c'est un enfant aventureux que rien n'arrête. Kevin essaie de convaincre son père de jouer au ballon, de grimper sur la cage à poules, de lui courir après. De son côté, M. Preston essaie d'obtenir que Kevin lise sagement auprès de lui. Père et fils semblent toujours en désaccord parce que ni l'un ni l'autre n'arrive à s'ouvrir aux activités qui font plaisir à l'autre.

Ces exemples montrent à quoi peuvent aboutir les antagonismes entre parent et enfant. Cela étant, il n'est pas nécessaire que les parents aient le même tempérament que leurs enfants pour que la relation fonctionne bien.

Mettre en place une collaboration implique souvent de faire des compromis. Mme Barker a trouvé un terrain d'entente salutaire avec Ashley quand elle s'est rendu compte qu'elles aimaient toutes les deux l'eau et pouvaient donc aller à la piscine ensemble. La découverte de cette passion commune a rendu Mme Baker plus disposée à ralentir quand sa fille en avait besoin. M. Preston et son fils, eux, ont opté pour une solution différente. Ils se sont mis d'accord pour aller au parc après avoir lu un livre ou vice versa. Autrement dit, chacun a accepté de faire un effort pour pouvoir passer du temps avec l'autre.

Une étude récente a montré que les enfants très actifs jouaient mieux lorsque leurs mères intervenaient peu. Inversement, les enfants moins actifs arrivent mieux à jouer lorsque leurs mères les stimulent beaucoup [14]. Ces résultats suggèrent que les enfants actifs ont besoin de beaucoup d'autonomie et se sentent écrasés par un parent du même niveau d'activité qu'eux lorsqu'ils ont envie de jouer seuls. Les enfants moins actifs se sentent au contraire réconfortés par un parent qui les aide. La concordance entre parent et enfant joue à tout moment un rôle sur ce que l'enfant est capable d'accomplir seul.

2. *Degré d'acceptation de soi chez les parents*. Certains parents se sentent à l'aise avec eux-mêmes et ce qu'ils sont devenus. D'autres, au contraire, se sentent déchirés, honteux de leurs imperfections, mécontents de ce qu'ils ont accompli.

Il est difficile d'être un parent tolérant et épanoui si l'on n'est pas content de soi. Nous projetons souvent sur nos enfants nos aspirations et nos craintes les plus secrètes, et lorsque c'est le cas, nous avons tendance à voir en eux ce que nous refoulons en nous-mêmes. L'enfant devient alors le miroir des attributs les plus honteux du parent, le reflet de son désespoir et de ses frustrations. Mais l'enfant peut aussi donner à ses parents de nouveaux espoirs et les pousser à trouver des façons plus gratifiantes de vivre.

Le rôle symbolique que l'enfant va prendre dans la vie du parent peut avoir des répercussions sur leur relation. Les caractéristiques objectives de l'enfant vont en effet devenir soit des qualités soit des défauts suivant que le parent les perçoit positivement ou négativement. Par exemple, l'assurance de l'enfant pourra être vécue comme une agression par un parent qui en est dépourvu, alors qu'un autre y verra une affirmation de soi.

> M. et Mme DeCarlo ont un fils, Anthony, qui a des goûts très marqués. Il ne cède jamais quand il veut quelque chose et proteste vigoureusement quand les choses ne vont pas comme il l'entend. M. DeCarlo, qui se perçoit comme quelqu'un de têtu, qui a du mal à céder aux autres, estime qu'il faudrait freiner le côté obstiné d'Anthony. Sa femme, qui se sent écrasée par son mari, est ravie de la combativité de son fils et pense qu'il serait destructeur d'y mettre des limites. Chaque parent perçoit Anthony du point de vue de ses propres besoins psychologiques. À un niveau conscient, le père veut épargner à son fils les problèmes qu'il a, mais il veut également avoir le dessus et le soumettre à sa volonté. La mère, elle, apprécie le côté vindicatif d'Anthony parce qu'il compense le fait que son mari a toujours le dernier mot.

3. *Comment le parent perçoit l'enfant.* Chaque enfant laisse une empreinte unique sur la psyché du parent. Le parent peut se sentir ravi, irrité, menacé, courroucé ou déchiré à un niveau viscéral par l'existence même de l'enfant. Ce peut être lié à de nombreux facteurs — les circonstances de la conception de l'enfant par exemple, à qui l'enfant ressemble, l'ordre d'arrivée de l'enfant, son tempérament et sa personnalité naissante, le sens de soi chez le parent. Mais en fin de compte, les réactions viscérales du parent dépendent pour une grande part de la façon dont il se reconnaît dans l'enfant.

Une mère que le tribunal pour enfants avait soumise à un suivi psychiatrique était convaincue que son fils de quatorze mois allait devenir délinquant. Cette mère, qui voyait son mari comme un homme dominateur et insensible, avait été battue par son père lorsqu'elle était enfant et elle avait peur que son mari finisse par la battre elle aussi. Son fils se retrouvait mêlé malgré lui à la dureté de l'expérience de sa mère. C'était un enfant actif, de composition plutôt joyeuse. Il en était cependant venu à porter la colère que la mère éprouvait à l'égard de son mari et de sa vie en général, et la moindre protestation ou expression de déplaisir était interprétée par elle comme le signe qu'il allait devenir « un bon à rien ».

Cette mère entretenait des relations relativement non conflictuelles avec ses trois autres enfants, toutes les trois des filles. Elle refusait d'admettre que la perception qu'elle avait de son fils était en fait une projection de sa propre colère à l'égard d'un père abusif et d'un mari dominateur. Elle pensait au contraire que ses sentiments à l'égard de son fils montraient qu'elle le connaissait mieux que quiconque. Son attitude à son endroit était fondée sur cette conviction. Elle se plaignait du manque d'obéissance de son fils devant lui et le traitait avec un mélange de sévérité et de rejet. Ce n'est que lorsqu'elle a pu reconnaître sa propre douleur et sa propre colère vis-à-vis des abus de son père que cette mère a pu prendre conscience des besoins de son fils à son endroit. Peu à peu, elle s'est mise à percevoir ses protestations et ses signes de mécontentement comme les réactions normales d'un tout-petit qui a besoin d'une ligne de conduite ferme mais affectueuse plutôt que comme les réactions d'un délinquant en herbe.

Cet exemple montre la déformation d'une fonction parentale tout à fait normale qui consiste à attribuer à un jeune enfant un ensemble de qualités et de défauts. Ces commentaires sont souvent plus révélateurs des désirs, des peurs et des attentes des parents que de la véritable nature de l'enfant. Ils peuvent être rigides ou flexibles, tout comme ils peuvent être influencés par des caractéristiques existantes chez l'enfant. La plupart du temps, il s'agit de remarques positives et inoffensives, largement fondées sur la personnalité naissante de l'enfant. « C'est un vrai garçon manqué, ça se voit dans ses yeux », ou encore : « Qu'est-ce qu'il aura comme succès avec les femmes, celui-là ! » Dans ce cas-là, les relations parent/enfant se développent sur un fond de confiance et d'espoirs mutuels. Lorsque, au contraire, ces remarques sont négatives ou malveillantes et que rien ne vient les contredire, parent et enfant se dirigent tout droit vers une relation fondée sur le conflit et la méfiance.

4. La qualité des systèmes d'aide à la disposition du parent. Il est difficile d'établir et de maintenir une bonne relation avec un enfant lorsque l'on est soi-même isolé et stressé. Lorsque les parents reçoivent peu d'aides extérieures, ils sont tellement occupés à lutter pour garder la tête hors de l'eau qu'il leur reste peu de temps et d'énergie à consacrer à leur enfant.

On pense en général ces systèmes d'aide en termes humains — un époux, un parent, un frère ou une sœur, un ou une ami(e). C'est normal au sens où les relations humaines sont essentielles au bien-être de tout individu. Cela étant, les systèmes d'aide renvoient également aux services sociaux qui garantissent des logements adéquats, une alimentation suffisante, des transports efficaces, des rues sûres, des écoles de qualité, des soins médicaux accessibles.

Lorsque ces aides sont disponibles, elles sont « silencieuses » au plan psychologique. On ne remarque pas à quel point elles contribuent à notre bien-être personnel, à notre faculté d'avoir des relations humaines harmonieuses et d'être de bons parents. Ce n'est que lorsqu'une ou plusieurs de ces aides font défaut que leur importance est appréciée à sa juste valeur en vertu du stress que la famille éprouve en leur absence.

Quel est le rapport de ces facteurs au tempérament ? Comme le montrent les exemples suivants, la manière dont les parents répondent aux besoins individuels de leurs enfants peut être mise à rude épreuve lorsque les parents se battent pour subvenir aux besoins les plus élémentaires de la famille.

> Mme Fisher, qui est obligée de travailler à plein temps, ne peut se permettre qu'une crèche médiocre avec un effectif insuffisant par rapport au nombre d'enfants et de fréquents changements de personnel. Ce cadre ne fournit pas des soins suffisamment intensifs à son fils qui, de par son tempérament, a particulièrement besoin de stabilité et de cohérence dans sa vie quotidienne. Par conséquent, depuis qu'il va à la crèche, Dave, deux

ans, est sujet à de violentes crises de colère. Il est constamment anxieux, suce son pouce et suit sa mère partout dans la maison.

M. Morgan est au chômage depuis la faillite de sa société. Il n'a plus d'allocations ni d'assurance maladie. M. Morgan et sa femme s'inquiètent du présent et de l'avenir. Mme Morgan, qui avait quitté son emploi d'enseignante pour élever sa fille, essaie en vain de retrouver du travail. Les parents sont tellement occupés à joindre les deux bouts qu'ils ont moins de temps et de patience pour leur fille Annie, trente mois. Cette enfant sensible et facilement effrayée a commencé à refuser de manger pour économiser de la nourriture. Elle a également commencé à se ronger les ongles et a régressé dans son apprentissage du pot. Elle demande constamment à sa mère comment elle va.

Mme Compton et sa famille vivent dans un quartier défavorisé du centre-ville. Leur petit appartement dont la plomberie est défectueuse est souvent infesté de cafards et de souris. Le gérant de l'immeuble promet de faire des travaux depuis six mois, mais rien n'a encore été fait. La famille évite de sortir le soir par peur des agressions. Les parents aimeraient habiter un meilleur quartier, mais ils n'ont pas les moyens de déménager. Il y a de fréquentes disputes suite à l'état de nerfs et de désespoir dans lequel tout le monde se trouve. Cette situation affecte le petit Ricky, un enfant très sensible qui réagit fortement à une stimulation même faible et qui, dans l'idéal, aurait besoin d'un environnement stable pour l'aider à réguler son comportement. À trente mois, il fait souvent des cauchemars et pleure facilement suite à des contrariétés mineures. Il a une capacité d'attention très limitée, et malgré une bonne intelligence, il est incapable de se concentrer sur une tâche de son âge. Il a souvent l'air inquiet et ailleurs.

Dans ce genre de cas, le poids qui pèse sur les parents, l'enfant et la relation vient de ce que la société est incapable de fournir un filet de sécurité aux familles en difficulté. Alors que tous les enfants souffrent de vivre dans des conditions difficiles, certains s'adaptent mieux que d'autres.

Les exemples ci-dessus montrent, par ordre croissant d'importance, l'influence des conditions extérieures sur le bien-être d'un enfant. La personnalité de l'enfant va se développer selon le contexte familial, lui-même conditionné par le contexte social et politique. Chacun de ces contextes possède évidemment ses complexités propres, mais aucun individu, quels que soient sa force, son talent ou ses ressources, ne peut exister seul. Nous sommes tous aidés ou empêchés d'innombrables façons, souvent invisibles, par la manière dont nos tendances tempéramentales sont appuyéees ou non par nos conditions de vie.

Les deux chapitres suivants vont se concentrer sur deux types de tempérament assez fréquents chez les tout-petits : la timidité et son contraire, l'activité intrépide. Ces chapitres s'attacheront à décrire des schémas comportementaux spécifiques ainsi que les gratifications et les difficultés qui les accompagnent.

Même si les différences tempéramentales sont une réalité, la plupart des tout-petits oscillent entre la timidité et l'esprit d'aventure. C'est pourquoi les parents reconnaîtront certains aspects de leur enfant dans ces deux chapitres, même s'ils ne perçoivent pas forcément leur enfant comme particulièrement actif ou timide.

CHAPITRE 5

Les enfants actifs : aller de l'avant

Les enfants sont par nature d'infatigables explorateurs. L'objet de leurs explorations varie suivant l'enfant et son stade de développement. Certains enfants ressemblent à des chercheurs miniatures qui, laborieusement, démontent chaque objet qui leur passe entre les mains pour voir comment il est fait. D'autres expérimentent avec le langage : ils font des mélanges et des mariages, inventent des mots et se lancent dans des structures grammaticales novatrices. D'autres encore construisent des édifices compliqués qui semblent défier les lois de l'imagination et de la gravité. Certains font tout cela et plus encore, tandis que d'autres se concentrent sur différentes activités à différents stades de leur développement.

Parmi ces explorateurs, on rencontre également des enfants qui sont fascinés par le mouvement et les destinations lointaines. Ils parcourent le monde, les yeux rivés sur un objet hors d'atteinte, se souciant peu de ce qui se trouve sur leur passage. Rien ne les décourage, ni les obstacles, ni les bosses, ni les chutes.

Exploration depuis la base de sécurité

Dans l'équilibre entre comportement d'exploration et comportement d'attachement, les enfants actifs et intrépides montrent une préférence marquée pour l'exploration. Les parents apprennent à apprécier les instants où l'enfant est tellement fatigué qu'il vient se blottir dans leurs bras. Cela ne signifie pas que ces petits aventuriers n'éprouvent pas de sentiment d'amour ou de désir de proximité. C'est simplement que pour l'instant, l'action et la nouveauté exercent un attrait irrésistible. Pour eux, la sécurité consiste à pouvoir prendre des risques loin du parent. Tout se passe comme si l'amour du parent pour l'enfant alimentait l'amour de l'enfant pour le monde.

Il ne s'agit nullement d'élucubrations farfelues : les enfants élevés en institutions montrent peu d'énergie et d'intérêt pour l'exploration dans la mesure où ils n'ont pas de base rassurante comme point de départ[1]. Au contraire, les enfants sûrs d'eux qui explorent activement peuvent prendre le risque de quitter leurs parents parce qu'ils savent que ces derniers resteront disponibles. Au lieu d'avoir besoin de rester à proximité pour se sentir protégés, ils s'en vont, confiants que le parent sera là en cas de besoin.

Le mouvement et le langage chez les enfants actifs

Les enfants actifs n'étaient pas nécessairement des bébés actifs, mais ils ont souvent commencé à marcher tôt, après un stade de reptation relativement bref. Ils ont fait leurs premiers pas entre huit et dix mois (au lieu des onze ou treize mois habituels), la marche autonome survenant environ un mois plus tard.

Certains enfants commencent à marcher plusieurs mois avant de prononcer leurs premiers mots. La plupart des petits disent leurs premiers mots aux alentours de douze mois, mais il y a des fluctuations individuelles très marquées dans la réalisation de cette prouesse. Chez les tout-petits, la vitesse d'acquisition de mots nouveaux et la rapidité avec laquelle ils passent d'un mot simple à une phrase de deux ou trois mots sont très variables.

L'importance du langage pour les enfants ainsi que le plaisir qu'ils en retirent sont également éminemment variables. Certains enfants de deux ans apprécient énormément les mots ; d'autres, pas du tout. Les tout-petits qui adorent expérimenter avec le mouvement se désintéressent souvent de la parole et de l'écoute jusqu'à ce qu'ils soient plus grands et que leurs capacités motrices soient davantage incluses dans leur appréhension globale d'eux-mêmes. Avant cela, ils font peu attention aux « Non » et aux « Arrête » des adultes. Le langage s'avère un instrument de contrôle inefficace.

Les tout-petits qui aiment aller de l'avant réunissent au moins trois traits de caractère : un niveau d'activité et une intensité de réaction élevés ainsi qu'une capacité de concentration faible pour ce qui est des activités sédentaires. Ce genre d'enfants passera vraisemblablement peu de temps à regarder des livres ou à faire des puzzles. Par contre, s'il a accès à une cage où grimper, il pourra monter et descendre jusqu'à ce qu'il tombe de fatigue (ainsi que ses parents).

En particulier entre douze et vingt-quatre mois, le mouvement est si essentiel à son bien-être qu'une immobilité forcée, des espaces exigus ou un trop long séjour à l'intérieur peuvent provoquer l'irritabilité et l'agitation et se terminer en crise de colère. C'est pour l'enfant une manière de dire que son désir de bouger et d'explorer a besoin de s'exprimer.

La section qui suit va utiliser l'exemple d'Adam pour illustrer certaines caractéristiques que l'on retrouve chez des enfants extrêmement actifs et apparemment intrépides. Ce portrait souligne aussi les ajustements que ses parents ont dû faire pour arriver à supporter un niveau d'activité aussi élevé et un besoin d'explorer aussi insatiable.

ADAM, UN EXPLORATEUR INFATIGABLE

Les tout-petits ont tous un certain esprit d'initiative et dans ce sens, Adam illustre parfaitement ce qu'il en est à ce stade. Chez lui, cet esprit se manifeste simplement plus souvent, plus intensément et sur des périodes de temps plus longues que chez les autres.

▸ Adam pendant sa première année

Adam a commencé à marcher à neuf mois. Dès lors, ses parents se sont dit qu'il ne s'arrêterait jamais. Sa mère explique qu'elle a eu l'impression de se transformer en chien d'aveugle tellement elle surveillait les allées et venues de son fils et se préparait à l'arracher des griffes du danger. (Elle est vétérinaire, ce qui explique l'analogie.)

Voici certains temps forts de la vie d'Adam entre neuf et trente mois.

Dix mois. Adam marche tout seul et refuse obstinément qu'on le porte. D'après le récit de ses parents, il est tellement fasciné par les objets situés à distance qu'il ne voit pas les obstacles sur son chemin tels que meubles ou marches d'escalier. Il trébuche, tombe et se fait mal. Il est du même coup souvent couvert de bleus, malgré les efforts conjugués de ses parents pour le doubler de vitesse. La maison a été complètement réaménagée en fonction de lui et équipée de barrières, ce qui améliore un peu la situation.

Selon les termes de sa mère, le moment où elle le change est un véritable cauchemar. Pour Adam, une couche sale est un désagrément mineur comparé à l'indignité de rester couché sans bouger pendant qu'on le change. Il donne des coups de pied vigoureux, proteste, pleure. Sa mère décide de passer des langes aux couches jetables pour minimiser la contrariété de part et d'autre. La mère d'Adam est constamment épuisée, mais il y a heureusement des moments de répit. La nuit, son fils dort profondément et il fait deux siestes, soit, au total, quatorze heures de sommeil par jour.

La mère d'Adam a l'impression que son fils a grandi en une nuit. Elle regrette la tendresse des premiers mois ; ses bras lui paraissent parfois désespérément vides. Ses jambes, par contre, sont sans cesse en mouvement parce qu'elle est toujours en train de courir après Adam. Elle dit en plaisantant que leur point de contact s'est déplacé de la poitrine aux pieds.

Douze mois. Adam prononce son premier mot : « chat ». Le choix du mot n'est sans doute pas un hasard et a sûrement un rapport avec la fascination d'Adam pour le mouvement. L'animal est de surcroît un membre important de la famille ; il fait l'objet de nombreuses conversations et saute facilement du sol au comptoir de la cuisine, échappe aux mains empressées d'Adam et se déplace gracieusement et à sa guise dans toute la maison. Le chat est peut-être l'ébauche d'un « idéal du moi » pour Adam, puisqu'il est apparemment libre d'aller où il veut et qu'il échappe aux contraintes extérieures telles que la gravité, la perte d'équilibre et les mains parentales.

Le mot « dehors » fait son apparition peu après. Quand on lui demande de rester enfermé, Adam tape contre la porte en répétant sans cesse le mot magique. Si on ne l'emmène pas « dehors », son agitation et sa détresse s'intensifient. Sa mère se retrouve à passer beaucoup de temps dans la cour avec son fils qui demande à aller toujours plus loin et à faire le tour du pâté de maisons. Elle conclut : « J'ai fait la connaissance de tous les voisins, à l'époque. »

▸ Adam de quatorze à trente mois

Quatorze mois. Adam commence à se taper la tête par terre lorsqu'il ne parvient pas à faire quelque chose. Comment expliquer un tel comportement ? Adam est un enfant précoce qui a de grandes exigences vis-à-vis de lui-même. Il veut grimper tout seul dans sa chaise haute ou ouvrir la porte pour aller « dehiors ». Lorsqu'il ne parvient pas à faire ce qu'il a décidé, il refuse que ses parents l'aident et se punit de façon tout à fait délibérée. Il interrompt ce qu'il est en train de faire, se met en quête d'une surface dure comme du carrelage et se tape vigoureusement la tête à plusieurs reprises.

Ce comportement est impressionnant et inquiétant à voir, mais il est en fait assez courant chez les tout-petits doués d'une forte intensité de réaction. Cela ne signifie pas que les parents doivent pour autant fermer les yeux. Ne rien faire, c'est dire à l'enfant que l'autopunition est une réponse adéquate lorsqu'on se sent frustré ou en situation d'échec.

La mère d'Adam réagit en mettant son fils dans son lit et en lui répétant qu'elle ne peut pas le laisser se faire mal. Au départ, elle culpabilise en se disant que cela revient à punir Adam de s'être puni. Mais cette tactique s'avère positive. Adam se tape doucement la tête contre son matelas, libérant sa tension dans un cadre sûr, cette fois-ci. Sa mère reste à proximité et lui parle d'une voix apaisante ou bien le laisse tranquille. Adam finit par se calmer. Cette réaction positive convainc la mère qu'elle a instinctivement trouvé la bonne manière d'apaiser son enfant.

Le lit sert de garde-fou aux émotions d'Adam. Notons que cet enfant très athlétique n'a commencé à escalader les barreaux qu'aux alentours de trente mois alors qu'il en était capable bien avant. De toute évidence, il aime son lit et le considère comme un lieu sûr.

Certains enfants réagissent bien au fait d'être portés et câlinés lorsqu'ils font une crise. La mère d'Adam s'est rendu compte que ce n'était pas le cas de son fils. Quand Adam est en colère, il refuse qu'on le porte — il se cambre, se tortille et repousse tout le monde. Dans ces moments-là, le fait d'être porté ne lui apparaît pas comme un acte d'amour, mais comme une contrainte physique extrêmement pénible.

C'est une réaction typique à cet âge parce que l'enfant se trouve en pleine ambivalence : il veut être réconforté *et* affirmer sa propre autonomie. Cette ambivalence se manifeste en se retournant contre le parent et en le frappant ou en le repoussant. Dans ce cas, c'est le parent qui sert de garde-fou au conflit intérieur de l'enfant.

Mieux vaut ne pas laisser un jeune enfant seul lorsqu'il est au beau milieu d'une crise de colère. Il a besoin que ses parents lui servent de base de sécurité et l'entourent, lui qui se sent seul, furieux et effrayé par l'intensité de ses émotions. Si les parents parviennent à réagir calmement plutôt que de s'énerver ou se replier sur eux-mêmes, le sentiment d'ambivalence disparaîtra de lui-même à mesure que l'enfant saura mieux négocier la différence entre proximité et autonomie.

Quinze mois. Adam apprend à donner des coups de pied dans un ballon. Son jouet préféré devient un certain ballon de plage. Ses parents installent un panier de basket à sa hauteur dans la cuisine et il ne se lasse pas d'y mettre le ballon. Il adore regarder les sports à la télé, ce qui n'est le cas d'aucun de ses parents. Il se met à pleurer en disant « fooball, fooball » chaque fois que l'un d'eux fait mine de changer de chaîne.

Seize mois. Adam et sa mère font cinq heures d'avion pour aller voir ses grands-parents. Adam est malheureux sauf lorsque sa mère lui permet d'arpenter la travée centrale. Il grimpe sur les quelques sièges vides et essaie de parler dans le téléphone du personnel navigant. Sa mère fait tout ce qu'elle peut pour suivre le rythme et rattraper les bêtises, mais les moues de l'équipage sont difficiles à supporter. Elle marmonne dans sa barbe : « Je parie qu'ils n'ont jamais vu un gosse de près. »

Avant de partir, la mère se faisait une fête d'aller chez ses parents et d'être secondée par deux adultes pour s'occuper de son fils. Elle s'était même laissée aller à imaginer qu'elle pourrait partir se promener seule ou lire un livre pendant la journée. Ses rêves ne se concrétisent pas. Les grands-parents sont de toute évidence incapables de s'adapter au rythme et au niveau d'énergie d'Adam. Ils ont beau l'apprécier, ils sont déboussolés et éreintés après avoir passé deux heures seuls avec lui.

Dix-huit mois. Adam commence à pleurer à chaudes larmes chaque fois que sa mère s'en va. Elle est obligée de le décrocher d'elle tellement il se cramponne à elle. Cette détresse au moment de la séparation indique qu'Adam a pleinement conscience du rôle sécurisant que joue sa mère à son endroit. Il accepte cependant très bien les substituts et développe une relation chaleureuse avec les deux baby-sitters qui s'occupent de lui quelques heures par jour pendant que sa mère va travailler. Il accueille sa mère avec joie lorsqu'elle rentre à la maison.

Dix-neuf mois. Adam participe à un atelier d'éveil deux fois par semaine pendant deux heures, avec cinq autres enfants. Sa mère reste avec lui pendant ce temps. Le responsable du groupe est quelqu'un de gai, d'énergique et plein d'expérience. Tout semble indiquer que l'expérience sera positive pour Adam, mais c'est tout le contraire qui se produit.

Le premier jour, Adam grimpe jusqu'au dernier barreau d'une échelle et tombe, sans se blesser heureusement. Le responsable décide de dévisser les deux barreaux du haut, en faisant remarquer qu'aucun enfant n'a jamais essayé de s'aventurer au-delà des trois premiers. La mère lui sait gré de sa flexibilité.

Le deuxième jour, Adam retourne un lourd banc de bois sur lequel il se met à grimper. Le responsable met le banc de côté en disant gaiement : « Adam me montre des tas de dangers dont j'ignorais l'existence. »

Le troisième jour, Adam pleure sans s'arrêter parce qu'il pleut et que les enfants ne peuvent pas aller jouer « dehiors ». Il refuse de se mêler aux autres. Il escalade les meubles et invente des jeux à partir du mouvement que les autres enfants trouvent fascinants et qu'ils essaient d'imiter. Mais il est globalement malheureux d'être là où il est.

Le quatrième jour, après avoir remarqué qu'Adam préférait être seul que de jouer avec les autres enfants, le responsable dit à la mère : « Je ne crois pas qu'Adam soit prêt pour cet atelier. » La mère est ravagée. Elle se dit que si elle avait été plus inventive et plus énergique, si elle avait trouvé d'autres moyens de canaliser son énergie, il s'adapterait mieux. Le père d'Adam réagit avec philosophie. Il console sa femme en lui disant : « Il est très bien comme ça. Tu sais, j'étais comme lui. Je le suis encore, d'ailleurs... »

Vingt mois. Adam et son père partent en excursion et reviennent ravis. Ils ont passé la journée à prendre différents bus et trouvé des tas de choses intéressantes à faire entre les correspondances. Dans le bus, Adam grimpait joyeusement sur les sièges, vides pour la plupart, et arpentait l'allée d'avant en arrière.

La mère d'Adam aimerait que ce genre de sorties se produisent plus souvent. Son mari travaille tard le soir et rentre souvent à la maison juste avant qu'Adam aille se coucher. Dans la famille, tout le monde déplore cette situation. En chantant une version maison de la chanson *Old MacDonald Had A Farm*, la mère d'Adam demande à son fils : « Et le papa, il dit quoi ? » Adam répond : « Il dit au revoir. » Il sait très bien que l'essentiel de sa relation à son père consiste à lui dire au revoir.

À cette même époque, il apparaît clairement qu'Adam possède une carte interne qui lui permet de se situer dans l'espace et lui donne un sentiment de compétence intérieure. Il est comme son père sur ce point ; sa mère, elle, n'a aucun sens de l'orientation. Lorsqu'ils traversent le quartier où habite son meilleur ami, Adam pointe son doigt dans la bonne direction en hurlant : « Tony, Tony ! »

Vingt-deux mois. La meilleure amie de la mère d'Adam se plaint de ne pas avoir de relations avec son fils. « Il ne me laisse jamais rien faire pour lui et il n'aime pas faire des puzzles ou lire des livres avec moi », se lamente-t-elle. La mère d'Adam se demande si son fils est assez sociable pour être aimé par d'autres.

Adam énonce sa première combinaison de mots. C'est, chose peu étonnante : « Non, moi. »

Vingt-trois mois. Adam se balance sur la balançoire, refusant toute aide grâce à sa nouvelle formule magique « Non, moi ». Mais il y a du nouveau : sa mère l'entend qui marmonne « Attention » en descendant de la balançoire.

Il commence à dire « Attention » chaque fois qu'il se lance dans une nouvelle aventure. Il commence également à demander : « Maman aide. » Cela modifie la perception que sa mère a de lui. Elle commence à se dire qu'il est capable de prendre soin de lui. Et elle a raison : son décodage de la réalité s'est beaucoup affiné. Il a intériorisé le rôle protecteur de sa mère et peut maintenant lui demander de l'aide ou utiliser ses propres ressources pour se sécuriser.

Vingt-quatre mois. À l'occasion du deuxième anniversaire d'Adam, sa mère se dit : « C'est un miracle qu'on ne soit jamais allé aux urgences. » Malgré son caractère intrépide et ses nombreuses chutes, Adam ne s'est jamais vraiment fait mal. C'est probablement dû à la fois à la conscience qu'Adam a de ses limites et au fait que sa mère et ses baby-sitters aient toujours été prêtes à intervenir.

En repensant à l'année qui vient de s'écouler, la mère d'Adam se dit encore : « Je me fais l'effet d'une mère hyperprotectrice. » A-t-elle raison de penser cela ? En général, les mères trop protectrices en sont totalement inconscientes. Elles sont persuadées de protéger leur enfant d'un danger réel, alors qu'en fait, elles exagèrent les risques d'une situation. La mère d'Adam, au contraire, a répondu aux besoins de protection de son fils lorsqu'il était encore incapable d'anticiper le danger et d'assurer sa protection. Elle a appris à accepter et à admirer son insatiable désir d'exploration comme un trait de sa personnalité qu'elle pouvait surveiller, mais pas changer. Parce que sa mère était disponible affectivement et physiquement, Adam était libre d'être lui-même sans se sentir déchiré ou honteux.

Notons également que le père d'Adam se sentait moins obligé que sa mère de voler au secours de son fils. Adam ne se faisait pas plus mal lorsque son père s'occupait de lui, même s'il récoltait plus de bosses. La mère d'Adam avait plus peur pour la sécurité physique de son enfant que son mari, mais cela ne prêtait pas à conséquence. Les différences entre deux parents peuvent s'avérer utiles quand il s'agit de donner aux enfants des alternatives sur la manière dont on négocie avec le monde.

Trente mois. Adam continue à se montrer très actif, même si désormais, ses activités sont modulées en fonction d'une plus grande maîtrise de soi. Lors de vacances au bord de la mer, il se précipite vers l'eau, mais s'arrête juste au bord. Il retourne ensuite à la lisière d'une forêt, mais ne s'aventure pas à l'intérieur.

Après un moment de panique à le voir courir entre la plage et la forêt, la mère d'Adam se rend compte que son fils sait quand s'arrêter et renonce à essayer de lui courir après. Elle s'installe au bord de l'eau, à un endroit où elle peut le surveiller alors qu'il couvre son nouveau périmètre. Elle se tient prête à intervenir, mais se dit que ce ne sera peut-être pas nécessaire.

Adam passe de longs moments à jouer avec des cubes et à faire des puzzles. Il s'intéresse à des activités plus calmes maintenant que le mouvement a été maîtrisé. Cela a un effet positif sur ses relations avec les adultes qui préfèrent rester assis à côté d'Adam que de lui courir après.

Le langage est devenu un des instruments essentiels de la collaboration entre Adam et les autres. Chez le médecin, il suit les instructions de l'infirmière à la lettre. À la maison, ses parents peuvent désormais lui dire ce qu'il faut qu'il fasse et il obéit sans rechigner. Il est également capable de raconter sa journée à ses parents. Chacun parle à tour de rôle et Adam écoute maintenant quand quelqu'un d'autre parle. Il est capable de verbaliser ses sentiments et de décrire son expérience et celle des autres avec précision. Il fait preuve de sensibilité et de compassion à l'égard de ses parents et de ses camarades.

Adam est très heureux à la maternelle. Il a des relations amicales avec les dix autres enfants de sa classe. Il est très bien intégré.

Il adore être nu. Il vient de découvrir qu'il a un pénis et il en est tombé amoureux. Quand il a une érection, il le fait remarquer : « Maman, mon pénis est tout gros. Touche-le, là. » Il s'intéresse aussi aux différences entre garçons et filles. Le voici qui joue avec une petite fille : « Ça, c'est mon œil. Il est où, ton œil ? Ça, c'est mon nez. Il est où, ton nez ? Ça, c'est mon pénis. Il est où, ton pénis ? » Ces développements indiquent que l'intérêt d'Adam pour son corps s'est déplacé d'une obsession pour le mouvement à une fascination grandissante pour la manière dont il est fait et dont il est semblable aux autres petits garçons et différent des petites filles.

La deuxième année d'Adam montre la trajectoire d'un jeune enfant mû par un désir insatiable de mouvement à mesure qu'il apprend à moduler un niveau d'activité élevé. La clef des progrès consiste pour l'enfant à inclure le mouvement physique aux étapes décisives du développement cognitif et social, telles que capacité d'interaction avec des pairs et des adultes, utilisation du langage et évolution du jeu symbolique.

Une période limitée dans le temps. Les parents qui n'ont pas le même niveau d'activité que leur enfant (et rares sont ceux qui l'ont) peuvent avoir du mal pendant cette période. Les mères d'enfants très actifs disent souvent s'être senties mises en quarantaine à cause de leurs enfants. Leurs amis se mettent à avoir peur pour leurs meubles lorsque l'enfant vient les voir. Il y a un message social direct ou indirect à l'intention des parents pour qu'ils contrôlent davantage leur enfant. Voici le commentaire d'une mère : « Les gens ne comprenaient pas que pour Danny, une table basse n'était pas une table basse, mais quelque chose sur quoi grimper. » Elle explique que sa confiance en elle en a pris un coup parce qu'elle finissait par avoir honte de l'exubérance de son fils. Elle pense que son fils en a également souffert parce qu'il était constamment rabroué par les adultes. (C'est peut-être vrai, mais cette blessure initiale ne semble pas avoir laissé de traces. À la maternelle, Danny était un enfant heureux, doué et fort apprécié.)

Ce qu'il faut savoir, c'est que cette période d'exploration effrénée est en général limitée dans le temps et commence à diminuer aux alentours de trente mois. Vers trois ans, les enfants sont habituellement beaucoup plus maîtres d'eux-mêmes, et la vie à la maison devient plus paisible et plus agréable.

Les deux sections suivantes décrivent ce qui se passe lorsque le niveau d'activité de l'enfant devient un sujet de friction entre l'enfant et ses parents. La dernière section donne des suggestions visant à désamorcer le conflit et à créer des îlots d'activités paisibles destinées à promouvoir la collaboration entre parents et enfant.

MELINDA, LE CONFLIT EN ACTION

Lorsqu'un jeune enfant ne se sent pas soutenu dans ses efforts pour trouver un équilibre entre proximité et exploration, le mouvement peut devenir porteur d'un conflit entre parents et enfant.

Ça a été le cas de Melinda, la plus jeune et seule fille d'une famille de quatre enfants. Les parents de Melinda désiraient avoir une fille depuis de longues années et ils ont été fous de joie lorsqu'elle est née, huit ans après leur dernier fils. Mme Powell s'est sentie rajeunie et pleine d'espoir à l'idée de câliner cette petite fille, de lui mettre des robes à volants et de jouer avec elle comme elle avait elle-même joué enfant. Elle avait gardé une superbe maison de poupée de cette époque bienheureuse et s'est mise à acheter des meubles miniatures en prévision du moment où Melinda pourrait jouer avec.

Mais la personnalité naissante de Melinda ne cadrait pas avec les rêves de Mme Powell. C'était une petite fille costaude et souriante, adorant sa mère, mais totalement fascinée par les jeux turbulents de ses frères aînés. Dès qu'elle a su marcher, elle s'est mise à leur courir après, essayant d'attraper un frisbee ou de donner un coup de pied dans un ballon. Les garçons l'acceptaient parfois volontiers, mais à d'autres moments, lui en voulaient de ses intrusions. C'était par conséquent un mélange d'inclusion et d'exclusion. Lorsque ses frères jouaient avec elle, Melinda était aux anges ; lorsqu'ils la rejetaient, elle hurlait de rage.

Mme Powell a respecté l'intérêt de Melinda pour les jeux de ses frères jusqu'à ce qu'elle ait deux ans. Puis elle a jugé que pour Melinda, le moment était venu d'apprendre à jouer comme une petite fille plutôt que comme un petit garçon. Pour son deuxième anniversaire, Melinda a donc reçu la maison de poupée de sa mère, avec meubles et poupées assortis. Elle a joué avec un court instant, a cassé la jambe d'une poupée, éventré un minuscule fauteuil avant d'aller voir ce que faisaient ses frères. Puis elle a joué à chat avec eux, courant comme une folle dans la cour.

Mme Powell s'est sentie blessée, mais elle n'a pas voulu le reconnaître. Cela l'a, au contraire, confortée dans son opinion que

Melinda était à présent une petite fille et qu'il ne fallait plus lui permettre d'être aussi turbulente. La mère est devenue cassante et critique chaque fois que Melinda était exubérante, ce qui arrivait souvent. Quand Melinda s'approchait de sa mère après être tombée ou s'être fait mal au cours d'un jeu, sa mère lui disait sèchement : « Tu vois ce qui arrive quand on fait la folle. » Si Melinda arrivait couverte de sueur et de poussière après avoir joué dans la cour, Mme Powell la repoussait en disant : « Ne m'approche pas quand tu es sale comme ça. »

Melinda a bientôt appris à associer l'excitation des jeux physiques avec le rejet maternel. Elle a également commencé à avoir le sentiment confus que les petites filles ne doivent pas courir « comme des folles ». Au lieu de trouver une mère réceptive au retour de ses excursions, elle ne rencontrait que distance et réprobation.

Melinda a continué à partager des moments heureux avec sa mère, mais seulement quand elle était calme et retenue. Aux alentours de vingt-huit mois, elle s'est rendu compte que jouer à la poupée et servir le thé lui assuraient des moments d'intimité privilégiés avec sa mère. Elle s'est mise à la solliciter spontanément pour ce genre de jeux, lui apportant une poupée ou lui disant : « On boit du thé, Maman ? » À chaque fois, Mme Powell s'arrêtait pour jouer avec sa fille tellement elle se sentait attendrie.

Malgré ces instants de proximité, certains incidents laissent penser que la relation de Melinda avec sa mère était devenue limitée sur le plan affectif. Lorsqu'elle était très excitée, Melinda s'arrêtait souvent brusquement pour regarder dans la direction de sa mère. Lorsqu'elle tombait après s'être lancée dans des activités audacieuses, elle se traitait parfois elle-même de « vilaine » et évitait de chercher du réconfort auprès de sa mère. Tout se passait comme si Melinda avait intériorisé l'attitude réprobatrice de sa mère.

Si tout le monde dans l'entourage de l'enfant avait adopté l'attitude de sa mère et vu son niveau d'activité d'un mauvais œil, Melinda aurait sûrement intériorisé la réprobation des adultes et se serait sans doute sentie coupable de ne pas être une petite fille modèle. Mais heureusement, le conflit autour de l'activité de Melinda est resté circonscrit, pour la simple et bonne raison que son père et ses frères ont continué à l'inclure dans leurs jeux et à apprécier son entrain. Dans ces moments-là, Melinda semblait véritablement heureuse, en particulier en l'absence de sa mère. S'il lui arrivait de se faire mal, elle s'empressait d'aller voir son père ou un de ses frères pour se faire câliner.

Si Mme Powell avait été moins blessée que sa fille ne soit pas la petite fille sage qu'elle aurait voulu avoir, elle aurait plus facilement accepté le comportement turbulent de sa fille et aurait pu lui apprendre que prendre le thé et monter aux arbres, loin d'être des activités incompatibles, pouvaient devenir deux facettes de sa personnalité et de son univers.

Qu'est-ce qui attend Melinda ? Si sa famille continue à fonctionner sur le même mode, il est possible que Melinda apprenne à associer la liberté physique et affective avec le fait d'être un garçon et la retenue physique et affective avec le fait d'être une fille. Elle risque de se sentir tiraillée par le fait d'être une femme.

Mais il est également possible que les choses s'arrangent pour le mieux. Après tout, les parents évoluent et tirent des leçons de leurs erreurs. Il se peut que la mère de Melinda soit moins agacée par le côté « garçon manqué » de sa fille. Il est clair que sa famille et ses amis l'y encourageaient. Le père et les frères de Melinda se moquaient gentiment de Mme Powell pour ce qu'ils appelaient sa « pudibonderie » à l'égard de sa fille. M. Powell prenait souvent sa femme à partie en lui disant qu'elle était trop dure avec sa fille. Lorsque Mme Powell a confié à une amie proche ses inquiétudes et ses rêves à propos de sa fille, celle-ci lui a fait remarquer que Mme Powell se sentait sans doute un peu perdue au milieu de « tous ces garçons » et qu'elle attendait trop que Melinda lui fournisse la compagnie féminine dont elle avait besoin, chose qui dépassait largement les capacités d'une enfant de deux ans.

Ces remarques aideront peut-être Mme Powell à prendre conscience de la manière dont ses propres besoins affectifs affectent son comportement vis-à-vis de sa fille. Si sa mère devient plus indulgente, Melinda se sentira à son tour rassurée sur le fait qu'elle est aimable telle qu'elle est, garçon manqué ou pas.

PAUL, UNE TENDANCE AUX ACCIDENTS

Certains enfants expriment le fait que leurs parents sont incapables de leur servir de base de sécurité par un besoin irrépressible d'explorer le monde sans faire la moindre attention, chose qui se solde souvent par des blessures accidentelles. Ces petits casse-cou peuvent très bien s'en aller de chez eux, traverser la rue en courant, se perdre dans un supermarché ou un centre commercial, se renverser le contenu d'une étagère dessus, et plus généralement, se mettre systématiquement dans un mauvais pas. Ce ne sont pas quelques incidents mineurs qui définissent un petit casse-cou, c'est la répétition d'accidents relativement graves ou qui auraient pu le devenir qui tirent la sonnette d'alarme[2].

Il est parfois difficile de savoir si un tout-petit est imprudent parce qu'il souffre d'un conflit intérieur ou parce qu'il est tout simplement trop jeune ou trop occupé pour anticiper le danger. Premier indice : les enfants véritablement casse-cou le restent en général bien au-delà de trois ans. Contrairement à Adam, ils ne prennent pas conscience du danger une fois passé le cap de la troisième année, pas plus qu'ils ne deviennent plus prudents ni plus attentifs.

Deuxième indice : ces enfants ont paradoxalement tendance à présenter des symptômes d'angoisse dans un certain nombre de domaines. Même si tous les enfants ont des peurs à cet âge, les enfants intrépides se retrouvent souvent complètement submergés par elles. Il arrive qu'ils aient exagérément peur de l'obscurité, des animaux, des inconnus ou des bruits inhabituels. Il arrive aussi qu'ils piquent des colères inextricables, qu'ils aient peur de s'endormir ou qu'ils se réveillent en hurlant plusieurs fois par nuit, qu'ils souffrent de crises d'angoisse de séparation très vives entrecoupées de moments de fuite. Leur intrépidité apparente semble contrebalancée par une peur excessive dans d'autres domaines. Leur angoisse se manifeste parfois par des crises de colère ou d'agressivité : ils tapent, mordent et donnent des coups de pied.

À vingt-huit mois, Paul manifestait tous ces comportements, ce qui le rendait très difficile à vivre. Ses parents et son pédiatre étaient tellement inquiets qu'ils lui avaient fait faire un bilan de santé exhaustif pour voir s'il ne souffrait pas d'hyperactivité. En apprenant que non, M. et Mme Donahue ont en fait été un peu déçus. Ils auraient souhaité une explication médicale concrète au comportement de leur fils, quelque chose qui puisse se soigner avec des médicaments. Ils n'avaient aucune envie de s'aventurer dans le royaume informe des problèmes psychologiques. Ils étaient néanmoins suffisamment préoccupés par l'état de leur fils pour accepter l'évaluation psychologique préconisée par le pédiatre.

Le meilleur endroit pour observer le fonctionnement psychologique d'un tout-petit est sans doute sa maison parce qu'il n'est pas soumis aux contraintes de la nouveauté. Pendant les deux heures qu'a duré ma visite, Paul m'a montré tout ce qui inquiétait ses parents. Pendant que ces derniers me parlaient de l'impossibilité de faire obéir leur fils, Paul est monté sur le rebord de la fenêtre et il en a sauté bruyamment, en se tordant la cheville ; il a fait tomber une photo de la famille en grimpant sur un meuble ; il a tiré la queue du chat, ce qui lui a valu un coup de griffe ; et il a tapé sa mère quand elle a voulu regarder la griffure.

Malgré toute cette agitation, Paul s'est calmé et m'a regardée avec de grands yeux tristes quand je lui ai dit qu'il me montrait les problèmes d'entente qu'il avait avec ses parents et que j'étais venue pour les aider à trouver une solution. Ces paroles ont eu un effet apaisant instantané. Paul a tout de suite compris de quoi je voulais parler.

Les séances suivantes ont permis de faire apparaître un curieux schéma. M. et Mme Donahue étaient tellement persuadés que leur fils était un enfant agressif, despotique et indiscipliné, un vrai « petit démon » comme ils disaient, qu'ils étaient incapables de voir qu'il était aussi un petit garçon craintif. Ils avaient peur de lui et percevaient ses cauchemars, ses difficultés à s'endormir et ses crises de larmes au moment de se séparer comme des tentatives de manipulation. « Il fait semblant, disaient-ils. Il n'a peur de rien. Il essaie simplement d'arriver à ses fins. » Les Donahue en voulaient tellement à leur fils qu'ils n'avaient plus aucune réaction d'empathie vis-à-vis de ce qu'il endurait. Leur propre souffrance les empêchait d'entendre ses appels au secours.

Comment tout cela s'était-il mis en place ? Des observations de Paul avec ses parents ont montré que Mme Donahue n'avait aucune patience vis-à-vis des comportements de dépendance ou de demande de son fils. Quand Paul avait peur de la sirène d'un camion de pompiers et qu'il s'agrippait à elle, elle riait et lui disait qu'il était bête. Quand il pleurait au moment où elle le laissait à la halte-garderie, elle lui disait : « Tu n'as pas le droit de pleurer. Tu t'enfuis toujours. Regarde quel effet ça fait quand c'est moi qui m'enfuis. » Quand il se coupait avec un verre qu'il venait de casser, elle lui disait : « Voilà ce qui arrive aux casse-tout. »

M. Donahue, quoique moins présent dans la vie de Paul, réagissait de manière identique. Il incitait Paul à être « fort » et lui reprochait d'avoir peur ou mal. De plus, il avait tendance à lui donner des fessées assez fortes pour le faire obéir. Paul avait commencé à lui rendre la pareille, ce qui, tour à tour, amusait son père ou le mettait en rage. Quand cela l'amusait, M. Donahue riait d'un air admiratif devant la combativité de son fils et disait : « Tu es un dur, comme ton père ! » Cette marque d'approbation renforçait chez Paul le désir de riposter. Mais quand son père n'était pas d'humeur à supporter sa combativité, il le frappait encore plus fort pour lui montrer « qui commande ». Paul s'effondrait alors en pleurs et était envoyé dans sa chambre, où il lui arrivait de hurler pendant plus de quarante minutes.

Ce genre d'épisodes signifiaient à Paul qu'il était seul. Il n'avait aucune base de sécurité vers qui se tourner quand il avait peur ou se sentait démuni. Son père était incapable de l'aider à moduler sa colère parce qu'il était lui-même incapable de maîtriser la sienne. Sa mère n'aimait pas les signes de faiblesse et l'incitait à être indépendant, mais elle le grondait aussi lorsque ses efforts se soldaient par des catastrophes.

M. et Mme Donahue interprétaient à tort le niveau d'activité élevé de Paul comme une attitude de défi qui méritait d'être punie. Ils prenaient également les tentatives de rapprochement de Paul pour de la dépendance, chose qui, à leurs yeux, était inacceptable. Ils rejetaient ses efforts pour établir une base de sécurité avec eux, parce qu'ils ne comprenaient pas qu'il s'agissait d'un comportement normal à cet âge.

Des pensées et des sentiments qui sont inacceptables pour des parents peuvent facilement le devenir pour des enfants. Dans ce sens, l'agitation de Paul et son désir de fuite peuvent se comprendre comme un essai de contrebalancer son désir de se réfugier auprès de ses parents, désir dont il savait qu'il serait repoussé. Plus Paul luttait contre le désir d'être rassuré par ses parents, plus il avait peur d'y succomber. Ses problèmes de sommeil et ses angoisses de séparation étaient une façon de demander de l'aide à ses parents et de s'assurer qu'il ne serait pas abandonné avec ses peurs. Le mouvement lui servait de défense contre ses angoisses, mais les peurs refaisaient surface la nuit ou lorsque ses parents s'en allaient, c'est-à-dire dans des situations où il n'était pas lui-même en position de s'enfuir.

Les enfants comme Paul demandent : « Jusqu'où faut-il que j'aille pour que Maman vienne me chercher ? Quels risques faut-il que je prenne pour que Papa me protège ? À quel point dois-je avoir peur pour que Papa et Maman viennent me rassurer ? »

M. et Mme Donahue se sont débattus longtemps avant d'admettre que Paul avait bel et bien peur et que sa témérité n'était rien d'autre qu'un appel au secours. En apprenant à mieux connaître leur fils, ils ont été amenés à se ressouvenir des peurs et des désirs de leur propre enfance, eux que l'on punissait trop sévèrement et à qui l'on demandait trop et trop tôt.

La répétition d'un passé douloureux dans un présent qui l'est tout autant est souvent le signe que les parents sont incapables de protéger leur enfant. La thérapie familiale a permis aux Donahue de revivre leur désir d'être protégés et sécurisés, désir qui avait été ignoré. Cela les a aidés à mieux comprendre les peurs de leur enfant et ils ont pu commencer à répondre à ses appels au secours.

Par exemple, quand leur fils se cramponnait à eux, ils le prenaient dans leurs bras au lieu de le repousser en lui disant : « Tout va bien. Je vais m'occuper de toi ». Quand il s'en allait dans des endroits qui ne leur étaient pas familiers, ils allaient le chercher en lui disant : « J'ai peur quand tu t'en vas. Je ne veux pas que tu te fasses mal. » Ils l'aidaient quand il demandait de l'aide. À mesure que l'enfant a commencé à se débarrasser de ses peurs, les parents se sont aperçus que ce travail d'identification avait aussi permis aux blessures de leur propre enfance de se cicatriser.

Quelques réflexions sur le tempérament et la collaboration

Les exemples d'Adam, de Melinda et de Paul montrent comment le type de personnalité de l'enfant et son acceptation par les parents peuvent influer sur le genre de collaboration qu'ils vont pouvoir mettre en œuvre. Lorsque les parents acceptent la personnalité de leur enfant et s'y adaptent, la collaboration va favoriser le bon développement de l'enfant. Lorsque, au contraire, les parents rejettent ou critiquent la personnalité de l'enfant, cela peut aboutir à des conflits et à une certaine aliénation.

La mère d'Adam n'avait pas la même personnalité que son fils et rêvait souvent d'un enfant moins actif. Mais elle est arrivée à rester disponible et à accepter ses allées et venues en se rappelant qu'il n'était pas une extension d'elle-même, mais un individu à part entière, ressemblant plus à son père qu'à sa mère.

La mère de Melinda, au contraire, n'est pas arrivée à accepter la personnalité de sa fille. Elle était trop déçue que sa fille soit incapable de partager l'intimité mère-fille dont elle rêvait.

Les parents de Paul sont allés un cran plus loin dans leur incapacité à être réceptifs vis-à-vis de leur fils. Ils ont commencé à le punir lorsqu'il était pénible et à le rejeter lorsqu'il cherchait à se rapprocher. C'étaient les seules réactions qu'ils avaient apprises de leurs parents quand ils étaient petits.

Adam, Melinda et Paul se sont adaptés très différemment à la manière dont leurs parents les traitaient. En réponse à l'acceptation de sa mère, Adam a découvert le monde sur un mode confiant et non conflictuel et il a progressivement intériorisé la protection de sa mère pour arriver à moduler ses propres émotions. Melinda, qui avait conscience de la réprobation de sa mère, a appris à refréner sa propre exubérance pour lui faire plaisir, mais elle a continué ses activités physiques avec son père et ses frères. Paul a intériorisé la dureté de ses parents et les punissait, tout en se punissant lui-même, par son agressivité et sa tendance délibérée aux accidents. À travers l'exemple de ces trois enfants, on voit bien comment une conduite dominante — dans ce cas, un niveau d'activité extraordinairement élevé — peut conduire à trois types de personnalité différents du fait des différences de réaction des parents.

Mais il faut voir aussi que certains enfants arrivent à éduquer leurs parents quand ceux-ci se montrent réceptifs. Après s'être longtemps dit que la vie serait plus facile avec un enfant moins turbulent, la mère d'Adam a eu l'occasion de garder un petit garçon réservé. Elle passait ses journées avec un enfant calme, obéissant, de compagnie agréable. À sa grande surprise, elle s'est rendu compte qu'elle s'ennuyait et devait se retenir de pousser l'enfant à être plus actif.

Vivre avec un enfant actif

Comment faire face de façon productive à un enfant qui a de l'énergie à revendre ? En se souvenant d'abord que les enfants actifs ont autant envie de faire plaisir à leurs parents que des enfants plus calmes. Ils sont tout simplement incapables de s'arrêter parce que le besoin d'explorer est trop fort. Le parent doit s'efforcer d'inculquer à son enfant la notion de maîtrise de soi en indiquant quels comportements sont inadmissibles.

Il se référera par exemple à la situation présente plutôt qu'à l'essence de l'enfant. Il est inutile de dire à un enfant qu'il est pénible parce qu'il ne saura pas quoi faire pour y remédier et qu'un énoncé aussi général ne fera que le culpabiliser. Mieux vaut dire à l'enfant quel comportement est pénible et l'accompagner d'une petite explication pour que l'enfant voie le lien entre le comportement et ses conséquences. Voici quelques idées.

- « Je suis très fâchée parce que tu t'es enfui. J'avais tellement peur que tu te fasses mal. Tu sais, Maman t'aime tellement qu'elle ne voudrait pas qu'il t'arrive quelque chose. »
- « Je n'aime pas quand tu ne fais pas ce que je te demande. Tu dois t'arrêter quand je te le demande. »

• « Va dans ta chambre jusqu'à ce que tu sois prêt à revenir parmi nous. »

Si les mots ne suffisent pas, prenez des mesures concrètes et expliquez à votre enfant pourquoi vous les avez prises. Les enfants de un et deux ans comprennent parfois mieux les mesures des parents que leurs paroles.

Les enfants actifs ont souvent besoin d'une réaction parentale en rapport avec leur personnalité. Un « Ne fais pas ça » dit d'un ton affectueux a peu de chances de convaincre un enfant de la détermination du parent. Par contre, si le parent dit « Je suis fâché » avec la conviction qui convient, l'enfant se dira que l'énoncé mérite d'être pris au sérieux. Il ne sera pas nécessaire de recourir à la menace pour susciter l'obéissance, l'approbation du parent étant une incitation suffisante[3].

Il existe également d'autres moyens pour permettre aux enfants actifs de s'exprimer tout en minimisant la fatigue des parents et les conflits familiaux. Les suggestions ci-dessous vous seront peut-être utiles.

• Désignez des zones où les enfants ont le droit de se défouler. Cela leur permet de déverser leur trop-plein d'énergie et vous aurez plus de chances d'avoir des moments de calme ensuite[4].

• Tirez parti des moments de calme. Profitez au maximum des câlins. Pendant que votre enfant fait la sieste, essayez d'en faire autant.

• Les enfants actifs adorent la nouveauté. Essayez d'arriver avec des idées nouvelles qui empêcheront tout le monde de s'ennuyer. Si vous faites la cuisine, donnez des épluchures de légumes à votre enfant et demandez-lui de faire une salade ou mélangez de la farine et de l'eau pour faire du pain. Cachez des jouets dont il s'est lassé et faites-les réapparaître quelques semaines plus tard. Prévoyez des sorties et des moments avec d'autres parents et enfants. Essayez de faire connaissance avec vos voisins de façon à les inclure dans votre réseau de relations du quartier.

• Soyez attentif aux mouvements d'hésitation ou de peur chez vos enfants et sachez entendre leurs appels au secours. Il est parfois facile de cataloguer des enfants comme intrépides et de penser qu'ils sont constamment autonomes. Ce n'est pas vrai. Même les enfants les plus courageux se sentent parfois démunis et craintifs.

• Essayez de faire garder votre enfant par différentes personnes. Les enfants entre huit et treize ans peuvent être d'excellents baby-sitters à condition que vous restiez dans les parages. Ils sont en général trop jeunes pour que vous leur confiiez un tout-petit turbulent, mais ils ont en général la même énergie que lui et peuvent apporter une certaine structure dans les jeux les plus physiques. Les adolescents responsables sont en général capables de s'occuper seuls de tout-petits. Ils peuvent agréablement remplacer les parents dans leur fonction de garde-chiourme, chose indispensable avec des enfants actifs de cet âge.

• Ne soyez pas trop exigeant pour ce qui est des repas, du ménage, des distractions et même de votre travail. Vous vous rattraperez plus tard quand votre enfant ne sera plus un obstacle.

• Choisissez vos chevaux de bataille avec soin et n'ayez pas peur de céder si l'enjeu est relativement insignifiant. Comme l'a fait remarquer cette mère très sage : « Son insistance à vouloir quelque chose dépassait ma capacité à dire non. » Après tout, céder et négocier font partie de la mise en place de toute collaboration. Apprenez à vous dire au milieu d'un conflit : « Quel est l'enjeu ? » S'il s'agit de quelque chose d'important, alors défendez votre position. Par contre, si vous essayez simplement d'être cohérent ou de sauver la face, rendez-vous ce service et trouvez une manière gracieuse de battre en retraite.

Le fait de céder de temps en temps est loin d'être le meilleur moyen de gâter votre enfant, à moins que cela ne devienne une habitude et que vous n'ayez plus la force d'imposer certaines règles élémentaires concernant la sécurité, le respect des autres et des choses matérielles. Au contraire, votre souplesse peut apprendre à votre enfant la valeur de la persévérance et le conforter sur le fait qu'il arrive à se faire entendre. Cela vous permettra également d'économiser une énergie dont vous aurez besoin dans la vie de tous les jours ainsi que pour les luttes vraiment importantes.

Souvenez-vous que votre enfant est votre meilleur allié dans la résolution des conflits qui portent sur la proximité et la séparation. Les jeux de cache-cache et de poursuite vous permettront de rejouer des conflits autour du comportement de base de sécurité, et ce dans le langage que les enfants comprennent le mieux : celui du jeu. L'émergence du jeu symbolique va également contribuer à une maîtrise progressive de ces conflits. Henry Parens rapporte l'exemple d'une petite fille, Cindy, qui, à quatorze mois, manifestait une irritation croissante à l'égard de sa mère. Elle commençait par s'éloigner d'elle, s'arrêtait brusquement, retournait auprès d'elle et piquait une colère. Après une semaine de ce comportement, Cindy a trouvé une manière symbolique de résoudre son dilemme. Elle s'asseyait près de sa mère sur le canapé, jetait sa poupée par terre et allait la chercher amoureusement. Après six semaines de ce jeu, Cindy a pu s'éloigner de sa mère selon un périmètre toujours plus grand[5]. Elle avait trouvé le moyen de sortir de l'impasse et d'utiliser autrement la base de sécurité offerte par sa mère, ce qui lui permettait de passer à un mode d'intimité plus audacieux.

CHAPITRE 6

Les enfants timides : prendre son temps

Aussi énergiques que soient les tout-petits, ils sont également capables de la plus grande réserve. Ce genre d'humeur survient en particulier lorsque l'enfant est confronté à une situation nouvelle. Dans ces moments-là, le niveau d'activité diminue, l'expression faciale devient grave ou inquiète et l'enfant a fortement tendance à rester proche du parent ou même à se dissimuler derrière lui. L'enfant peut regarder fixement autour de lui, détourner les yeux ou enfouir son visage dans les jupes de sa mère. Toute son attitude vise à dire : « J'ai besoin de temps pour assimiler ce qui se passe et me sentir en sécurité. »

Alors que tous les enfants réagissent ainsi à un moment ou à un autre de leur existence, pour certains enfants, c'est une réaction systématique qui peut se prolonger pendant vingt minutes ou plus. Pour Jerome Kagan, qui étudie ce genre de comportements depuis plus de dix ans, il s'agit « d'une inhibition devant l'inconnu ». Selon lui, environ 20 % des enfants caucasiens américains manifestent une forme extrême de cette réaction [1]. On ne connaît pas son incidence chez les autres groupes ethniques ou nationaux.

Profil de la timidité précoce

Les enfants lents à se mettre en train possèdent trois traits de caractère en commun : ils sont extrêmement timides avec les gens qu'ils ne connaissent pas, prudents quand ils manipulent des objets nouveaux et peureux dans des situations inconnues. Cela étant, une fois qu'ils se sont familiarisés avec leur entourage et qu'ils se sentent à l'aise, ils se comportent comme les autres enfants[1].

Lorsque l'on analyse leur comportement de base de sécurité, les enfants timides placés dans un cadre nouveau ont tendance à rester près de leurs parents plutôt qu'à explorer. Les parents apprennent à se préparer à une période de mise en train, qui peut comprendre de prendre l'enfant dans ses bras, de le laisser les tenir ou rester tout près. Une fois qu'un enfant timide s'est adapté à la situation, le plaisir qu'il prend à explorer peut être très intense. Cela dit, les enfants timides ont davantage tendance à guetter les changements inattendus et à se réfugier auprès du parent le cas échéant.

Tout porte à croire que la lenteur d'adaptation à des situations nouvelles est un trait de caractère stable avec une composante physiologique fiable. Kagan a comparé des enfants catalogués comme « inhibés à la nouveauté » avec un groupe d'enfants expansifs du même âge et il s'est rendu compte que chez les enfants timides, le niveau de stimulation du système sympathique était supérieur. Lorsqu'ils étaient confrontés à une stimulation d'amplitude moyenne, leur rythme cardiaque et la dilatation de leurs pupilles augmentaient de façon significative, indiquant une capacité de réaction plus grande dans une situation susceptible de provoquer la méfiance ou la peur[2].

Les enfants timides le seront-ils à l'âge adulte ? Kagan et son équipe se sont intéressés à la stabilité à long terme de ce modèle de comportement. Lors d'une première étude longitudinale, ils ont montré que des enfants qui, à trois ans, étaient extrêmement timides avaient de plus grandes chances de devenir introvertis à l'âge adulte que leurs camarades plus expansifs[3]. Une étude plus récente a montré que l'on pouvait trouver des traces de timidité plus tôt encore dans le développement. Des enfants extrêmement timides à deux ans continuaient à manifester ce type de comportement et sa composante physiologique particulière à l'âge de huit ans[4].

La tendance à se retirer devant une situation nouvelle ne deviendra un trait stable de la personnalité de l'enfant qu'à partir de sa deuxième année, mais certaines réactions de la toute petite enfance peuvent laisser augurer que l'enfant développera ce type de caractère plus tard. Par exemple, des bébés qui, à quatre mois, réagissaient à des stimuli nouveaux en pleurant continuaient à être plus angoissés par la nouveauté à quatorze et à vingt et un mois que des enfants qui n'avaient pas pleuré quand ils étaient bébés. Là encore, tout porte à croire qu'il y ait une origine physiologique à la réaction comportementale[5].

Malgré ces preuves, la timidité n'est pas un trait de caractère complètement stable. Environ la moitié des enfants qui, à deux ans, étaient extrêmement timides cessaient de l'être par la suite. Il est possible que ce changement soit dû à la pression sociale, la culture dominante américaine valorisant la sociabilité. Il est possible par exemple que des parents, des instituteurs, des membres de la famille ou des pairs poussent les jeunes enfants à surmonter leur réserve initiale face à une situation nouvelle. On s'est rendu compte que des enfants qui, auparavant, étaient timides, mais ne présentaient plus de réactions de timidité, continuaient néanmoins à avoir un niveau de stimulation élevé de leur système sympathique. Il est apparemment plus facile de changer de comportement que de physiologie[6].

ERIN, EXEMPLE TYPIQUE D'ENFANT LENT À SE METTRE EN TRAIN

Erin cadre tout à fait avec le profil de la petite fille qui, dans une situation nouvelle, prend son temps, observe soigneusement et ne s'élance qu'après une période d'échauffement. Sa mère raconte qu'elle avait mis au point une stratégie dans laquelle elle s'interposait entre sa fille et les inconnus qui désiraient faire sa connaissance dans des occasions sociales. Elle leur disait : « Erin va être timide pendant une heure et puis, elle deviendra votre amie. »

▸ Erin pendant sa première année

Erin avait deux mois quand sa mère a découvert la sensibilité de sa fille à l'hyperstimulation. Cela s'est passé dans une réunion à laquelle assistaient environ huit femmes et leurs bébés. Erin avait pleuré sans discontinuer et il était impossible de la consoler. C'était en opposition totale avec la manière dont elle se comportait à la maison, où elle pleurait rarement et se laissait facilement consoler. Depuis cet épisode, les parents d'Erin étaient capables de prévoir comment leur fille allait réagir. Dans un cadre familier, elle était calme ; dans un endroit nouveau et bruyant, elle était agitée et malheureuse.

Dès les premières semaines, Erin aimait regarder son environnement. La famille habitait une maison ensoleillée, avec des murs aux couleurs éclatantes et des tas de décorations intéressantes. À trois semaines à peine, Erin pouvait passer de longs moments à détailler la pièce et à regarder les différents objets avec des yeux grands ouverts et une expression fascinée. Sa mère, qui était restée à la maison pendant les six premiers mois, se demandait parfois si elle ne devrait pas essayer de distraire sa fille plus activement. Erin, quant à elle, paraissait très contente d'avoir ces moments à elle.

Erin ne se contentait pas de regarder les choses, elle regardait aussi les gens. À six mois, c'était un bébé très sociable, qui ne manifestait qu'une méfiance passagère à l'égard des inconnus. Lorsqu'elle sortait, elle fixait les gens de ses grands yeux et ceux-ci tombaient immédiatement amoureux d'elle quand elle leur souriait et babillait en les regardant droit dans les yeux.

La première année s'était déroulée sans anicroche. Il y avait seulement deux domaines problématiques, tous deux ayant rapport aux transitions. Le premier était la transition de l'état de veille à l'état de sommeil. Erin pleurait beaucoup et semblait lutter contre le sommeil, même quand elle était fatiguée. La deuxième source de détresse survenait lorsqu'on la déshabillait pour lui donner un bain et qu'on la rhabillait ensuite. Elle semblait détester que sa peau soit exposée à des stimulations trop intenses.

Les parents d'Erin avaient trouvé des moyens efficaces pour la soulager dans ces moments difficiles. L'endormissement était facilité grâce au mouvement et aux sons. Ses parents la mettaient dans une poussette et la promenaient dans la maison. Quand cela ne marchait pas, ils la berçaient dans leurs bras en faisant d'amples mouvements de balayage. Erin adorait également les sons — ses parents étaient musiciens et il y avait souvent de la musique dans la maison — et le ronron monotone de l'aspirateur avait un effet apaisant sur elle lorsque rien d'autre ne marchait.

Erin a prononcé son premier mot à neuf mois, et le langage est devenu l'instrument privilégié de sa relation aux autres peu de temps après. Elle a également commencé à ramper à neuf mois. Elle a, en fait, dit son premier mot et commencé à ramper le même week-end. Ses premiers pas ne sont intervenus qu'à l'âge de treize mois, amorçant son entrée dans l'enfance à proprement parler.

▸ Erin de treize à trente-six mois

Treize mois. Erin fait ses premiers pas. Elle hésite, mais elle est ravie. Elle s'entraîne vaillamment, tombe et se relève un nombre incalculable de fois. Elle est sérieuse et concentrée dans son apprentissage plutôt qu'ivre de joie. Elle semble travailler dur pour arriver à maîtriser ce nouveau savoir-faire.

Assez soudainement, Erin devient timide. C'est à ce moment-là que sa mère commence à avertir les gens qu'il faudra du temps à sa fille pour s'ouvrir. La mère d'Erin se rappelle la douleur qu'elle a ressentie lorsque son enfant est passée de la sociabilité à la réserve. Elle se souvient s'être dit : « Les gens n'auront pas la chance de voir à quel point c'est une enfant merveilleuse. »

Quatorze mois. Erin devient collante et grognon. Alors qu'auparavant, elle aimait passer du temps seule et était presque tout le temps de bonne humeur, elle devient irritable et difficile à satisfaire. Elle se met à pleurer lorsque sa mère quitte la pièce et insiste pour la suivre partout. Sa mère trouve ce changement très agaçant et se demande pourquoi sa fille est aussi inquiète.

Erin s'entend très bien avec sa baby-sitter, une jeune femme chaleureuse et sensible qui s'occupe d'elle depuis que sa mère a recommencé à travailler lorsqu'elle avait six mois. Cette relation l'aide à mieux accepter les séparations, mais Erin continue à accaparer sa mère lorsque celle-ci est dans les parages. Il y a des moments où sa mère se souvient s'être dit : « C'est devenu une vraie peste. »

Quinze mois. Erin va à l'anniversaire d'un petit camarade avec ses parents. Ils ont décidé de ne rester que deux heures. Pendant la première demi-heure, Erin reste tout près de sa mère, venant de temps en temps se cacher dans ses jupes. Elle passe la deuxième demi-heure à s'amuser avec des jouets aux pieds de sa mère. Erin accepte ensuite d'aller avec son père voir les six autres enfants qui courent dans la pièce d'à côté. L'enfant dont c'est l'anniversaire lui tend un cadeau et cela semble enfin briser la glace. Erin le suit en haut d'un toboggan qui se trouve dans la maison et descend en riant gaiement. Elle est très malheureuse quand vient l'heure de partir.

Erin demeure difficile à satisfaire. Elle continue à avoir des moments de bonheur avec son père et sa mère, mais elle est facilement contrariée. Contrairement à la bonne humeur de sa première année, elle pleure à présent facilement et a souvent besoin d'être rassurée. Ce comportement disparaît et réapparaît — deux ou trois semaines de bonne humeur entrecoupées de moments d'intense dépendance. Ce schéma persiste jusqu'à son deuxième anniversaire.

Seize mois. Erin se rend avec son père dans une petite épicerie où le propriétaire, un homme sympathique, la félicite abondamment pour ses beaux yeux et ses beaux cheveux en s'approchant d'elle et en lui caressant la joue. Erin éclate en sanglots. Son père explique à l'épicier que sa fille est en train de devenir timide.

Erin utilise à présent des phrases courtes et commence à évoquer ses sentiments. Un jour qu'elle est à moitié endormie, elle passe les bras autour du cou de sa mère et murmure : « Je l'aime, ma maman. »

Dix-sept mois. Erin va avec son père dans un nouveau parc. Pendant la première demi-heure, elle refuse d'essayer les nouveaux jeux. Son père fait le tour du terrain avec elle, commentant la scène par petites touches. Il lui montre un chien qui fait pipi contre le toboggan et ils rient tous les deux joyeusement. Ils font glisser du sable entre leurs doigts et cherchent des petites bêtes dans l'herbe. Puis ils vont s'asseoir et regardent en silence les enfants qui montent et descendent du toboggan. Tout à coup, Erin déclare : « Moi aussi. » Elle joue alors activement et joyeusement pendant un long moment.

Dix-huit mois. La mère d'Erin emmène sa fille à un cours de gymnastique où une dizaine d'enfants jouent sur des installations. Au bout d'un moment, ils forment une ronde où ils dansent et chantent des chansons. Erin regarde les enfants intensément avec « un petit visage tendu », selon les mots de sa mère. Elle n'essaie rien de nouveau. Sa mère se reproche d'avoir élevé une enfant aussi timide. « Qu'est-ce que j'ai fait ? » se demande-t-elle, s'accusant d'avoir trop protégé sa fille et de l'avoir rendue timorée.

Alors que tous les enfants se rhabillent pour rentrer chez eux, Erin a un regain d'activité et essaie toutes les installations. Elle ne veut plus partir.

Il ne faut pas sous-estimer le problème des mères qui s'accusent d'un comportement par ailleurs normal du point de vue du développement ou du caractère. Les mères ont tendance à se reprocher toutes les difficultés que rencontre leur enfant. Le fait de le savoir les aidera peut-être à ne plus s'autoflageller.

Les parents d'Erin continuent à emmener leur fille à la gym une fois par semaine parce qu'ils pensent (à juste titre) que cela lui fait du bien de surmonter sa gêne face à la nouveauté. Pendant toute une année, Erin en passe par cette série de phases : une longue période d'échauffement suivie d'un regain d'activité quand personne ne regarde, et ensuite une répugnance à partir.

Vingt mois. Erin développe une peur des masques et de la pleine lune. Elle pleure, détourne les yeux et refuse de regarder. Elle essaie d'échapper à la lune et insiste pour que l'on cache les masques. Elle est incapable de formuler ce qui l'effraie à propos de ces objets, mais les tout-petits ont souvent des peurs en apparence inexplicables, qui viennent de la manière dont ils s'imaginent que fonctionne le monde. La frontière entre réel et imaginaire est très ténue à cet âge et il est possible qu'Erin pense, de façon à moitié consciente, que ces objets représentent des visages désincarnés, mais réels, qui peuvent lui faire du mal. Cette peur va persister pendant environ quatre mois.

Vingt-deux mois. Erin assiste à une fête qui réunit une dizaine d'adultes et six autres enfants. Son comportement est assez proche de celui du cours de gymnastique. Elle reste tout près de ses parents, regardant les autres enfants avec de grands yeux. Elle commence à jouer avec eux après les avoir observés pendant une bonne heure. Quand vient l'heure de partir, elle se plaint de ne pas avoir eu le temps de beaucoup jouer.

Ses parents mettent au point une stratégie pour l'aider à quitter plus facilement une réunion sociale. Ils la préviennent à l'avance qu'ils partiront d'ici dix minutes, puis ils continuent à l'informer du temps qui lui reste. « On part dans cinq minutes. Encore une minute et on y va. » Même si Erin continue à protester contre les départs, le fait de la prévenir lui laisse le temps de se préparer à cet événement peu agréable.

Erin joue joyeusement avec des enfants qu'elle connaît bien lorsque les rencontres ont lieu chez elle ou dans la maison d'amis proches de la famille. Elle a des amitiés précoces et passionnées et joue avec ses amis pendant de longues périodes de temps. Elle adore également jouer tranquillement avec sa mère. Avec son père, elle ose faire des choses qu'elle n'ose faire avec personne d'autre. Il la pousse si haut dans la balançoire que c'est à peine si sa mère supporte de regarder, mais Erin est ravie et en redemande. Ces exemples montrent qu'Erin a besoin d'une base qui la sécurise avant de se risquer dans de nouveaux territoires. Des relations seul à seul sont les formes d'échange où elle est le plus à l'aise.

Vingt-quatre mois. Erin semble connaître une transformation. Elle paraît plus détendue, plus confiante et indépendante. Elle est moins accaparante à la maison et plus facile à satisfaire. Sa peur des masques et de la pleine lune disparaît. Elle commence à demander « pourquoi ». Elle semble d'une curiosité insatiable sur la façon dont fonctionne le monde. Elle veut savoir pourquoi il pleut, pourquoi le chat se lèche, pourquoi les gâteaux brûlent, pourquoi il faut que Maman aille travailler, pourquoi Untel s'est fâché. Elle écoute les explications de ses parents avec une attention médusée.

Erin semble plus facilement exubérante qu'avant. La mère d'un de ses amis déclare en la ramenant chez elle après une sortie qu'« Erin s'est vraiment décrispée ». L'humeur d'Erin reste néanmoins empreinte d'une certaine retenue. Elle peut rire joyeusement, mais n'est jamais hyperexcitée ; ses colères restent contenues ; elle ne dit pas souvent « non ». Les émotions extrêmes lui semblent étrangères.

Inversement, Erin adore encourager ses petits amis à faire des choses excitantes : sauter plus haut, courir plus vite... Elle semble prendre un plaisir indirect à l'excitation des autres et prolonger son expérience en observant ce qu'ils ressentent.

Vingt-six mois. Le plaisir qu'Erin retire dans des relations seul à seul apparaît désormais clairement. Quand elle revoit son amie Stephanie après une semaine d'absence, les deux enfants courent l'une vers l'autre, les bras grands ouverts, et se serrent très fort l'une contre l'autre.

Erin a intériorisé la formule de décompte du temps utilisée par ses parents pour l'aider à mieux accepter les transitions. En attendant que son ami Ansel arrête de faire du toboggan pour venir jouer à la poupée avec elle, elle dit : « Encore deux fois, Ansel... Encore une fois... Maintenant, tu dois venir jouer au papa et à la maman avec moi ! »

Vingt-huit mois. Erin commence à prendre spontanément l'initiative des contacts avec d'autres enfants dans des situations nouvelles. Dans un restaurant, sa chaise haute se trouve dos à dos avec celle d'un autre enfant. Elle se penche en arrière, fait un sourire à son petit voisin et lui dit très gentiment bonjour.

Dans une situation où il y a plus de monde, c'est une autre histoire. Erin prend toujours son temps avant de se mêler aux autres. Ces périodes de mise en train sont une constante dans ses réactions à la nouveauté. Elle n'a pas besoin de se faire prier ni de se laisser convaincre. Comme le dit sa mère : « Si vous ne l'embêtez pas, elle viendra toute seule. »

Trente mois. Erin trouve une manière ingénieuse de dire au revoir à sa mère, chose qu'elle n'aime pas faire. Elle invente un rituel de séparation : elle court dans toute la maison pour trouver quelque chose de petit et de particulier (une feuille, un coquillage, une bille, un petit jouet) qu'elle dépose solennellement dans la main de sa mère. Cet objet représente sans doute une partie de son identité, quelque chose de précieux qu'elle désire confier à sa mère au moment où elles se séparent.

Trente-deux mois. Erin affirme davantage son besoin d'être seule avec une personne en particulier. Si son père rentre à la maison alors qu'Erin est en train de jouer avec sa mère, elle le salue brièvement, et, s'il fait mine de s'attarder, elle lui dit : « On joue, Maman et moi. » Après que son père est rentré de voyage, elle le serre très fort dans ses bras et dit à sa mère : « Tu peux t'en aller, Maman ? »

Trente-trois mois. Erin commence à aller à l'école maternelle à raison de cinq matinées par semaine. Elle passe la totalité de la première matinée avec sa mère. L'expérience n'en est pas moins dure. De retour à la maison, elle fait l'une des rares crises de colère de son existence et en ressort en nage, essoufflée et épuisée.

Erin se prend d'amitié pour Jonathan, un enfant de la maternelle. Ils annoncent leur intention de se marier et passent des heures à se déguiser et à faire semblant. Lorsqu'elle arrive à l'école avant Jonathan, Erin joue parfois seule en l'attendant. Douze mois plus tard, l'amitié avec Jonathan continue à être une donnée essentielle de la vie d'Erin, preuve que les enfants sont capables d'entretenir des amitiés durables, même très jeunes.

Erin semble incapable de défendre ses jouets et regarde passivement un autre enfant les lui prendre. Sa mère s'en veut de ce trait de caractère, se disant qu'elle a toujours encouragé Erin à être « trop gentille ». Elle commence à encourager sa fille à s'affirmer davantage et Erin apprend à dire « Non » d'un ton énergique vers trente-six mois. Cela montre que les enfants timides sont capables d'apprendre à être plus affirmatifs quand ils perçoivent que c'est socialement accepté.

Les problèmes de sommeil dont Erin souffrait bébé continuent, mais sous une forme différente. Elle n'a aucune difficulté à s'endormir, mais souffre de terreurs nocturnes deux ou trois heures après s'être endormie. Elle semble faire alors les colères qu'elle s'interdit pendant la journée.

Après une dispute avec un ami pendant laquelle elle est restée très maîtresse d'elle, Erin revit la scène pendant la nuit. Elle se dresse dans son lit en dormant et hurle : « Je ne veux pas ! Rends-le-moi ! Ne fais pas ça ! » Elle gesticule énormément en parlant. Sa mère lui murmure que tout va bien et lui parle jusqu'à ce qu'elle se rendorme paisiblement. Il est clair qu'Erin était en train de rêver, l'intensité du rêve provoquant une décharge nerveuse importante. Même à cet âge précoce, le rêve remplit une des fonctions qu'il gardera toute la vie : permettre au rêveur de mener à bien les tâches restées inachevées pendant la veille.

Trente-six mois. Erin parvient mieux à exprimer les émotions difficiles. C'est à présent elle qui prend l'initiative de parler des départs de sa mère. Elle lui demande : « Quand est-ce que tu reviens ? » Si la réponse ne lui convient pas, elle réplique que c'est dans trop longtemps. Lorsque sa mère rentre, elle lui dit : « Je ne voulais pas que tu partes. »

Erin semble avoir pris conscience des sentiments et elle adore en parler avec sa mère. Elles inventent un jeu. « Raconte-moi un moment où tu étais contente ; un moment où tu étais triste ; un moment où tu as eu peur ; un moment où tu étais en colère. » Erin n'a aucun problème à se rappeler des moments où elle était contente, triste ou effrayée. Mais quand elle aborde le chapitre de la colère, elle dit pensivement : « Je ne me souviens pas d'un moment où j'étais en colère. » La colère n'est pas perçue comme faisant partie d'elle-même. Elle a tendance à devenir souterraine et à resurgir quand l'enfant n'est pas complètement consciente, en particulier pendant le sommeil. Les enfants timides ne sont pas tous mal à l'aise avec la colère, mais un grand nombre d'entre eux évitent l'excitation intense parce que cela ne correspond pas à leur réserve naturelle. Le sentiment est là, mais l'enfant se sent trop embarrassé pour l'exprimer librement.

Les parents d'Erin, qui sont eux-mêmes à l'aise avec toute une gamme d'émotions, y compris la colère, encouragent leur enfant à reconnaître sa colère. Ils veulent l'aider à se familiariser avec ce sentiment. Ils commencent donc par lui tenir tête plus fermement lorsqu'ils en ont l'occasion et ont moins peur de la contrarier. Ils affirment leurs propres préférences plutôt que de lui céder comme ils le faisaient auparavant pour lui faire plaisir. C'est une excellente initiative. Cela permet à Erin de faire l'expérience de la colère et d'en avoir moins peur.

Erin commence à s'intéresser aux grossesses et aux bébés. Après que sa baby-sitter lui a dit qu'elle était enceinte, elle annonce : « J'ai un bébé dans mon ventre. » Puis elle demande : « Quand est-ce qu'il va naître ? » Quand sa mère la corrige en disant qu'elle n'a pas encore de bébé dans le ventre, mais qu'elle en aura un quand elle sera grande, Erin demande avec beaucoup d'inquiétude : « Mais il est où, alors ? »

Erin aime également beaucoup ramasser des objets au cours

de ses promenades. Elle conserve précieusement des galets, des feuilles, des morceaux de papier de couleur et les distribue aux gens qu'elle aime particulièrement. Elle continue à demander pourquoi, mais se donne beaucoup de mal pour fournir ses propres explications. Lorsqu'elle n'arrive pas à expliquer quelque chose, elle dit d'un ton pensif : « Ça doit être magique. »

▸ Un enfant timide qui se développe bien

Comment expliquer la retenue initiale d'Erin, elle qui adore explorer et voir des gens dès qu'elle se sent à l'aise ? Quelle est la fonction de sa lenteur d'adaptation ?

On peut penser que ce comportement est d'origine physiologique, comme c'était le cas des enfants étudiés par Kagan et son équipe. Cela étant, chaque trait de caractère acquiert une signification psychologique pour l'individu et pour son entourage. Quelle est donc la signification psychologique de la réserve d'Erin ?

Sans en être complètement sûr, on peut quand même avancer qu'il existe un parallèle entre la difficulté de passer de l'état de veille à l'état de sommeil et celle de passer d'une situation familière à une situation inconnue. Ces deux types de transition impliquent de quitter un état confortable et sécurisant pour un état plus éprouvant. S'endormir suppose d'abandonner ses relations avec autrui pour s'aventurer seul dans un royaume mystérieux. Aller à la gym, à une fête ou à la maternelle suppose d'abandonner ses activités habituelles pour rencontrer d'autres gens et accomplir d'autres tâches.

Dès son plus jeune âge, il est apparu clairement qu'Erin aimait beaucoup les gens et les objets et qu'elle était capable de s'investir intensément dans les relations seul à seul. Les relations individuelles étaient son mode de relation privilégié au monde. Peut-être que dans ce contexte, sa lenteur d'adaptation était uniquement un moyen de s'en sortir lorsque la situation devenait trop complexe ou trop dense pour qu'elle puisse rester seule avec une personne privilégiée. Se mettre à l'écart pour observer la scène lui laissait le temps de repérer une personne ou un objet particulier avec qui elle se sentait à l'aise (Jonathan, par exemple, dans le cadre de l'école maternelle).

Inversement, il est possible qu'Erin ait préféré ces relations seul à seul parce qu'elles lui permettaient de faire face au bombardement de stimuli dans des contextes plus larges. Quoi qu'il en soit, lorsque l'on considère le développement d'Erin, on s'aperçoit que sa réserve ne l'a en aucun cas empêchée de progresser au niveau cognitif, social ou affectif. Il est au contraire fort possible que sa réserve initiale lui ait permis de repousser l'hyperstimulation.

Erin est l'exemple parfait de l'enfant timide qui se développe bien. Sa préférence pour les amitiés individuelles, les situations familières et les stimulations modérées est caractéristique des enfants timides bien adaptés et bien portants de cet âge.

Il existe bien entendu des différences individuelles, même à l'intérieur de ces caractéristiques communes. Certains enfants timides sont tellement fascinés par telle ou telle situation nouvelle qu'ils en oublient leur réserve et se précipitent en avant. Un petit garçon de dix-huit mois a réagi avec un tel enthousiasme à sa première visite au zoo qu'il est passé de cage en cage en appelant les animaux et en essayant de grimper le long des barreaux.

D'autres enfants timides aiment des types de stimulation intense précis. Cindy adorait être lancée en l'air par son oncle, mais par personne d'autre. Albert dévorait tout aliment épicé, y compris les petits piments rouges, et il semblait doté d'un sixième sens pour les détecter. Estela adorait le reggae et tournait comme une toupie quand elle en entendait, criant « Encore ! Encore ! » dès que la musique s'arrêtait. Maria s'adaptait à tout pourvu qu'elle ait des crayons de couleur sous la main et qu'elle puisse dessiner.

Ces exemples montrent qu'il vaut mieux se méfier des stéréotypes avec les enfants timides. Ils ne sont pas seulement timides, ils sont aussi curieux, énergiques, affectueux, ils grandissent et ils changent. Leur plaisir à explorer peut les aider à surmonter leur réserve dans un cadre nouveau. Pour les parents, l'important est d'apprendre à identifier les réactions spécifiques de leur enfant et de continuer à l'exposer à des situations nouvelles de façon progressive et rassurante pour développer ses facultés d'adaptation. La dernière partie de ce chapitre offre des suggestions quant à la marche à suivre.

Tobias, un enfant craintif

Il arrive parfois que la timidité naturelle d'un enfant se transforme en peur larvée devant toute situation nouvelle et toute personne inconnue. Dans ce cas, l'enfant refuse d'aller dans des endroits nouveaux et pleure quand il rencontre des gens qu'il ne connaît pas. Il arrive également que l'enfant développe des peurs multiples et apparemment infondées qui peuvent l'empêcher de découvrir le monde.

C'était le cas de Tobias. Ses parents avaient demandé une consultation quand il avait trente-deux mois parce qu'ils trouvaient la vie familiale de plus en plus tendue et misérable du fait des peurs excessives de leur fils. Voici le tableau qui est apparu au bout de quelques visites à domicile et de quelques séances de thérapie.

Tobias était un enfant pâle, fragile, avec une expression pensive. Il se déplaçait prudemment, parlait avec douceur et aimait passer de longs moments à jouer dans son coin. Il utilisait des cubes en bois pour construire des édifices compliqués qu'il décorait avec tout ce qui lui tombait sous la main — livres, tasses gigognes, plumes, boîtes de conserve, etc. —, si bien que quand il avait fini, ses constructions ressemblaient à des chefs-d'œuvre de diverses périodes architecturales. Il aimait également regarder ses livres, commentant les images à haute voix. Il était exceptionnellement doué pour les puzzles, et les amis de la famille savaient que quand ils lui en offraient un, il fallait le prendre au moins deux ans au-dessus de son âge. C'était un enfant d'une dextérité manuelle extraordinaire, adorant les jouets qu'il pouvait démonter et remonter ensuite. Son jouet préféré était une voiture en plastique rouge qu'il pouvait démonter avec une clef anglaise et un tournevis de plastique. Son père avait prédit qu'à douze ans, il aurait les mains dans le moteur.

Tobias s'était développé sans problèmes jusqu'à vingt-six mois. Il était lent à s'adapter à des situations nouvelles, ne semblait pas s'intéresser plus que cela aux gens et était d'une extrême prudence lorsqu'il essayait de nouvelles prouesses physiques. Mais il était affectueux avec ses parents, avait quelques bons amis avec qui il jouait avec plaisir et semblait toujours content de jouer dans la maison. Commentaire de sa mère : « Il a une personnalité bien à lui. »

La plus grosse difficulté dans la vie de Tobias était son frère Andrew, de quinze mois son cadet. Andrew était une vraie terreur. Autant Tobias était léger et gracile, autant Andrew était costaud et carré. Autant Tobias était lent et doux, autant Andrew parlait et bougeait sans arrêt. Autant Tobias aimait les activités solitaires, autant Andrew avait besoin de compagnie. Petit garçon roux, au visage couvert de taches de rousseur, avec un sourire malicieux et des yeux pétillants, Andrew était remarqué, admiré, félicité partout où il allait, alors que Tobias restait en arrière, observant la scène en silence depuis les coulisses.

Andrew refusait de laisser son frère tranquille. Du point de vue d'un adulte, c'était compréhensible, mais pour Tobias, les intrusions de son frère étaient la cause d'une irritation sans fin. Andrew était particulièrement fasciné par les constructions où Tobias mettait tout son cœur, et il avait tôt fait de les faire tomber. Tobias avait beau dire non et essayer de défendre ses chefs-d'œuvre, sa douceur ne faisait pas le poids contre la hardiesse d'Andrew. Pour aggraver le tout, Andrew réussissait toujours à tirer son épingle du jeu. La mère considérait Tobias comme un petit garçon mature, capable de se maîtriser, et elle lui demandait de ne pas se mettre en colère contre son frère et de simplement reconstruire ses édifices. Tobias obéissait consciencieusement, avec une expression triste et résignée. Dans ces moments-là, il faisait beaucoup plus que son âge.

Aux environs de trente mois, Tobias a commencé à souffrir de peurs multiples. Il a commencé à refuser d'aller à l'atelier d'éveil qu'il fréquentait depuis six mois et qu'il avait toujours aimé. Une fois là-bas, il pleurait longtemps après le départ de sa mère. Il s'est mis à avoir peur de s'endormir, convaincu qu'il y avait un monstre caché dans son placard. Il s'est mis à avoir peur des ombres et s'agrippait à sa mère dès qu'il voyait son ombre ou celle d'une autre personne ou d'un objet. Il refusait également de goûter à de nouveaux aliments. Chacune de ces peurs est en elle-même fréquente chez les enfants de cet âge, mais c'est leur nombre et leur intensité qui signalaient que ce petit garçon souffrait de quelque chose de plus grave.

Chaque jour semblait apporter une nouvelle peur. À l'épicerie de quartier, il avait peur du tintement de la vieille caisse enregistreuse. Au parc, il avait peur de se faire mordre par un chien trottinant aux côtés de son maître. Un jour, il s'est mis à paniquer en croisant un homme totalement chauve. Un autre jour, il s'est agrippé à son père en voyant un homme déguisé en clown dans un magasin de jouets. Ses parents disaient : « Vous ne pouvez pas imaginer. Il a peur de tout. »

Ces peurs rendaient la vie impossible à prévoir. Les parents ne savaient jamais si une sortie se passerait bien, si elle se transformerait en exercice de réconfort ou s'il faudrait l'écourter parce que Tobias insistait pour rentrer.

Andrew ne semblait pas affecté par ces remous familiaux. Il était indifférent à la détresse de son frère et continuait gaiement à démolir ses tours et à lui prendre ses jouets. Il avait le droit d'agir à sa guise, parce que, selon l'expression de ses parents, « il est trop petit pour savoir ce qu'il fait ». L'attitude des parents a eu des conséquences négatives pour les deux enfants : elle a encouragé Tobias à se poser en victime et permis à Andrew de se montrer de plus en plus tyrannique.

Tobias se trouvait dans la situation suivante : il était obligé de fournir un effort héroïque pour réprimer la colère qu'il éprouvait à l'égard de son frère et répondre aux attentes de sa mère, c'est-à-dire être « un gentil petit garçon ».

Cet effort demandait une maîtrise de soi largement au-delà de ses capacités. Pour Tobias, le seul moyen d'être l'enfant prématurément altruiste que désirait sa mère, c'était de supprimer toute pulsion agressive consciente. Il lui fallait en même temps réprimer l'impétuosité qui accompagne normalement l'affirmation de soi à cet âge. Tobias avait en effet peur de perdre le contrôle de ses pulsions s'il se mettait à s'affirmer lui-même et de finir par assommer son frère, ce qui lui vaudrait de perdre l'amour de sa mère.

Les enfants sont incapables de réprimer la totalité de leur colère sans en payer le prix. Les sentiments veulent sortir et ils trouveront le moyen de le faire. Tobias était incapable de s'imaginer en colère sans être immédiatement terrifié à l'idée de sa propre méchanceté. Il se sortait de cette situation en projetant sa colère sur des choses ou des gens qu'il ne connaissait pas, ce qui lui permettait de rester bon. Mais tous ceux qu'il ne connaissait pas étaient des méchants qui lui voulaient du mal. D'où la litanie qu'il répétait quand il sortait avec ses parents : « Il est méchant, le monsieur ? Il est méchant, le chien ? Il est méchant, le camion ? » Ce qu'il demandait en fait, c'est : « Est-ce que je suis méchant, moi ? »

Au départ, les parents de Tobias n'ont pas aimé que je leur dise que leur fils aîné était en colère contre son frère, mais qu'il ne l'exprimait pas de peur de leur déplaire. La colère était une émotion qui les mettait mal à l'aise. En effet, ces jeunes parents étaient d'une courtoisie extraordinaire l'un avec l'autre ainsi qu'avec leurs enfants, comme si les bonnes manières étaient ce qui comptait pardessus tout dans les relations familiales. Penser que Tobias puisse contenir sa colère leur rappelait trop leurs propres efforts pour être « bons » aux dépens de toute spontanéité affective.

À force de travail, ces parents bien intentionnés et réfléchis ont fini par accepter qu'ils ne pouvaient demander à un enfant de deux ans une totale maîtrise de soi. Ils ont observé Tobias derrière un miroir sans tain : le petit garçon hésitait, puis se délectait à jeter des cubes et à faire se taper dessus deux poupées jusqu'à ce qu'elles tombent d'épuisement. Ils ont été émus par l'expression de bonheur qu'il a eue quand je lui ai dit que « ça faisait quelquefois du bien d'être en colère ».

Au cours des séances avec Tobias et Andrew, les parents ont pu innover de nouvelles manières de répondre à leurs enfants. Ils ont commencé à respecter le droit de Tobias à jouer seul et à empêcher Andrew d'aller l'embêter. C'était quelque chose de voir la surprise des deux enfants quand leurs parents ont pris la défense de Tobias. Les parents eux-mêmes étaient surpris et fortement encouragés de voir qu'ils pouvaient dicter à Andrew sa conduite. Celui-ci leur obéissait, en réalité, dès qu'ils parlaient sérieusement. C'était un soulagement pour ces parents qui se sentaient aussi tout désarmés que leur fils aîné devant le pouvoir en apparence incontrôlable d'Andrew. Et Andrew s'est sans doute lui aussi senti soulagé de ne plus être la personne la plus forte du foyer à l'âge tendre de vingt mois.

Quelques mois après cette thérapie qui avait duré quatre mois, la mère m'a appelée pour me donner des nouvelles. Tobias avait alors trente-neuf mois et Andrew venait d'avoir deux ans. La veille, Mme Novak avait emmené Tobias au parc et ils avaient passé deux heures merveilleuses ensemble, conformément à la volonté des parents de consacrer plus de temps à chacun de leurs enfants. Après s'être balancé un long moment sur la balançoire, Tobias avait dit : « Maman, tu sais, avant, il y avait un petit garçon qui avait peur de tout. Maintenant, ce petit garçon est mort, mais un autre petit garçon est né qui n'a plus peur. » Il voulait parler de lui...

Timidité, colère refoulée et peur

L'exemple de Tobias est très fréquent chez les enfants timides : ils veulent être gentils, mais se demandent si leur colère et leur frustration naturelles ne signifient pas en fait qu'ils sont méchants. Ils commencent à avoir peur de leur colère, mais dans leur tentative de l'étouffer, deviennent obnubilés par la méchanceté et le danger et finissent par avoir peur du monde entier.

Cela ne veut pas dire que les peurs des tout-petits soient toujours le signe d'une colère refoulée. Certaines peurs résultent de fantasmes et de malentendus sur la manière dont fonctionne le monde qui sont normaux à cet âge. D'autres viennent de ce que l'enfant a été exposé à des expériences effrayantes. D'autres viennent effectivement d'une colère refoulée, et ce sont celles que les parents ont le plus de mal à comprendre.

Il se trouve que la colère de Tobias s'était focalisée sur son frère, même s'il en voulait aussi indirectement à ses parents de ne pas prendre sa défense et de laisser Andrew faire ce qu'il voulait. D'autres enfants se mettent directement en colère contre leurs parents et prennent peur parce qu'ils craignent de perdre l'amour de leurs parents.

Lenny adore être seul avec sa mère et il accepte mal le fait que son père rentre à la maison. À vingt-deux mois, il frappe son père lorsque celui-ci embrasse sa mère. À trente mois, il va jusqu'à dire à sa mère : « Tu dois m'aimer, moi, pas Papa. » À trente-six mois, il est encore plus explicite. « Quand je serai grand, je me marierai avec toi, mais Papa aura le droit d'habiter avec nous. » Lenny adore son père, mais il en a peur. Il sursaute quand son père entre dans la pièce et quand il fait une bêtise, il supplie sa mère de ne rien dire. Le père de Lenny est un homme doux et affectueux. Il n'y a donc pas de raisons objectives pour que Lenny en ait peur. Ce qui se passe sans doute, c'est qu'il craint que son père lui en veuille de demander à sa mère de n'aimer que lui.

Sonya, vingt-six mois, s'est mise à avoir peur des animaux après avoir été séparée de ses parents pendant une semaine, semaine qu'elle a passée chez ses grands-parents adorés. Quand ses parents sont revenus, elle les a évités et est allée enfouir son visage dans les jupes de sa grand-mère. Au bout d'une dizaine de minutes, elle s'est laissé prendre dans les bras et embrasser, mais elle semblait mal à l'aise et en retrait. Les jours suivants, elle s'est montrée exceptionnellement obéissante et gentille lorsque ses parents lui demandaient quelque chose, mais elle a commencé à avoir peur des animaux, et environ au même moment, s'est mise à refuser d'aller se coucher le soir. Sonya était obligée de refouler sa colère d'avoir été abandonnée de peur que ses parents l'abandonnent à nouveau. Elle est donc devenue excessivement gentille, mais le prix de cet effort se retrouvait dans sa peur d'être attaquée par des animaux lorsqu'elle allait se coucher et qu'elle était loin de ses parents. Ces peurs se sont dissipées lorsque les parents ont aidé Sonya à exprimer sa colère en lui parlant et en jouant avec elle et en lui promettant de toujours revenir même si elle se mettait terriblement en colère contre eux.

Ces exemples montrent à quel point les jeunes enfants peuvent avoir peur de leur colère, en particulier quand elle vise les personnes qu'ils aiment le plus au monde. Les enfants timides ont souvent du mal à exprimer leur colère, mais ils l'éprouvent aussi vivement que les autres et ils peuvent souffrir en silence de ne pas arriver à la montrer. Il est par conséquent indispensable que les parents d'enfants timides sachent que leurs enfants peuvent manifester leur colère sous forme de peurs excessives.

Quand la timidité se transforme en agressivité : l'exemple de Nadia

La timidité n'est en général pas associée avec l'agressivité dans l'esprit des gens. On s'imagine plutôt les enfants timides comme aussi lents à s'énerver qu'à se mettre en train. La timidité peut néanmoins prendre un tour agressif dans certaines circonstances comme, par exemple, le fait d'être maltraité physiquement ou affectivement, le fait d'assister à des scènes de violence entre parents, le fait d'être submergé de stimuli, y compris des demandes parentales auxquelles l'enfant ne peut répondre.

Les enfants timides peuvent également se montrer agressifs parce qu'ils n'ont pas appris à tolérer des degrés de frustration modérés car ils étaient surprotégés par leurs parents. Les parents qui prennent les fragilités de l'enfant trop au sérieux se laissent intimider par eux. L'enfant en déduit qu'il a droit à une gratification instantanée parce qu'il est trop fragile pour supporter autre chose. Lorsqu'un sujet de contrariété finit par apparaître (ce qui, par définition, est inévitable), l'agression est le seul moyen dont dispose l'enfant pour éviter le coup tant redouté.

Les enfants timides peuvent très bien devenir agressifs pour les mêmes raisons que les autres enfants. Ils peuvent par exemple essayer de dominer une situation qui leur fait peur en prenant des mesures qui leur donnent l'impression d'être moins désarmés. Ils peuvent également imiter des adultes qui les entourent. En général, les enfants timides utilisent l'agression pour éviter l'hyperstimulation. Parce que les enfants lents à se mettre en train sont souvent hypersensibles à la stimulation, ils peuvent tout à fait se sentir obligés de frapper pour se protéger lorsque le repli sur soi ne marche pas.

À deux ans et demi, Nadia griffait et mordait souvent ses amis. Elle piquait des rages en réaction à des frustrations en apparence minimes. Dans ces moments-là, elle tapait, mordait ou griffait le coupable et paraissait ensuite grandement soulagée. Ce sentiment était malheureusement de courte durée parce que des adultes se précipitaient pour gronder Nadia et protéger sa victime. Quand elle se faisait gronder, Nadia pleurait de colère et de honte pendant un long moment.

Nadia ne s'attaquait pas aux adultes qu'elle connaissait, mais il lui arrivait de cracher au visage de gens qui essayaient, trop vite à son goût, de lier connaissance avec elle. Elle était aussi assez agressive avec ses baby-sitters, qui étaient d'ailleurs toujours « occupées » lorsqu'on leur demandait de passer la soirée avec Nadia. Ce type de comportement s'était mis en place progressivement ; c'était le point culminant d'un lent processus qui avait débuté lorsque Nadia était bébé et qui avait évolué avec le temps.

Au début, Nadia était un nourrisson très éveillé, qui avait établi des liens exceptionnellement proches et précoces avec ses parents. Ces derniers racontent qu'à partir de six semaines, elle a refusé d'être portée par quelqu'un d'autre qu'eux. Confrontée à des situations nouvelles, Nadia pleurait énormément, devenait écarlate et finissait souvent par vomir tellement elle était énervée. Ses parents sont peu sortis pendant les six premiers mois parce qu'ils se sentaient incapables de l'emmener ou de la confier à quelqu'un d'autre.

Progressivement, Nadia s'est mise à moins pleurer, mais il lui fallait toujours beaucoup de temps pour s'adapter à des situations nouvelles. Elle s'agrippait à sa mère avec une expression inquiète, regardait les inconnus fixement et éclatait en sanglots si quelqu'un qu'elle ne connaissait pas essayait de se lier avec elle trop rapidement. Commentaire de sa mère : « Tous les livres affirment que la peur des inconnus commence vers huit mois. Nadia, elle, est née avec. »

Les parents de Nadia étaient très attentifs aux humeurs de leur fille et faisaient de leur mieux pour lui faire plaisir. Ils se disaient que Nadia était une enfant psychologiquement fragile et faisaient tout pour ne pas la contrarier. En présence de Nadia, la conversation était toujours centrée autour d'elle. Si ses parents étaient plongés dans une discussion et que Nadia se manifestait, ils interrompaient immédiatement ce qu'ils disaient pour s'occuper d'elle. En se remémorant cette première année, voici ce que son père a dit : « Nous pensions qu'elle avait toujours besoin de passer en premier pour se sentir en sécurité. »

Tandis que Nadia se sentait effectivement sécurisée sur un certain nombre de plans, elle avait peu l'occasion d'apprendre à ressentir les frustrations ordinaires comme des expériences désagréables qu'elle était tout à fait capable de supporter. Au contraire, elle paniquait et se tournait vers sa mère pour qu'elle résolve tout ce qui ne lui plaisait pas. Paradoxalement, la compréhension dont faisait preuve sa mère avait tendance à renforcer chez Nadia le sentiment d'être incapable d'affronter seule des sentiments négatifs.

La situation est devenue critique lorsque Nadia est entrée dans sa deuxième année et a commencé à jouer avec d'autres enfants.

Les enfants de deux ans sont des partenaires de jeu agréables, mais il ne faut pas leur demander de jouer les nounous. Ils ne vont pas mettre leurs projets entre parenthèses simplement pour faire plaisir à un ami. C'est en jouant avec d'autres enfants que Nadia a pour la première fois rencontré des gens qui refusaient de faire ce qu'elle voulait. Cela ne lui plaisait pas, mais elle ne pouvait pas se retirer, chose qu'elle faisait normalement dans les situations nouvelles, parce qu'elle était affectivement trop impliquée dans ce qui se passait. Sa seule réponse, c'était de frapper parce qu'elle n'avait pas appris à supporter la frustration ou à trouver un moyen d'en sortir.

Un mécanisme similaire se mettait en place avec les inconnus trop directs et les baby-sitters trop confiantes. Nadia ne pouvait se soustraire à l'une ou l'autre de ces situations. Il fallait bien affronter l'inconnu qui persistait dans ses attentions ou supporter la baby-sitter importune. Furieuse de ce qu'on lui imposait et incapable d'y échapper, Nadia recourait à l'agression physique pour se défendre psychologiquement.

Nadia a appris à moduler sa colère le jour où ses parents ont compris qu'ils la surprotégeaient parce qu'ils s'identifiaient à sa détresse devant l'inconnu. Ils se sont exercés à ne pas être aussi désarmés devant les protestations de leur fille et l'ont encouragée à résoudre de petits problèmes par elle-même au lieu de se précipiter pour l'aider au premier signe de frustration. Ils se sont obligés à attendre avant de répondre à ses requêtes et lui ont appris à attendre à elle aussi en disant : « Une seconde, Nadia. Il faut d'abord que je finisse ça. » Cette approche a permis à Nadia de réaliser qu'il fallait prendre en compte les projets et les désirs des autres et pas seulement les siens.

L'agressivité de Nadia a commencé à diminuer à mesure qu'elle a appris à attendre, à supporter la frustration et à faire attention aux besoins des autres. Elle a aussi appris à identifier les moments où elle était sur le point de perdre le contrôle d'elle-même et de frapper. Dans ces moments-là, son expression préférée était devenue : « Tu m'embêtes. » Les gens savaient qu'il s'agissait d'un signal d'avertissement et le respectaient pour la plupart. Le résultat, c'est que tout le monde était beaucoup plus heureux.

Aider les enfants timides à accepter qui ils sont

En tant que constante tempéramentale, la lenteur à se mettre en train se caractérise par une grande sensibilité à la stimulation, une adaptation progressive au changement et une tendance à se replier sur soi face au stress. À l'intérieur de ce cadre très général, il existe de nombreuses variations individuelles, comme le montrent les personnalités d'Erin, de Tobias et de Nadia. Selon les pressions et les soutiens qu'ils rencontrent et selon leurs capacités et leurs fragilités, les enfants timides vont recourir à différents mécanismes pour s'adapter aux inévitables défis que représente la découverte de situations et de gens nouveaux.

Le fait qu'Erin soit capable de nouer des liens très solides avec ses parents, sa baby-sitter, son institutrice et un petit nombre d'enfants de son âge montre bien que la timidité n'implique pas forcément une distance affective avec les autres. Les enfants timides sont peut-être plus sélectifs, mais ils ne sont pas moins aimants que leurs pairs plus expansifs. De même, le plaisir que montre Erin à se lancer dans de nouvelles prouesses avec son père indique que la timidité n'empêche pas un certain courage lorsque l'enfant se sent en sécurité. Qu'Erin soit capable de prendre des risques lorsque son père la protège et l'encourage souligne à quel point les enfants timides ont besoin de pouvoir se reposer sur un adulte qui leur serve de base de sécurité dans leurs explorations.

Chez les enfants timides, la sensibilité à la stimulation implique que parents et gardiens trouvent un équilibre dans leur rôle de base de sécurité. Il faut qu'ils trouvent le moyen de protéger l'enfant d'une stimulation trop intense sans que cette protection devienne étouffante.

Il est facile d'oublier que l'enfant a besoin d'être protégé de l'hyperstimulation. C'est particulièrement vrai lorsque, comme Tobias, l'enfant essaie désespérément d'être gentil et ne se rebelle pas face au stress. Dans ces conditions, l'enfant peut tout à fait souffrir en silence et devenir de plus en plus timoré et replié sur lui-même parce qu'il essaie de supporter une situation qui dépasse de beaucoup ses capacités d'endurance. Lorsqu'un enfant se replie excessivement sur lui-même ou qu'il souffre d'un trop grand nombre de peurs, ses parents seront bien inspirés de chercher les causes spécifiques de stress qui pèsent sur lui et que, jusque-là, ils n'avaient pas vues.

Il est également facile de surprotéger un enfant en essayant de minimiser sa détresse. Lorsque des parents sont inquiets, ils sont incapables d'encourager leur enfant à affronter une situation qui est adaptée à son âge et à ses capacités. Cela peut être un obstacle parce qu'il arrive que les enfants lents à se mettre en train se découragent lorsqu'ils voient des pairs à l'aise dans une situation qui leur paraît difficile — jouer dans la piscine ou monter sur une balançoire par exemple. Si, dans une situation de stress, les enfants timides sont systématiquement découragés, ils peuvent perdre de leur ressource et se reposer systématiquement sur les adultes. Ils peuvent également se mettre en colère si leur détresse n'est pas immédiatement soulagée par un adulte compatissant. Ce que les adultes peuvent faire, c'est rappeler à leurs enfants qu'ils s'amusent en général bien une fois qu'ils se sont habitués à la situation.

Le meilleur moyen d'aider un enfant timide à affronter une situation nouvelle, c'est peut-être de lui dire : « Chaque chose en son temps et une chose à la fois. » Cette approche implique d'encourager progressivement mais systématiquement l'enfant à explorer.

Les conseils qui suivent permettront à un jeune enfant timide de surmonter l'hésitation initiale qu'il ressent dans un cadre nouveau.

- Ne précipitez pas l'enfant dans une situation nouvelle. Accompagnez-le et essayez de l'impliquer. Prenez le temps d'observer ce qui se passe. Faites de petits commentaires, en vous concentrant de préférence sur des aspects qu'il connaît déjà et qui sont inoffensifs. Par exemple, si un groupe d'enfants jouent avec des jouets, choisissez de montrer à votre enfant un jouet qu'il connaît déjà et qu'il aime bien. « Regarde leur ballon. C'est le même que le tien, mais orange. Tu te souviens qu'on a joué avec hier. On a dû lui courir après, comme eux maintenant, tellement il rebondissait ! »
- Restez à proximité jusqu'à ce que la méfiance de votre enfant ait fait place au plaisir. Ne vous éloignez qu'alors.
- Soyez disponible, mais ne restez pas à rôder en attendant que votre enfant ait besoin de vous.
- Si votre enfant vous appelle, modulez votre réponse selon l'intensité de sa demande. S'il a l'air vraiment angoissé, n'hésitez pas à intervenir. Mais le plus souvent, un geste de la main ou quelques paroles rassurantes suffiront à lui faire savoir que vous êtes

disponible si nécessaire. Essayez l'approche minimaliste : commencez par la réaction la plus passive et regardez le résultat.

• Il n'y a souvent pas mieux que d'autres enfants pour inclure un enfant timide dans une situation nouvelle. Vous pouvez peut-être faciliter les choses en commençant une conversation avec un enfant qui vous semble un bon partenaire pour le vôtre. Le reste ira sans doute de soi.

Ronald Lally et ses collègues proposent de résumer les différentes phases indiquées ci-dessus par cette série d'initiatives : « Rester avec l'enfant, lui parler, se mettre en retrait, rester disponible, aller de l'avant[7]. » L'enchaînement de ces initiatives doit certes être adapté au rythme de l'enfant, mais rappelons que l'assurance de l'adulte permettra à l'enfant « d'aller de l'avant » le moment venu.

CHAPITRE 7

Premières angoisses

Les êtres humains ont une capacité innée à anticiper le danger. Ils ont des réactions d'angoisse devant un danger supposé. L'angoisse n'est pas seulement une manière de réagir à des menaces objectives ; elle se manifeste également en réaction à des événements inattendus. Et de ce fait, elle est pour une grande part subjective. La perception du danger suffit à la faire naître, que ce danger soit réel ou non.

Bien que ce soit un sentiment désagréable, l'angoisse joue un rôle important dans notre survie. Elle nous signale l'imminence du danger, nous laissant le temps de nous en protéger. Les événements qui déclenchent notre angoisse ne sont pas dangereux en soi. Leur intensité vient du fait qu'ils précèdent souvent le danger ou qu'ils y sont associés[1]. Par exemple, se réveiller dans une maison plongée dans l'obscurité n'est pas dangereux en soi, mais cela peut provoquer une réaction d'angoisse si nous imaginons d'invisibles dangers tapis dans le noir. Si nous allumions la lumière et que nous apercevions un danger réel, nous passerions rapidement de l'angoisse à la peur. Mais notre angoisse disparaît lorsque nous nous rendons compte que tout est normal.

L'angoisse est souvent accrue par un sentiment d'impuissance et un manque de connaissance, ce qui fait que les tout-petits y sont particulièrement sensibles. Les très jeunes enfants sont confrontés à un monde nouveau, régi par des lois qui leur échappent. Ils sont petits et vulnérables, et leur sécurité dépend totalement des autres. Ils font également des choses qui peuvent avoir des conséquences imprévisibles, voire effrayantes, déclencher la colère de leurs parents, par exemple. C'est ce qui fait que l'angoisse est un sentiment dominant de la petite enfance.

Ce chapitre se propose de décrire les origines des angoisses de la première année et de montrer comment elles se transforment au cours des deux années qui suivent. Les deux grandes découvertes de la deuxième et la troisième année abordées dans le chapitre 2 — celle du monde et celle du corps — ne sont pas sans contrepartie. Avec la connaissance vient la peur de souffrir, d'être abandonné, de ne plus être aimé, d'avoir mal. Ce chapitre va décrire les angoisses, normales et excessives, qu'éprouvent les tout-petits ainsi que l'éventail des mécanismes d'adaptation dont ils disposent. Le chapitre 8 fournira des indications permettant aux parents d'aider leurs enfants à affronter les situations qui suscitent le plus d'angoisse à cet âge.

Les origines de l'angoisse

L'angoisse des tout-petits se comprend mieux à la lumière de leur développement antérieur dans la mesure où les sentiments élémentaires de sécurité et de crainte se mettent en place au cours de la première année. Cette section va commencer par décrire les origines et les manifestations de l'angoisse des nourrissons, ce qui permettra ensuite de mieux comprendre celles des tout jeunes enfants.

Il y a de fortes chances pour qu'un fœtus soit capable de ressentir des émotions. Les premières recherches sur la vie utérine ont montré l'existence d'expressions faciales de dégoût, de tristesse, de bonheur et de peur chez le fœtus [2] et ces observations ont été confirmées avec l'apparition de l'échographie, qui a permis de suivre les expressions faciales du fœtus sur écran vidéo [3].

Il semble également que l'embryon soit capable de réagir en fonction de ce qu'il éprouve. À partir de sept semaines et demie, il peut par exemple se rétracter sous l'effet d'une stimulation désagréable, tel un effleurement. Il va avoir une réaction globale, commençant par le recul de la tête et gagnant progressivement les mains, le tronc et les épaules [2]. Cette réaction de retrait suggère que le fœtus éprouve peut-être une forme rudimentaire d'angoisse, cette forme d'esquive devenant, après la naissance, une des expressions banales de l'angoisse [4, 5]. Durant la gestation, la capacité à se soustraire à une stimulation désagréable est antérieure à la capacité d'approche selon le réflexe prénatal de fouissement, par exemple[6]. Cela pourrait indiquer que le désir de protection est antérieur et peut-être plus essentiel à la survie que le désir d'exploration.

Le fœtus n'a évidemment pas besoin de chercher une source de protection. Il se trouve déjà installé dans une base de sécurité qui n'est autre que l'utérus de sa mère. La réaction saine du nourrisson qui quitte ce havre de paix se manifeste sous la forme d'un cri vigoureux qui est à la fois un hurlement de protestation, une demande de contact et un appel au secours. Ce cri signale peut-être la première expérience d'angoisse postnatale.

Une fois qu'il est né, le bébé est incapable de subvenir à ses besoins. Pendant les premières années de sa vie, il a besoin d'un adulte dévoué qui, dans la plupart des cultures et des circonstances, se trouve être sa mère.

Ce n'est pas un hasard. Pendant la grossesse, des liens intimes se sont progressivement tissés entre la mère et le fœtus[6]. Au moment de la naissance, les bébés sont donc tout prêts à établir une relation privilégiée avec leur mère. Par exemple, les nouveau-nés reconnaissent et préfèrent la voix de leur mère. La démonstration en a été faite au cours d'une expérience ingénieuse dans laquelle des nourrissons tétaient pendant plus ou moins longtemps suivant que la récompense était d'entendre la voix de leur mère ou celle d'un inconnu lisant un livre du docteur Seuss[7]. Les nouveau-nés distinguent et préfèrent également le visage de leur mère quelques heures après la naissance[3]. Ils reconnaissent et préfèrent également son odeur : ils se tournent systématiquement vers le coussinet d'allaitement de leur mère plutôt que vers celui d'une autre mère[8].

Les nouveau-nés vont immédiatement utiliser leurs compétences sociales. Ils vont avoir besoin de réguler leurs cycles d'alimentation et de sommeil de manière à répondre aux attentes de la mère et à s'adapter plus ou moins harmonieusement aux valeurs et aux rythmes familiaux[9, 10]. Reconnaître et préférer le visage, la voix et l'odeur de sa mère va aider le nouveau-né à travailler avec elle de manière à réguler les rythmes de son corps.

Ce travail va s'accomplir par à-coups, avec bien des erreurs et des tâtonnements. Les premières angoisses de l'enfant sont provoquées par des sensations physiques désagréables : sensations de faim, besoin de succion, troubles gastriques, difficultés d'élimination, fatigue, besoin de contact physique — besoin d'être touché, porté, câliné.

Pendant les deux ou trois premiers mois, l'essentiel des soins maternels consiste à aider l'enfant à supprimer ces sources de détresse. Comme on l'a vu dans le chapitre 4, le degré d'irritabilité et la facilité à se calmer diffèrent d'un bébé à l'autre. Mais chaque bébé peut apprendre à surmonter son angoisse à condition que la personne qui s'en occupe trouve les gestes qui le soulagent le plus.

Parce que les bébés sont incapables de subvenir à leurs besoins et qu'ils sont obligés d'en passer par quelqu'un d'autre, les plaisirs et les angoisses physiques acquièrent très rapidement un caractère social. Les moments où l'on est nourri, baigné, changé, habillé, couché peuvent donner lieu à un échange de regards, de sourires, de gazouillis et de câlins. Mais ils peuvent tout aussi bien être expéditifs, brusques, détachés, impersonnels.

Les sentiments qui accompagnent ces premières expériences sont très instructifs pour le bébé quant à ce qu'il doit attendre des rapports aux autres. Un nourrisson qui pleure parce qu'il a faim et qui est nourri amoureusement apprend qu'il existe une connexion entre son appel au secours et le dénouement heureux apporté par une réponse maternelle adéquate. À mesure que l'expérience se reproduit, le bébé apprend que ses sensations de faim ou de douleur ne durent pas toujours. Il émet un signal qui est entendu : il apprend à attendre avec confiance face à une situation de stress intérieur. La réponse de sa mère l'aide à maintenir son angoisse dans des limites raisonnables. En fait, la mère évite à son bébé une angoisse excessive tant que celui-ci est incapable de se protéger lui-même.

Lorsqu'un bébé pleure et que rien ne se passe, l'expérience intérieure est tout autre. Il s'aperçoit que ses signaux de détresse sont incapables de lui assurer de l'aide et il ne peut faire le lien entre le besoin et sa satisfaction. L'angoisse que cet état de choses va durer toujours croît en même temps que le désagrément physique. L'espoir fait place au désespoir et il ne reste plus au bébé que deux solutions : pousser des hurlements de rage terribles ou tomber dans un sommeil léthargique.

L'absence de synchronisme entre les signaux d'un bébé et la réponse des parents peut se produire dans de nombreux domaines. Le bébé peut rechercher un sourire et être totalement ignoré par le parent ; il peut s'agripper à lui et être expédié au lit ; il peut s'approcher et être repoussé ; il peut demander de l'aide et ne pas être entendu.

Quand ces rebuffades deviennent la norme plutôt que l'exception, elles vont modeler la manière dont le bébé se perçoit ainsi que ses relations affectives. Les bébés qui reçoivent peu d'attention lorsqu'ils sont en situation de détresse ont tendance à être irritables, abattus et à pleurer souvent. Ils sont en retard dans le domaine de la communication verbale et d'autres domaines sociaux parce qu'ils ne pensent plus pouvoir faire naître des expériences positives[11].

Ce genre de bébés développent des angoisses chroniques à propos de la disponibilité physique et affective de leur mère. Ils ne sont jamais sûrs d'obtenir une réponse maternelle quand ils en ont besoin. Ils vont progressivement intérioriser cette angoisse qui va faire partie intégrante de leur perception d'eux-mêmes et du monde. À l'inverse, les bébés qui reçoivent des réponses cohérentes et appropriées intériorisent le sentiment d'avoir de la valeur et de mériter qu'on s'occupe d'eux. En faisant confiance aux autres, ils apprennent à se faire confiance à eux aussi[5].

La complexité des relations de réciprocité entre la mère et le bébé a poussé le célèbre pédiatre anglais D. W. Winnicott à écrire que « les bébés n'existent pas[12] ». Il voulait dire par là que l'individualité d'un bébé se développe dans un contexte de maternage particulier, de telle sorte que son essence est affectée par le type de soins qu'il reçoit.

On pourrait répondre que les mères n'existent pas non plus dans la mesure où chacune d'elles répond aux demandes spécifiques de son enfant. Même s'il existe des ressemblances entre les comportements et les pratiques maternels, une même mère peut réagir différemment à ses différents enfants, suivant qu'elle se sent à l'aise avec qui elle est, avec le fait d'être mère et avec chacun de ses enfants en particulier. C'est bien entendu aussi vrai des pères.

À QUEL POINT UNE MÈRE EST-ELLE IRREMPLAÇABLE ?

Une mère se distingue aux yeux d'un bébé du fait des expériences physiques et affectives intimes qu'ils partagent depuis la grossesse. Mais cela ne veut pas dire que la seule personne capable d'aider un enfant à établir des relations solides aux autres soit la mère.

Les enfants peuvent s'épanouir dans toutes sortes de cadres à condition d'avoir des relations sécurisantes avec un petit nombre de gens et que ces derniers répondent à leurs besoins. Parents adoptifs, pères, grands-parents et autres adultes sont capables d'élever un enfant aussi bien qu'une mère. Si c'est la mère qui sert de référence ici, c'est parce que c'est très souvent elle qui s'occupe de l'enfant. C'est elle qui sert de référence affective au bébé. Parler de la mère est simplement une manière d'attribuer le mérite à celle qui, dans les faits, le mérite le plus.

En même temps, depuis dix ans, les pères s'impliquent de plus en plus dans l'éducation de leurs enfants. Kyle Pruett a étudié un groupe de familles dans lesquelles le père s'occupait des enfants pendant que la mère allait travailler. Il s'est aperçu que les hommes étaient plus que capables d'élever leurs enfants. Les enfants s'épanouissaient très bien quand leurs pères s'occupaient d'eux [13].

En fait, les bébés établissent des relations singulières dès un très jeune âge. À quatre semaines, ils réagissent déjà de manière prévisible et spécifique selon qu'il s'agit de leur père ou de leur mère et ces deux types de réactions sont très différentes de celles faites à un inconnu [14]. Aux alentours de douze mois, un bébé peut avoir une relation solide à l'un de ses parents alors qu'il a une relation angoissée à l'autre [15]. Ces types de réactions sont profondément influencées par le comportement des parents envers l'enfant au cours des mois antérieurs. Sur un échantillon d'enfants de classes moyennes élevés principalement par leurs mères, les tout-petits qui avaient une relation angoissée à leur mère entre douze et dix-huit mois étaient plus instables à six ans que ceux qui avaient eu une relation solide à leur mère au cours de leurs dix-huit premiers mois. Par contre, une angoisse précoce dans la relation au père n'impliquait pas nécessairement un manque d'assurance ultérieur [16]. Dans le cas de ces enfants qui étaient élevés principalement par leur mère, la relation d'attachement influençait clairement leur développement émotionnel.

Les attachements angoissés sont des indicateurs particulièrement éloquents d'une des angoisses principales de la petite enfance : la peur de perdre la mère ou angoisse de séparation. Entre six et dix mois, les nourrissons protestent énergiquement contre le départ de leur mère et sont beaucoup moins disposés à accepter des substituts qu'auparavant. Au cours des interactions multiples qui se produisent dans autant de contextes que d'humeurs, l'enfant s'est fortement attaché à la personne qui s'occupe principalement de lui. Elle est devenue le centre de sa vie émotionnelle.

La qualité de ce lien est éminemment variable selon les individus. Il peut être sûr ou angoissé, exubérant ou silencieux, passionné ou paisible, conflictuel ou harmonieux, simple ou à multiples facettes, ambigu ou absolu. Il peut réunir toutes ces caractéristiques ou n'en retenir que certaines selon les moments. Mais l'essentiel, c'est qu'il *existe*, tout simplement. Et le fait qu'il puisse disparaître déclenche de grandes souffrances chez un bébé.

Une fois qu'elle apparaît, l'angoisse de séparation ne s'en va jamais vraiment. Il n'y a pas de relation affective intense sans angoisse quant à sa stabilité et sa permanence. Certains adultes (et certains enfants) en souffrent plus que d'autres, mais la peur de perdre l'être aimé est indissociable de l'amour, sa face cachée si l'on veut.

Les angoisses de la petite enfance

Lorsque le bébé entre dans sa deuxième année, son univers émotionnel est riche et bien en place. Ses relations sont déjà hiérarchisées : il y a la mère, le père, les grands-parents, les frères et sœurs, la nourrice et même le chat ou le chien. Tous ces gens ont une signification particulière et sont loin d'être interchangeables. Certaines relations sont plus essentielles que d'autres à son bien-être et vont provoquer des protestations en cas de séparation. Mais l'enfant accepte aussi que les gens qu'il connaît et en qui il a confiance servent de substitut jusqu'au retour de la figure d'attachement principale. Plus un bébé de douze mois aura une relation d'attachement primaire sûre, mieux il sera armé pour affronter les épreuves de la deuxième année.

Comme on l'a vu dans les chapitres précédents, l'angoisse de séparation va atteindre son apogée aux alentours de dix-huit mois. Il peut sembler paradoxal que cette angoisse culmine au moment précis où l'enfant a le plus besoin de quitter sa mère, mais c'est dans la logique des choses. Le mouvement de pendule qui éloigne l'enfant de sa mère appelle un contrepoids psychologique de même amplitude pour que l'enfant reste aux alentours. C'est l'angoisse de séparation qui va jouer ce rôle.

Comme tout le reste, l'angoisse de séparation va se compliquer au cours de la deuxième année. Pendant la première année, la réponse de la mère suffisait à soulager la détresse du bébé. À présent, l'enfant lutte intérieurement pour savoir s'il veut que sa mère l'aide ou non. Il veut prendre cette décision tout seul, mais la plupart du temps, il en est incapable.

La mère est souvent l'objet de ce conflit interne, mais le problème que l'enfant essaie de résoudre est en réalité d'ordre intérieur. Il dit simultanément : « J'ai encore besoin de toi » tout en protestant qu'il peut le faire tout seul ! Mais sous cette assurance se cachent des doutes : « Suis-je vraiment capable de le faire seul ? » et : « Viendras-tu m'aider même si je te repousse ? »

Les messages contradictoires sont chose courante entre un et trois ans parce que l'enjeu affectif est effectivement important.

(Rien d'étonnant à ce que le tact soit considéré comme une qualité féminine. Il en faut beaucoup à une mère pour aider son enfant sans être accusée de saper son autonomie.)

La peur de perdre l'amour de ses parents

À mesure que l'enfant apprend à faire la différence entre une bonne et une mauvaise conduite, une nouvelle source d'angoisse apparaît : la peur de la désapprobation et l'angoisse de perdre l'amour de ses parents.

> Il y a une grosse dispute entre Mario et sa mère. Cette dernière lui hurle d'aller dans sa chambre. Il refuse. Elle l'empoigne par le bras, l'entraîne jusque dans sa chambre et ferme la porte. Il crie. Elle s'assied devant la porte fermée en tremblant de rage, d'impuissance et de remords. Une fois que chacun a retrouvé ses esprits, mère et fils parlent de ce qui s'est passé. La mère s'excuse de s'être énervée. Mario demande : « Quand tu es en colère contre moi, est-ce que tu m'aimes toujours ? » Sa mère lui répond que oui et elle lui demande : « Et toi ? » Mario reste silencieux une minute, puis il dit : « Oh, je ne sais pas. » Avant d'ajouter : « Après, oui. »

Mario a du mal à comprendre qu'il peut continuer à aimer sa mère tout en étant en colère. À mesure que se développe leur conscience d'eux-mêmes, les tout-petits vont être amenés à examiner leurs sentiments et à poser des questions sur leur nature et leur compatibilité. Ils essaient de comprendre l'ambivalence qui les habite et qui habite les autres.

Chez les jeunes enfants, l'angoisse de perdre l'amour des parents est alimentée par le fait qu'ils ont l'impression de ne plus aimer leurs parents quand ils sont en colère. Parce que leurs connaissances sont limitées, les tout-petits ont du mal à concevoir que les autres puissent percevoir une situation autrement qu'eux. Un petit sera incapable de se dire que ses parents l'aiment encore alors que lui, ne les aime plus. Ce n'est d'ailleurs pas si éloigné de la réalité ; même les parents les plus aimants ont parfois du mal à aimer au milieu d'une dispute.

Pour l'enfant, la colère des parents est si réelle qu'elle peut l'amener à croire que la perte d'amour si redoutée, cette ultime catastrophe, a finalement eu lieu et durera toujours. C'est pourquoi il est si important de se réconcilier après une dispute. Pour l'équilibre affectif de l'enfant, il faut que ses parents viennent le rassurer que tout va bien.

Les angoisses liées au corps

Les angoisses de la deuxième et troisième année ne sont pas toutes fondées sur la séparation et la perte. Le corps, ce vieux fauteur de troubles, continue à susciter des peurs. Les premières angoisses concernant la digestion, la faim et les besoins de succion sont sans doute dominées à présent, mais de nouvelles incertitudes vont apparaître à mesure que se dessinent de nouvelles épreuves.

L'élimination intestinale et urinaire peut provoquer un sentiment d'angoisse chez les tout-petits dans la mesure où elle cause des sensations physiques désagréables que ces derniers ne peuvent contrôler. En particulier lorsque l'enfant est sujet à des crampes digestives, des crises de diarrhées ou de constipation, la défécation peut devenir associée à un sentiment de menace intérieure.

Mais le plus souvent, c'est le fait de devoir être propre qui génère l'angoisse des tout-petits. Quand les enfants deviennent propres parce qu'ils ont envie de grandir, cette angoisse n'intervient pas. C'est quand on leur demande de maîtriser leurs fonctions corporelles avant qu'ils ne soient prêts, que l'apprentissage de la propreté suscite de l'angoisse quant à la maîtrise de son propre corps d'abord, sans parler de la honte de décevoir ses parents. Le chapitre 8 donne un certain nombre d'indications à propos de quand et comment commencer l'apprentissage du pot.

La différence sexuelle est une deuxième source d'angoisse liée au corps. Aux alentours de quinze mois, les enfants commencent à faire très attention aux différences entre petits garçons et petites filles. Ils sont encore incapables de poser des questions précises ou de formuler leurs inquiétudes, mais leur comportement indique clairement qu'ils ont conscience des différences et ils peuvent s'inquiéter d'avoir ou de ne pas avoir ce que possède l'autre sexe. Dans une étude longitudinale portant sur soixante-dix enfants d'une crèche, Roiphe et Galenson ont remarqué qu'à partir de quinze mois, les enfants observaient leurs organes génitaux et ceux des autres, et que pour certains, la différence était un sujet de grande détresse[17].

Le personnel de la crèche était conscient du problème. Un des responsables a raconté l'histoire d'un petit garçon, Timothy, qui, à quinze mois, avait regardé d'un air absorbé quelqu'un changer la couche d'une petite fille. Quand son tour est venu, Tim est allé se cacher sous un des lits en hurlant : « Non ! Non ! » C'était la première fois qu'il réagissait ainsi. Il est possible que Tim, ignorant l'origine de la différence sexuelle, ait eu peur de devenir comme la petite fille si on lui changeait sa couche. La puéricultrice a deviné sa peur et lui a dit : « Timothy, je ne te ferai pas mal quand je te changerai ta couche. Tu es un garçon et tu resteras un garçon. Lindsay est une fille, elle n'a pas de pénis. » L'explication a marché. Timothy a accepté qu'on lui change sa couche.

La peur de l'inconnu

Au cours de notre vie, nos angoisses changent en fonction de ce que nous avons à accomplir. Elles naissent des choses que nous ne comprenons qu'imparfaitement et qui font travailler notre imagination. Entre un et deux ans, elles portent sur le mouvement et l'apprentissage de la propreté ; entre trois et quatre ans, sur la différence sexuelle et la manière dont on fait les bébés ; pour les jeunes adultes, sur les secrets de l'amour ; pour les gens très vieux, sur les mystères de la mort et de l'au-delà.

Nous avons tendance à avoir peur de ce que nous ne connaissons pas, les tout-petits comme les autres. Pour compliquer les choses, les enfants parviennent souvent à des conclusions fausses parce que leur raisonnement reste fondé sur leurs souhaits et leurs peurs plutôt que sur des informations objectives. De plus, les tout-petits surprennent souvent des conversations qu'ils ne sont pas en mesure de comprendre. Il est rare que les adultes censurent leurs propos pour que leurs enfants les comprennent et souvent, ils ne savent même pas qu'ils écoutent. Et pourtant, un enfant peut être rempli d'angoisse par son interprétation de ce qu'il a entendu.

> Pendant la guerre du Golfe, Philip, vingt-sept mois, refuse de jouer dans le jardin ou d'aller au parc. Il se met à avoir extrêmement peur d'aller dehors et s'agrippe à ses parents chaque fois qu'ils sortent. L'origine de ses peurs apparaît lorsque le frère aîné de Philip retourne une pierre pour regarder les vers qui sont dessous, ce qui provoque les hurlements du petit frère. Après enquête patiente du père, Philip déclare en sanglotant : « Il y a un vilain monsieur dans une pierre*. Il tue les gens, mais je ne sais pas dans quelle pierre il est. » C'était son interprétation des discussions inquiètes de la famille autour de Saddam Hussein.

Les angoisses concernant l'amour des parents, le fonctionnement du corps et celui du monde sont supportables à condition

* Confusion liée à l'assimilation faite par l'enfant entre « in Iraq » et « in a rock » (*N.d.T.*).

que l'enfant soit sûr que ses parents l'écouteront et prendront sa défense. À tout âge, les peurs sont amplifiées lorsque l'on est livré à soi-même. Philip a pu confier à ses parents qu'il avait peur « du vilain monsieur dans la pierre » parce qu'il savait que ses peurs seraient prises en compte. Leurs questions patientes et répétées et leur écoute attentive étaient le signe qu'ils voulaient l'aider (Dis-moi ce qui t'a fait peur ? Il t'est arrivé quelque chose dehors ? Tu as peur des vers de terre ?). Si son refus de sortir avait été jugé irrationnel ou ridicule, Philip aurait souffert inutilement et sans rien dire pendant beaucoup plus longtemps.

Qu'est-ce que l'angoisse optimale ?

Dans l'idéal, l'enfant apprend à surmonter ses angoisses en étant exposé à des doses d'angoisse ni trop fortes ni trop faibles. Cette quantité optimale varie selon l'âge et le caractère de l'enfant. Elle varie également selon la culture. Il arrive cependant que dans une même culture, des adultes aient des points de vue différents sur la quantité d'angoisse, de frustration ou de stress qu'un enfant est capable de supporter. Il n'existe pas de formule mathématique qui permette de calculer la quantité exacte d'angoisse optimale. C'est pour cela que l'éducation est un art et non une science et qu'il revient aux parents de décider quelles doses d'angoisse leur enfant est capable de supporter.

Nous pouvons néanmoins avancer quelques hypothèses sur le sujet. Revenons à l'exemple du nouveau-né qui pleure de faim. Si sa mère répond sur-le-champ, le bébé mange avec plaisir et s'endort paisiblement. Si la mère tarde à arriver et si les pleurs s'intensifient vraiment, le bébé ne se calmera pas automatiquement au moment où il recevra la nourriture. Il continuera à pleurer avec la tétine dans la bouche et risquera même de s'étouffer en buvant. Si nous divisons la scène en unités de temps, nous verrons que si la mère répond aux pleurs de son bébé dans les quatre-vingt-dix secondes, le bébé se calmera dans les cinq secondes. En revanche, si elle attend trois minutes, il lui faudra environ cinquante secondes[19]. Autrement dit, le fait de multiplier par deux le temps d'intervention multiplie par dix la durée des pleurs du bébé. Une fois que la détresse de l'enfant échappe à tout contrôle, il est beaucoup plus difficile de l'aider à réorganiser ses émotions et à reprendre pied dans le monde.

Il n'est pas difficile de voir ce que signifie l'angoisse optimale dans ce contexte. Un nouveau-né qui a faim n'a pas les ressources intérieures nécessaires pour attendre sa nourriture sans succomber à la détresse. À mesure qu'il va grandir, ses expériences lui permettront de mieux réguler ses signaux internes et de savoir que le parent va venir le soulager. Il sera capable de supporter la faim grâce aux paroles rassurantes de ses parents et de patienter en s'occupant à des activités diverses, y compris en regardant ses parents préparer son repas. Il aura appris à attendre dans la confiance.

Il en va de même avec les angoisses de la petite enfance. Les tout-petits piquent des crises et protestent énergiquement quand ils ne sont pas contents. S'ils sortent d'une colère et qu'ils s'aperçoivent qu'ils n'ont pas changé, c'est probablement que l'expérience à l'origine de la colère était supportable. Ce type d'expérience est en fait précieux parce qu'il aide l'enfant à percevoir la frustration et l'angoisse comme des états désagréables qui font partie intégrante de la vie. À condition que les parents restent disponibles, les tout-petits apprennent à faire face à la déception et à la détresse sans s'effondrer au plan affectif. Les colères s'estompent et finissent par disparaître.

Au moment d'entrer en maternelle, les enfants sont capables de mieux contrôler leur comportement. Ils commencent à parler de ce qu'ils veulent et de ce qu'ils ressentent lorsqu'ils ne l'obtiennent pas. Ils ne sont pas aussi déçus de ne pas avoir quelque chose et ne s'imaginent pas automatiquement que tout doit se passer comme ils l'entendent.

Le jeu et la maîtrise de l'angoisse

L'angoisse peut être une émotion très utile à condition d'être maîtrisée. Pour l'enfant, maîtriser ses angoisses est une bonne incitation à apprendre. La maîtrise est possible lorsque les capacités de l'enfant sont mises à l'épreuve sans que cela soit trop dur. Si, à l'inverse, les parents sont trop indulgents et qu'ils essaient d'épargner à l'enfant les frustrations nécessaires à son développement, il se mettra à douter de ses capacités d'adaptation et se montrera angoissé face à des obstacles même mineurs.

En quoi l'angoisse est-elle instructive ? Elle sert à signaler que quelque chose de dangereux est sur le point de se produire, mais ne s'est pas encore produit. Cela laisse à l'enfant le temps de trouver des solutions pour éviter le danger. Cette recherche et les solutions trouvées par l'enfant vont précipiter la transformation de l'angoisse en plaisir de découverte. Ce processus de transformation est un des composants essentiels du développement de la créativité.

Les parents de Cecilie, quinze mois, sortent pour la soirée. L'enfant pleure même si elle aime beaucoup sa baby-sitter. Au fil de la soirée, Cecilie est tour à tour enjouée et maussade. Elle joue gaiement avec sa baby-sitter, puis tout à coup se met à appeler sa mère en pleurant. C'est alors qu'elle invente un jeu : elle rampe sous son lit, ferme les yeux, attend un peu, puis, incapable de se retenir plus longtemps, crie : « Moi ici ! » en attendant que sa baby-sitter la « trouve ». Elle répète ce jeu un nombre incalculable de fois et rit avec bonheur chaque fois qu'elle est trouvée. Ce jeu de cache-cache improvisé lui permet de vérifier dans la pratique une chose qu'elle vient de découvrir, à savoir que Maman revient toujours, tout comme elle, Cecilie, peut se cacher et être retrouvée.

Rafi, vingt mois, vient de découvrir que les filles n'ont pas de pénis. Après un moment de silence exceptionnellement long, sa mère le retrouve assis dans sa chambre, nu des pieds à la ceinture. Il joue à couvrir et découvrir son pénis avec une tasse en plastique. Il vérifie que son pénis est bien toujours là, même lorsqu'il ne le voit pas. Son angoisse à propos de l'intégrité du corps l'a conduit à inventer cette expérience qu'il répète pour s'assurer de la permanence du résultat.

La mère de Michael a attrapé la grippe et elle est « hors service » pendant quelques jours. Michael, vingt-quatre mois, a le droit d'aller dans sa chambre, mais il ne peut s'approcher d'elle à cause des risques de contagion. Il reste assis par terre à la regarder en silence pendant un long moment. Il va ensuite chercher une poupée qu'il examine des pieds à la tête, en essayant de trouver « qu'est-ce qui ne va pas ». Il berce tendrement la poupée dans ses bras, se tourne vers son père et annonce gaiement : « Tout va bien maintenant. »

Le jeu est un des principaux moyens d'apprendre à maîtriser ses angoisses. Il fournit à l'enfant un espace où expérimenter à loisir et en toute sécurité, sans être soumis aux règles et aux contraintes de la réalité physique et sociale. Dans le jeu, l'enfant est agent plutôt que patient. C'est lui qui décide au lieu de subir ce que les adultes ou la vie lui imposent — la maladie de sa mère, une découverte troublante... Le jeu permet à l'enfant de transcender sa passivité pour devenir acteur de ce qui se passe autour de lui.

Selon Erik Erikson, le jeu est la version enfantine d'une tendance que les adultes répètent tout au long de leur vie : s'inventer des situations imaginaires qui leur permettent d'explorer comment maîtriser la réalité[20]. En jouant, l'enfant revit des événements passés, et il dissipe par le jeu l'angoisse qui y était attachée, tout comme les adultes se sentent soulagés de pouvoir « en parler ».

Jessica, vingt-cinq mois, s'est fait enlever les amygdales. Même si l'opération s'est bien passée, elle n'a pas été sans tension pour cette petite fille, y compris celle d'être emmenée en salle d'opération et d'avoir mal pendant plusieurs jours. De retour chez elle, elle ne quitte pas sa mère, chose qui ne lui ressemble pas. Il lui arrive d'entrer dans des rages folles parce qu'elle a laissé tomber son chapeau, par exemple. Pendant cette période, elle est tellement angoissée que ses jeux ne durent guère. Ses parents essaient de l'aider en lui racontant encore et encore ce qui s'est passé. Elle écoute de toutes ses oreilles et apporte des détails à elle. Au cours des quatre mois qui suivent, alors que son angoisse à propos de séparation et de blessures s'atténue, Jessica refuse d'entendre parler de son opération, mais elle commence à la rejouer. Elle est le chirurgien qui opère sa poupée et se fâche contre elle pendant l'opération, montrant ainsi qu'elle a perçu l'événement comme une agression contre son corps. Même si les parents de Jessica n'aiment pas la voir jouer ainsi, ils se rendent compte qu'elle a besoin d'exprimer la colère et l'impuissance qu'elle a ressenties pendant cette épreuve pour pouvoir les dépasser.

Le jeu permet de mieux accepter le passé, mais aussi d'envisager l'avenir de façon satisfaisante, en trouvant par exemple un dénouement heureux à une situation problématique.

Maria, trente-deux mois, assiste à une dispute assez violente entre ses parents. Elle les observe pendant un moment en silence, mais finit par s'écrier : « Arrêtez de vous disputer ! Ce n'est pas bien ! » Plus tard, elle rejoue la scène en utilisant deux de ses peluches préférées. Elle parle pour chacune d'elles, en imitant la voix et le ton de ses parents. Pour finir, elle les fait s'embrasser et dire : « On ne se disputera plus jamais. »

L'humour est également un très bon moyen de maîtriser l'angoisse et les enfants sont ravis de voir qu'ils réussissent à s'en servir. Ils commencent même à faire des plaisanteries qui mettent en scène leurs fragilités, et les règles et les craintes de leurs parents.

Iden, vingt-huit mois, grimpe sur la table de la cuisine, chose que ses parents lui ont interdit de faire un nombre incalculable de fois. Il se tient tout près du bord et crie d'un air espiègle en faisant semblant de tomber : « Au secours ! Au secours ! » (Ses parents trouvent ça moins drôle que lui.)

Les enfants finissent par s'habituer à des situations qui, au départ, les angoissaient parce qu'ils ont appris qu'elles n'entraînaient rien de dangereux ou d'effrayant. Ils se rendent compte qu'une coupe de cheveux ne fait pas mal et que les cheveux repoussent. Ils s'aperçoivent que la plupart des situations nouvelles sont plutôt agréables, voire amusantes. Et surtout, ils s'aperçoivent que les gens et les choses ne disparaissent pas lorsqu'on ne les voit plus, que Papa et Maman reviennent toujours et qu'ils peuvent même s'amuser quand ils ne sont pas là.

Les parents peuvent aider leurs enfants à rejouer leurs angoisses en leur laissant suffisamment d'espace pour le faire, mais sans les diriger. L'essence même du jeu repose sur la spontanéité et les enfants savent ce qu'ils ont à faire. Les parents peuvent suivre les indications de l'enfant, mais ils doivent faire attention de ne pas perturber son rythme en lui imposant de résoudre ce que, selon eux, il devrait résoudre.

Angoisses excessives

L'angoisse a ses avantages et ses inconvénients. Elle cesse d'être efficace en tant que mécanisme d'apprentissage à partir du moment où l'enfant n'est plus capable de la maîtriser. Lorsque l'expérimentation, le jeu, l'humour ne sont plus disponibles, l'enfant ne peut plus tirer parti de l'expérience.

Lorsqu'un enfant est quotidiennement exposé à des doses excessives d'angoisse, il est obligé d'employer des mesures psychologiques extrêmes pour pouvoir continuer à fonctionner sans s'effondrer intérieurement. Ces mesures sont des défenses contre une douleur psychologique insupportable. Ces réactions, quoique utiles pour contenir l'angoisse, coûtent cher au niveau psychologique dans la mesure où elles diminuent les capacités de l'enfant à apprécier la réalité, à éprouver des sentiments et à apprendre.

Quelles sont les situations qui provoquent des angoisses excessives ? La réponse varie d'un enfant à l'autre. Des enfants de tempérament différent vont réagir différemment à des situations différentes. Certains enfants peuvent se sentir excessivement angoissés dans des situations où d'autres se sentent très à l'aise. Les réactions des tout-petits à leur première visite à la piscine en sont un bon exemple. Certains sont terrifiés et se replient sur eux-mêmes, paniqués, alors que d'autres ne se lassent pas d'éclabousser dans tous les sens.

Malgré ces différences individuelles, il y a des situations qui suscitent une angoisse intense chez *tous* les jeunes enfants.

• Les séparations longues et répétées des parents en l'absence d'un substitut fiable est sans doute la source la plus fréquente d'angoisse chez les tout-petits.

• Les menaces d'abandon sont également terrifiantes dans la mesure où elles amènent les enfants à douter de l'amour des parents et de leur engagement à les protéger : « je te laisse ici si tu ne viens pas » ; « je ne t'aime plus ». Ce sont des menaces couramment utilisées par les parents pour faire obéir leurs enfants, mais qui sont très destructrices.

• Les commentaires négatifs et généralisateurs sont également une source d'angoisse parce qu'ils font croire à l'enfant qu'il est intrinsèquement méchant : « tu es méchant » ; « espèce d'idiot ! » ; « qu'est-ce que tu peux être têtu ! » ; « tu n'écoutes jamais ! » sont des exemples courants.

• Faire porter à l'enfant la responsabilité de l'état dans lequel se trouve le parent peut lui faire croire qu'il est dangereux et qu'il peut faire du mal au parent simplement en étant qui il est. Lui dire par exemple : « tu me tueras » ; « tu vas finir par me donner une attaque » ou encore « tu m'épuises ».

• Des punitions corporelles sévères ou répétées ou bien des menaces de punitions corporelles effraient l'enfant et le rendent méfiant parce qu'il s'efforce d'anticiper ce qui va se passer. Des fessées quotidiennes apprennent également à l'enfant que force fait loi et qu'on a le droit de taper quelqu'un quand on est plus fort que lui.

• Les changements imprévisibles de nourrice angoissent les tout-petits parce qu'ils ne peuvent pas compter sur une relation de substitution fiable en l'absence de leurs parents.

• Se moquer ou ne pas tenir compte des peurs des tout-petits les laisse seuls face à des angoisses bien réelles sur ce qui va leur arriver.

• Favoriser un enfant aux dépens d'un autre en prenant systématiquement sa défense. Le frère ou la sœur finit par intérioriser le message que leurs besoins ne sont pas aussi importants que ceux de l'enfant choyé. Cela peut donner lieu à un complexe de Cendrillon qui durera toute la vie.

• Une obsession à propos de la sécurité physique de l'enfant qui conduit les parents à lui tourner constamment autour et à le mettre en garde, même lorsqu'il n'y a aucun danger : « tu vas tomber », « tu vas te cogner la tête », « tu vas te faire mal », etc. Cette obsession peut se transmettre à l'enfant qui risque de percevoir le monde comme un endroit dangereux. Ce genre d'enfants est déchiré entre leur désir d'explorer et le message parental selon lequel l'exploration est vouée à mal se terminer.

• Les parents qui sont obnubilés par l'intelligence de l'enfant. Lorsque les parents se focalisent uniquement sur l'amélioration des capacités cognitives de leur enfant, tous les aspects de la vie quotidienne deviennent prétexte à apprendre et à tester son savoir. Dans cet état d'esprit, on oublie facilement que chez les tout-petits, l'apprentissage le plus efficace survient au cours d'échanges spontanés et agréables qui répondent vraiment aux intérêts de l'enfant. Vouloir à tout prix apprendre quelque chose à un enfant peut provoquer chez lui une angoisse précoce à propos de la performance, l'enfant associant l'apprentissage à l'approbation de ses parents et non au plaisir de maîtriser des savoir-faire de son âge.

• Une attention excessive à la vie intérieure et à l'équilibre mental de l'enfant. Certains parents veulent à tout prix comprendre les émotions et les pensées de leur enfant. Ils lui posent des tas de questions et lui expliquent en long et en large ce qu'il ressent et pourquoi. Ils s'efforcent également de minimiser ses frustrations dans toute circonstance, s'inquiètent outre mesure lorsque l'enfant est triste ou en colère et font tout pour obtenir son assentiment lorsqu'ils doivent faire quelque chose qui ne lui plaira pas. Les jeunes enfants élevés en étant surveillés d'aussi près peuvent développer une angoisse excessive à l'idée d'éprouver des sentiments négatifs. Ils savent que leurs parents ne supportent pas qu'ils soient tristes, fâchés ou contrariés et se disent que ces sentiments doivent être intrinsèquement mauvais. Les enfants à qui l'on demande d'être constamment heureux sont coupés de toute une série d'émotions authentiques. Lorsque l'on essaie à tout prix de faire plaisir à ses parents en étant toujours gai et coopérant, ce qui, à la longue, est impossible à tenir, on peut développer des angoisses qui se prolongeront bien au-delà de l'enfance.

Devant une liste d'écueils aussi longue, les parents vont douter de jamais arriver à faire quoi que ce soit de bien. Mais qu'ils se rassurent, car tout est en fait une question d'équilibre. Tous les parents finissent un jour ou l'autre par faire des choses qui angoissent leurs enfants. Et c'est en général sans grande importance. Nos enfants nous aiment suffisamment pour nous pardonner nos erreurs et continuer à grandir. Des doses raisonnables d'angoisse permettent de développer la combativité, chose qui servira les parents et les enfants. C'est seulement lorsque l'on s'égare trop souvent dans une même direction qu'il y a raison de s'inquiéter. Et à ce moment-là, nos enfants sont là pour nous dire que l'angoisse qu'ils éprouvent est trop lourde à porter.

Comment faire face à des angoisses excessives ?

Un enfant qui lutte contre un sentiment d'angoisse excessif développe des stratégies affectives pour le repousser. Bon nombre de ces mécanismes de défense peuvent être interprétés comme une réaction naturelle de fuite ou de combat devant le danger[21]. Autrement dit, confrontés à une situation d'adversité, les enfants adoptent un comportement de repli ou bien réagissent par la colère et l'agression. Parfois, un même enfant peut adopter différents types de comportement suivant les circonstances : fuir le parent, par exemple, et attaquer sa nourrice ou un camarade. D'autres enfants peuvent adopter le repli ou la colère avec une même personne suivant la situation.

Tous les enfants normaux réagissent au stress en adoptant l'un ou l'autre de ces comportements. Cela ne devient un problème que lorsqu'une même réaction persiste pendant des semaines et vient perturber le plaisir que l'enfant retire de ses relations affectives ainsi que de l'exploration et du jeu.

Comportement d'évitement. Le repli physique ou fuite est une défense courante contre une angoisse intolérable. Cela se produit souvent lorsque les tout-petits retrouvent leurs parents après une absence prolongée qui a mis à rude épreuve leurs capacités d'adaptation. L'enfant peut très bien ne pas dire bonjour au parent, regarder ailleurs, s'en aller ou lui tourner le dos. Dans des cas plus graves (une séparation d'une semaine ou plus, par exemple), l'enfant semble ne pas reconnaître le parent, réaction qui peut durer entre quelques minutes et quelques heures.

Dans des cas de réactions extrêmes, l'enfant finit par reconnaître le parent, mais réagit à sa présence de manière impersonnelle et distante, témoignant davantage d'intérêt pour les jouets qu'il lui a rapportés que pour les interactions. Cette forme extrême d'évitement a été nommée « détachement[1] ».

L'évitement peut être interprété comme un effort de l'enfant pour maîtriser sa colère à l'égard du parent. Dans le cas de retrouvailles après une séparation prolongée, l'enfant est pris entre la colère d'avoir été abandonné et le soulagement que ses parents soient revenus. L'évitement peut fournir à l'enfant l'espace nécessaire pour démêler des sentiments contradictoires. Après une séparation angoissante, l'enfant se sent trop vulnérable pour exprimer ouvertement sa colère, parce qu'il se dit, à un niveau fantasmatique, que cela risque de provoquer à nouveau le départ de ses parents.

Après l'évitement initial, de nombreux enfants se montrent à la fois excessivement collants et agressifs vis-à-vis de leurs parents. Il semble qu'ils ne s'autorisent à exprimer toute la gamme de leurs émotions qu'après s'être assurés que le parent est bien de retour et qu'il ne les quittera plus.

Le combat. L'agression est la manifestation la plus directe de la réaction de combat devant le danger. Les enfants qui s'en servent pour se défendre contre une angoisse chronique excessive sont affublés des étiquettes douloureuses, mais ô combien courantes, de « petits monstres », « terreurs » ou « diables ». Ces enfants perçoivent les échanges les plus anodins comme des attaques potentielles et ils ont appris que l'offensive était la meilleure des défenses. Ils se débattent quand on leur donne un bain, quand on les habille ou qu'on les met au lit ; ils donnent des coups de poing, des coups de pied, des coups de dents sans raison apparente ; ils piquent des colères monumentales qui durent une éternité et dont ils émergent tremblants, épuisés et trempés de sueur.

L'autopunition est également une forme d'agression. Elle se produit lorsque l'enfant est en colère contre le parent, mais qu'il n'ose pas le montrer de peur d'être puni. L'agression se retourne alors contre soi : tendance aux accidents, prise de risques, blessures infligées à soi-même. L'enfant se mord ou se tape lui-même. Une des énigmes de l'autopunition, c'est pourquoi la douleur ne sert pas d'inhibiteur à ce comportement[21]. Il est possible que l'enfant ne ressente rien parce ses émotions sont tellement stimulées, ou qu'il cherche à se faire mal parce qu'il pense qu'il le mérite.

La transformation d'affect. Certains enfants transforment leur angoisse en comportements qui, de l'extérieur, ressemblent à de l'étourdissement ou à un amusement extrême. Ils courent dans la pièce en poussant des hurlements, attrapent des fous rires ou poussent le jeu jusqu'à la frénésie. Finalement, ils ne peuvent plus supporter cette trop grande stimulation et éclatent en sanglots.

Ce qui indique que ces comportements sont en fait des manifestations d'angoisse, c'est leur incongruité. Par exemple, Daniel court en riant aux éclats alors que son père le menace avec une ceinture. Joshua fait la grimace, puis se met à rire lorsque sa mère lui jette une balle qui atterrit sur ses organes génitaux. Teresa regarde sa mère avec un sourire forcé tout en lui lançant des jouets d'un air provocant. Ces enfants ont tous les trois été exposés à des niveaux élevés d'agression et à des punitions excessives de la part de leurs parents et ils ont appris à cacher leur angoisse sous un masque de fausse gaieté.

L'inhibition. Certains enfants expriment leur angoisse par une inhibition généralisée de l'exploration. Ils approchent, touchent et manipulent des objets avec réticence et évitent les interactions avec les gens qu'ils ne connaissent pas.

Ces enfants sont loin de manifester toute la gamme des émotions si typique à cet âge, qui va de la joie la plus vive au désespoir le plus profond. Ils ont tendance à être graves ou, au mieux, neutres. Certains s'agrippent à leurs parents et refusent de les quitter même une fois qu'ils se sont familiarisés avec les lieux. D'autres ont également tendance à garder leurs distances avec l'un des parents ou les deux et à les regarder avec un mélange de vigilance et de peur.

Les tout-petits réagissent par l'inhibition lorsqu'ils ont peur de ce qui va leur arriver s'ils font preuve de spontanéité et d'insouciance.

> Aleta, une petite fille, utilisait l'inhibition à un degré extrême. Elle ne montrait jamais aucun signe de colère, de contrariété ou de frustration. Elle faisait preuve de peu de curiosité ou d'initiative lorsqu'il s'agissait d'explorer et restait immobile pendant de longs moments sur les genoux de sa mère.
>
> Pour cette petite fille, l'inhibition motrice et affective était l'attitude la plus sûre. Sa mère était très déprimée et restait assise pendant de longs moments, incapable de faire un geste. Ces périodes de léthargie étaient souvent interrompues par des cris lorsque Aleta osait entreprendre une activité qui ne convenait pas à sa mère. Un jour par exemple, Aleta a quitté les genoux de sa mère pour aller ramasser un élastique par terre. Sa mère lui a hurlé que non et lui a donné une claque sur la main. Aleta a laissé tomber l'élastique et est allée se rasseoir sur les genoux de sa mère.
>
> Parfois, l'inhibition atteint des proportions telles que l'enfant semble littéralement paralysé, incapable de sentir ou d'explorer[21]. Cette paralysie peut prendre fin tout à coup, l'enfant s'effondrant en larmes et pleurant sans qu'on puisse le consoler en faisant de grands gestes. C'est ce qui s'est passé avec Aleta lorsque le thérapeute lui a donné un jouet. Elle a imper-

ceptiblement remué ses doigts, mais sans tendre la main. Lorsque le thérapeute lui a effleuré la main avec le jouet pour l'encourager à le prendre, Aleta s'est laissée tomber par terre et a éclaté en sanglots. Cet effondrement moteur est l'autre face de la paralysie. L'enfant ne peut plus contenir sa détresse et son effort de maîtrise se désagrège en un effondrement émotionnel complet.

Il ne faut pas confondre l'inhibition avec la timidité ou la lenteur à se mettre en train. Lorsqu'ils sont à l'aise avec leur environnement, les enfants lents ou timides sont tout à fait capables d'éprouver tout un éventail d'émotions, y compris une joie spontanée. Ils sont tout aussi capables que les autres de nouer des relations affectives stables avec leurs parents ou leurs substituts. Les enfants inhibés, en revanche, semblent constamment sur le qui-vive, comme s'ils étaient toujours prêts à fuir le danger.

Aptitudes précoces à s'occuper de soi. Cette défense se manifeste par une inversion des rôles entre la mère et l'enfant. Celui-ci adopte des comportements en général réservés aux parents et s'inquiète de leur bien-être, en particulier de celui de sa mère.

Les enfants qui sont anxieusement précoces prennent sur eux de suivre les allées et venues de leur mère à tout prix, même aux dépens de leurs jeux. Ils ont une conscience aiguë des humeurs de leur mère et peuvent même sécher ses pleurs ou lui offrir un biscuit lorsqu'ils voient qu'elle est triste. Ils peuvent aller jusqu'à lui demander si elle a les clefs de la voiture quand ils quittent la maison. De manière presque inquiétante, ils jouent le rôle de protecteur vis-à-vis de leur mère qu'ils perçoivent comme une personne vulnérable, qui a besoin de leur aide.

Il y a, bien entendu, de nombreux enfants qui savent se prendre en charge très tôt et qui ont conscience de l'humeur de leurs parents sans pour autant être angoissés. Il y a, dans l'autonomie précoce, un écart frappant entre une apparente maturité et des comportements qui viennent la démentir : succion excessive du pouce, tics multiples, masturbation compulsive. La face cachée de cette excessive autonomie peut également se manifester sous forme de réveils nocturnes ou de troubles de l'alimentation et par une retenue globale des affects, comme si l'enfant essayait de se comporter comme un adulte miniature.

Notre société valorise tellement l'autonomie qu'il est facile de faire l'éloge des enfants précoces et de ne pas voir l'angoisse qui sous-tend parfois ces stratégies d'adaptation. L'aspect le plus inquiétant de cette autonomie précoce, c'est qu'elle essaie de compenser un profond sentiment d'insécurité quant à la disponibilité du parent. L'exhibition d'aptitudes cache en fait des doutes très douloureux quant à sa propre valeur et au fait d'être aimable. C'est pourquoi l'autonomie précoce peut devenir le point de départ d'un « faux moi », où l'enfant donne une impression d'assurance pour mieux dissimuler une peur fondamentale de ne pas être à la hauteur.

Peut-on soulager l'angoisse excessive des tout-petits ?

Les défenses contre l'angoisse décrites ci-dessus peuvent être atténuées à condition de comprendre ce qu'elles signifient pour l'enfant. Les enfants peuvent abandonner ces comportements lorsqu'ils n'en ont plus besoin pour se protéger. À mesure que les parents comprennent les raisons de cette angoisse excessive, ils peuvent essayer de la soulager et de réduire le besoin de défenses prématurées qui entravent la spontanéité affective de l'enfant.

Il est parfois nécessaire de faire appel à un professionnel pour découvrir ce qui se cache derrière ces angoisses et développer des relations plus harmonieuses entre l'enfant et sa famille. Les spécialistes de la santé mentale des enfants — psychologues, psychiatres, assistantes sociales, pédiatres, etc. — connaissent les besoins affectifs des tout-petits et de leurs familles. Leurs services peuvent être d'un grand secours lorsqu'un enfant et sa famille sont incapables de résoudre par eux-mêmes certains problèmes[22].

Les recherches ont montré qu'il était bon d'intervenir tôt dans les problèmes d'angoisse. Dans une étude destinée à mesurer l'efficacité de notre approche clinique, nous nous sommes aperçus, mes collègues et moi, que les enfants qui souffraient d'angoisse avant le traitement fonctionnaient aussi bien après que des enfants qui avaient eu une relation sécurisante à leur mère dès le départ[23]. Ces enfants ont en particulier obtenu des scores très élevés pour ce qui est de leur faculté de concertation, c'est-à-dire leur aptitude à résoudre un conflit avec leur mère. Chez les enfants qui n'avaient pas été soignés, il n'y avait pas d'amélioration. Le traitement était positif lorsque nous avions travaillé avec les parents pour retracer les causes de l'angoisse chez l'enfant et pour trouver des solutions de façon à ce que leur approche éducative soit plus adaptée à ses besoins.

Encourager la sécurité affective

Le meilleur moyen d'encourager la sécurité affective chez les tout-petits est sans doute d'être attentif et de leur donner des instructions claires et précises.

La sensibilité de la mère aux signaux du bébé au cours de la première année est fortement associée à la sécurité affective telle qu'elle peut apparaître dans l'attachement mère-enfant aux alentours de douze mois [5]. Cette sécurité devient partie intégrante d'un sens de soi et du monde chez l'enfant. Par conséquent, les nourrissons solidement attachés à leur mère sont en général plus à l'aise avec les tâches de leur âge que des nourrissons qui ont une relation d'attachement angoissé à leur mère. Par exemple, les bébés de douze mois solidement attachés à leur mère sont plus coopératifs à deux ans et font preuve de plus de persévérance et d'enthousiasme lorsqu'il s'agit de maîtriser une tâche difficile [24]. À trois ou quatre ans, ils ont des relations plus harmonieuses avec les autres enfants et, selon les instituteurs, s'adaptent mieux à l'environnement de l'école [25]. Vers cinq ans, ils arrivent mieux à trouver des solutions aux problèmes qui surgissent. Vers six ans, ils expriment plus spontanément leurs émotions et ont moins de problèmes de comportement que leurs camarades du même âge plus angoissés [26,27].

La sensibilité demeure une composante importante de la relation parent-enfant au cours du développement. On la retrouve en fait dans toute relation intime satisfaisante.

En même temps, les composantes de la sensibilité parentale changent avec l'âge. À mesure que les signaux de l'enfant se font plus variés et plus subtils, les réponses des parents vont devoir s'affiner en fonction des changements de l'enfant. Il serait inimaginable de dire non à un bébé de six mois qui pleure, alors que c'est parfois la seule réponse à faire à un enfant de deux ans qui présente les mêmes symptômes. En forçant leurs parents à se montrer créatifs dans leurs réponses, les enfants élèvent leurs parents autant qu'ils sont élevés par eux.

À mesure que l'enfant grandit et que le parent est confronté à une multitude de demandes, le désir naturel de répondre aux besoins de l'enfant doit être contrebalancé par la question : répondre à quoi ?

Dès que l'enfant entre dans sa deuxième année, il est relativement plus facile d'apporter une réponse tranchée à cette question, dans la mesure où les enfants veulent des choses précises et ne font pas un drame lorsque l'on les empêche de manger de la terre, de grimper sur la chaîne stéréo ou de mettre leurs doigts dans les éternelles prises électriques.

La troisième année, qui marque chez l'enfant le début d'une affirmation de sa volonté, pose de nouveaux dilemmes au parent. Face à un enfant de deux ans inflexible qui défend ses droits verbalement ou par un moyen persuasif entre tous, la crise de colère, toute personne un tant soit peu compatissante se demandera s'il est vraiment nécessaire de continuer à dire non. Elle se demandera : « S'agit-il d'un concours pour déterminer qui est le plus fort ? D'une lutte de pouvoir ? Suis-je aussi borné que mon enfant ? Suis-je en train de le détruire en lui imposant des choses contre sa volonté ? Est-ce que je ne devrais pas négocier un compromis ou au contraire rester ferme envers et contre tout ? Est-ce que je vais le rendre névrosé en m'opposant à ses désirs ? »

Il est alors bon de se rappeler que les frustrations infantiles ne génèrent pas d'angoisse tant que les parents restent convaincus que leur geste a une signification personnelle ou sociale qui justifie la détresse de l'enfant. Par exemple, une mère qui est persuadée que sa carrière est importante — que ce soit pour sa satisfaction personnelle ou pour l'équilibre budgétaire de la famille — sera capable de faire comprendre à son enfant que le travail de Maman est important et qu'il n'est pas seulement cause de frustration. À l'inverse, une mère qui a l'impression que son travail est dérisoire ou égoïste sera davantage encline à s'excuser lorsque son enfant proteste contre son départ. Et l'enfant n'apprendra pas à respecter l'importance des activités extérieures de sa mère. Les enfants apprennent de leurs parents le sens des choses et ils apprendront à mieux supporter leur détresse s'ils savent que c'est pour une bonne cause.

CHAPITRE 8

Questions à négocier

Nous avons vu dans le chapitre précédent que les angoisses les plus fréquentes de la petite enfance reposaient sur la peur de perdre le parent ou l'amour du parent ainsi que sur les mystères du corps et de son fonctionnement. Ce chapitre va se concentrer sur les manifestations spécifiques de ces angoisses.

Tout ce qui se rapporte au développement peut servir de théâtre aux peurs de l'enfant. L'angoisse de séparation, les troubles du sommeil, le refus de la propreté, la rivalité entre frères et sœurs et les problèmes de discipline sont autant de manifestations de l'angoisse de perdre le parent ou la maîtrise de son corps. Face à ces difficultés, l'enfant va progressivement se trouver associé à la recherche de solutions satisfaisantes.

L'angoisse de séparation

> À dix-huit mois, Zoë va à la crèche pour la première fois. Pendant les vingt premières minutes, elle s'agrippe à sa mère, mais elle lâche progressivement prise. Au bout d'un moment, elle rentre dans une armoire de poupée, ferme les portes et les ouvre avec fracas pour courir vers sa mère et la serrer fort contre elle. Elle répète ce jeu à maintes reprises.

Comme on l'a vu dans les chapitres précédents, le jeu permet aux tout-petits de maîtriser leurs peurs les plus secrètes. Ils jouent à cache-cache pour se rassurer que les choses ne disparaissent pas quand on ne les voit pas et que Maman finit toujours par revenir.

Ils incitent leurs parents à leur courir après pour s'assurer que ceux-ci ont envie qu'ils reviennent. Ils partent explorer tout en surveillant leur mère du coin de l'œil pour vérifier qu'elle ne les abandonne pas.

Parfois, les démonstrations des enfants ne suffisent pas à convaincre le parent qu'il faut qu'il reste. Les circonstances peuvent faire que la mère est obligée de laisser son enfant chez la grand-mère, à la crèche ou avec une baby-sitter, quelquefois pendant quelques heures, d'autres fois pendant la majeure partie de la journée.

Lorsque l'enfant parvient à supporter la séparation, il va réagir avec une certaine détresse, mais accepter le réconfort de la personne qui s'occupe de lui en l'absence du parent. Même lorsque sa mère lui manque, l'enfant est capable d'apprécier la présence de petits camarades, de jouets et d'autres adultes.

Dans le cas de séparations plus difficiles, l'enfant panique et s'agrippe désespérément au parent, refusant de se laisser distraire ou réconforter en son absence. Dans des circonstances encore plus extrêmes, l'angoisse est telle que l'enfant surveille constamment les allées et venues du parent, refusant de le laisser fermer la porte des toilettes ou disparaître ne serait-ce que quelques minutes. L'enfant perd tout goût du jeu et de l'interaction lorsque le parent n'est pas là. L'angoisse de séparation se produit lorsque la détresse de l'enfant devient si aiguë et si généralisée qu'elle interfère avec son humeur et ses habitudes quotidiennes.

Le coût de la séparation

Les tout-petits vivent la séparation quotidiennement et apprennent à l'accepter tout en exprimant des protestations bien légitimes. Cependant, les séparations prolongées constituent un danger affectif majeur au cours des trois premières années et vont demeurer une source potentielle de stress pendant toute l'enfance.

Le coût affectif de ces séparations va dépendre de nombreux facteurs. Une séparation est d'autant plus difficile dans les conditions suivantes.

- Elle se prolonge vingt-quatre heures ou plus.
- Elle se produit brusquement, alors que l'enfant n'y est pas préparé.
- L'enfant est laissé dans un cadre et avec des gens qu'il ne connaît pas.

Chacun de ces facteurs est en soi cause de stress, mais lorsqu'ils se cumulent, l'enfant est en rupture par rapport à tout ce qui lui est familier et cher. Dans ces conditions, même des enfants équilibrés perdent rapidement confiance et deviennent à la fois furieux et désespérés. Ces réactions émotionnelles ne sont souvent pas prises en compte par les adultes ignorants qui les jugent passagères et réversibles, alors que l'on sait pertinemment qu'elles provoquent la dépression et l'angoisse chez certains enfants [1].

Les différences de tempérament jouent un rôle important dans la capacité de l'enfant à supporter ces séparations. Une séparation de deux heures peut représenter une source de stress mineure pour un enfant alors qu'elle sera une source d'angoisse importante pour un enfant plus sensible et moins adaptable. De même, les enfants ne sont pas tous capables d'être consolés par quelqu'un qu'ils ne connaissent pas bien. Les manières de réagir à la séparation sont donc multiples et il faut que les parents apprennent à reconnaître le type de réaction de leur enfant afin de savoir à l'avance dans quelle situation une séparation sera particulièrement éprouvante.

Parfois, l'angoisse de séparation ne vient pas d'expériences réelles de séparation, mais de fantasmes de ne pas être suffisamment aimé qui provoquent la peur d'être abandonné. Là encore, certains enfants sont davantage sujets à ces fantasmes que d'autres. En général, les tout-petits ont tendance à interpréter le rythme de vie effréné, les horaires chargés ou la mauvaise humeur de leurs parents comme le signe qu'ils sont en colère contre eux et ne veulent pas rester avec eux.

Il est parfois difficile pour un adulte de se souvenir à quel point un enfant se règle sur les humeurs et les déplacements du parent bien-aimé et à quelle vitesse il peut devenir la proie de fantasmes terrifiants.

> La mère de Marc avait été la dernière à venir chercher son fils à la crèche ce jour-là. Plus tard dans la soirée, alors que sa mère le mettait au lit, Marc lui avait dit : « Je croyais que tu allais me laisser à la crèche toute la nuit. » Ce n'est qu'à ce moment-là que sa mère a compris que la nuit était tombée plus tôt ce jour-là à cause du changement d'heure. Marc n'avait aucun moyen de savoir que sa mère n'était venue le chercher que quelques minutes plus tard que d'habitude. Pour lui, il faisait nuit et toutes les autres mères étaient venues chercher leurs enfants et étaient rentrées chez elles. L'obscurité et la solitude avaient fait naître la peur d'être abandonné, peur qu'il revivait et qu'il était capable d'évoquer au moment de se séparer de sa mère pour la nuit.

Comment soulager l'angoisse de séparation

Pour empêcher que tout le monde ne succombe à l'angoisse, il est nécessaire que les parents se préparent et préparent l'enfant à la séparation et qu'ils instaurent un climat de confiance qui rende l'expérience supportable et les retrouvailles joyeuses. C'est vrai dans le cas où l'enfant passe quelques heures avec une baby-sitter, où il va à la crèche toute la journée ou que les parents partent en voyage pour quelques jours.

Même si les détails varient d'une situation à l'autre, il y a des constantes pour aider un enfant à supporter la séparation.

• Essayez d'éviter les séparations de vingt-quatre heures tant que l'enfant est encore petit.

• Pensez à la séparation à l'avance de façon à savoir quels sont vos sentiments et comment vous en accommoder.

• Assurez-vous que votre enfant connaît la personne et l'endroit où il va et qu'il s'y sent bien.

• Expliquez à la personne le style de votre enfant, ce qu'il aime et n'aime pas, ses habitudes et ses peurs particulières.

• Laissez à votre enfant des preuves tangibles que vous l'aimez : une cassette audio où vous lui parlez, vous lui chantez une chanson et lui racontez une de ses histoires préférées ; des photos où vous êtes ensemble ; un jouet qui puisse servir d'objet transitionnel. Ce sont des mesures particulièrement utiles avec de jeunes enfants parce qu'elles renvoient à des souvenirs concrets de la présence des parents et ne font pas appel à la mémoire de l'enfant ou à ses capacités verbales.

• Pour une séparation particulièrement importante, le début de la crèche par exemple, expliquez à votre enfant ce qui va se passer quelques jours à l'avance. Choisissez des mots simples et directs et utilisez un ton positif. Laissez à votre enfant la possibilité de poser des questions et d'exprimer ses craintes. Dites-lui ce qu'il va faire pendant que vous serez séparés. Rassurez-le en lui disant que vous penserez à lui et dites-lui qu'il peut lui aussi penser à vous pendant que vous serez séparés. Ces mesures sont particulièrement efficaces avec des enfants plus grands qui savent s'exprimer, mais les tout-petits comprendront des explications plus simples dites sur un ton rassurant et affectueux.

• Mettez l'accent sur ce que vous ferez lorsque vous vous retrouverez. « Je reviendrai et on se fera un gros câlin. Ensuite, je te ferai des crêpes pour le dîner et on jouera à “Hue, dada” ! » Les exemples concrets ont beaucoup plus de poids que les généralités.

• Encouragez celui qui va s'occuper de l'enfant à lui parler de vous pendant votre absence, à lui dire que sa maman a le droit de lui manquer quand il vous appelle et qu'il est triste, et à le rassurer en lui disant que vous allez revenir.

Soyez également attentif à ce qui se passe après les retrouvailles. L'expérience de la séparation se prolonge bien après le retour des parents. Voici quelques indices qui pourront vous être utiles.

• Après les retrouvailles, préparez-vous à rencontrer des signes d'ambivalence chez votre enfant. Certains petits accueillent leurs parents avec joie, mais d'autres évitent de les regarder, sont froids et distants ou manifestent ouvertement leur colère. Ce sont des comportements prévisibles qui montrent que l'enfant fait un effort pour surmonter son sentiment d'abandon en maintenant une certaine distance. Ne vous formalisez pas, ne vous éloignez pas non plus. Souvent, cette ambivalence est suivie par un refus de quitter le parent d'une semelle.

• Dites à votre enfant à quel point vous êtes content d'être à nouveau avec lui et parlez-lui de la séparation en mentionnant qu'il vous a manqué.

• Soyez prêt à ce que votre enfant manifeste sa peur d'une nouvelle séparation par des comportements tels que réveils nocturnes, régressions de la propreté, colères soudaines et seuil de frustration très bas. L'angoisse peut avoir des formes imprévues, et les enfants ont toutes sortes de moyens d'exprimer leurs peurs. Tel ce petit garçon dont le père était parti pour un long voyage et qui avait donné un coup de marteau assez fort à sa mère. Après l'avoir sévèrement grondé, elle avait repensé à l'absence de son mari et lui avait dit : « Je crois que tu es en colère contre moi parce que Papa est parti. » Il a hurlé : « C'est ta faute ! » Dans son esprit, sa mère, qu'il percevait comme toute-puissante, était responsable de l'absence de son père, et son désir de voir son père s'était tout naturellement transformé en colère contre sa mère.

• Jouez avec votre enfant à des jeux qui peuvent l'aider à maîtriser les problèmes de séparation, tels que « Coucou, me voilà ! » ou des parties de cache-cache. Laissez-lui la possibilité de revivre son expérience de la séparation en jouant avec des poupées ou des peluches. Le jeu permet aux enfants d'exprimer des sentiments soigneusement dissimulés. Une petite fille qui posait rarement problème a grondé sa poupée en ces termes : « Vilaine fille ! Je te laisserai toute seule ! » Elle exprimait sa peur d'être abandonnée si elle n'était pas sage.

En plus de faire attention aux sentiments qui se manifestent avant et après la séparation, ne menacez jamais votre enfant de l'abandonner ou de ne plus l'aimer pour le faire obéir. Les enfants croient leurs parents quand ils leur disent « je vais t'envoyer ailleurs », « je ne t'aimerai plus », « je vais partir » et cela les terrifie, à juste titre. La peur est un mauvais moyen de discipliner un enfant et peut provoquer des angoisses graves et durables.

À un certain niveau, la séparation est toujours vécue par l'enfant comme un abandon. Il y a cette conviction implicite que « si tu m'aimais plus que tout, si j'étais la chose la plus importante dans ta vie, tu ne me laisserais pas ». Le seul moyen de compenser cette conviction inébranlable, c'est de fournir à l'enfant quantité de preuves, par votre disponibilité et votre compréhension, qu'il n'a pas besoin d'être la chose la plus importante dans votre vie pour être aimé.

L'apprentissage de la propreté

Au cours de la deuxième année, les tout-petits apprennent à reconnaître des sensations plus subtiles au niveau des zones anale et urétrale. Ils apprennent également à contracter et à relâcher les muscles qui commandent la rétention et l'expulsion des selles et de l'urine. Le fait que l'enfant remarque et soit capable de maîtriser certaines sensations indique qu'il est prêt à devenir propre.

D'autres facteurs ont également une influence sur son degré de préparation. Il y a, entre autres, la régularité de ses cycles de digestion et d'élimination, le respect des parents à l'égard de ses rythmes et le degré de collaboration parents-enfant autour des grandes questions du développement. En fonction de toutes ces variables, l'apprentissage de la propreté peut se passer sans encombre ou faire l'objet d'une guerre entre l'enfant et les parents.

Toutes prosaïques qu'elles soient, les fèces ont une profonde signification symbolique. Aucune autre fonction du corps ne résume aussi bien les deux pôles de l'expérience psychique. Un excrément est un trésor précieux parce qu'il fait partie intégrante du corps et de ses mystères, mais c'est aussi quelque chose de sale, de malodorant, de dégoûtant. C'est donc à la fois quelque chose que l'on chérit et que l'on repousse.

> À deux ans, Rafi regarde d'un air sceptique le pot que sa mère lui propose pour la première fois. Il s'assied dessus tout habillé pendant quelques secondes. Puis il se lève, pose une pièce en chocolat dorée à l'intérieur, sourit avec amour et dit : « Voilà, Maman. » La pièce en chocolat, avec son enveloppe dorée et son intérieur sombre et sucré, est un symbole parfait de la signification des selles pour Rafi.

Si les parents arrivent à respecter ces deux aspects des selles, l'apprentissage de la propreté se déroulera bien. Les productions corporelles de l'enfant seront accueillies avec plaisir, mais sans exclamations exagérées, et seront jetées de façon neutre, sans expression marquée de dégoût[2].

Mais il est essentiel que les selles soient considérées comme appartenant à l'enfant, comme un élément qu'il peut produire ou garder. En ce sens, l'apprentissage de la propreté représente l'essence même de la collaboration parents-enfant, à travers le don et le contre-don, la rétention et l'expulsion.

Comment savoir quand l'enfant est prêt ?

Cette question a donné lieu à de nombreux débats chez les parents et les psychologues de l'enfance. Tous sont d'accord pour dire que le mieux est d'attendre que l'enfant comprenne ce qu'on lui demande. Il devient alors un interlocuteur bien disposé[3]. Le moment varie d'un enfant à l'autre, mais il y a peu de chances que ce soit avant quinze ou dix huit mois et cela peut très bien attendre vingt-quatre ou trente mois et même plus.

Vers le milieu de la deuxième année, les enfants ont de plus en plus conscience des relations de cause à effet et se sentent concernés par tout ce qui relève de la norme. Ils sont préoccupés par les conséquences de leurs actes et sont perturbés lorsque les choses ne vont pas comme elles devraient, que leurs vêtements sont sales ou leurs jouets cassés. Il leur arrive de gronder leurs parents parce qu'ils ont laissé des miettes sur la table ou oublié leurs chaussures dans l'entrée ; il leur arrive aussi de se mettre en colère parce qu'ils se sont salis ou qu'ils ont fait des cochonneries. Ils sont en fait en train d'intérioriser les normes du comportement social qui leur sont implicitement ou explicitement inculquées.

Mieux vaut commencer l'apprentissage du pot au moment où

l'enfant montre un certain intérêt pour les valeurs, ce qui lui donne envie de se montrer à la hauteur. Le désir d'imiter ce que font les parents et les frères et sœurs aînés vient alors naturellement et ne demande qu'un encouragement minime des parents.

Bon nombre d'enfants entament leur apprentissage tout seuls, en attirant l'attention des parents sur le fait qu'ils font pipi ou caca ou en se fâchant quand ils mouillent ou salissent leur culotte. Certains enfants font preuve d'une relative nonchalance et ne voient pas pourquoi ils devraient être constamment à la hauteur. Se mettre sur le pot reste quelque chose qu'ils font quand ils en ont envie. Le fait de faire dans la couche de temps en temps ne les dérange pas le moins du monde. Ces enfants traversent des périodes où ils sont propres et d'autres où ils régressent parce qu'ils sont absorbés ailleurs. Mais d'autres enfants sont tellement prêts et réguliers qu'ils deviennent propres en quelques semaines.

Il est déconseillé de commencer l'apprentissage du pot avant que l'enfant ne soit vraiment prêt. Précisément à cause de leur intérêt pour la norme, les enfants qui entament leur deuxième année se sentent terriblement contrariés lorsqu'ils ne sont pas à la hauteur. Jerome Kagan a montré que des enfants de deux ans de milieux sociaux différents pleuraient ou protestaient lorsqu'un adulte leur demandait de faire une tâche trop difficile pour eux, alors que ces mêmes enfants réagissaient avec joie lorsqu'ils arrivaient à accomplir une tâche qu'ils s'étaient imposée — la construction d'une tour à six cubes ou un puzzle particulièrement compliqué[4].

Si nous appliquons ces conclusions à l'apprentissage du pot, nous en déduisons qu'un apprentissage prématuré peut conduire à un sentiment de frustration et de négativisme chez l'enfant.

Lorsque les parents sont obligés de commencer tôt, mieux vaut qu'ils impliquent leur enfant en l'encourageant à signaler quand il urine ou fait ses selles. C'est relativement facile. Si la mère fait un petit commentaire à chaque fois (« je crois que Mary fait caca »), l'enfant commencera rapidement à se rendre compte de ce qui se passe tout seul, ne serait-ce que parce que cela lui vaut ce qui lui importe le plus — l'intérêt et l'attention de sa mère. Lorsque l'enfant commence à mentionner de lui-même à sa mère que l'événement a lieu, il lui signifie également qu'il est prêt à passer à l'étape suivante : aller sur le pot.

Les pots sont de loin préférables aux toilettes des adultes pour commencer et même bien après. Ils sont à la taille du derrière de l'enfant, ce qui lui évite d'avoir peur de tomber dans la cuvette. L'enfant peut garder les pieds par terre de manière à pouvoir pousser, chose que peu de toilettes modernes semblent permettre.

Enfin, les pots ne sont pas équipés de chasse d'eau, ce qui épargne aux enfants cette peur inavouable qu'eux aussi risquent de disparaître dans les canalisations.

Quand il ne s'agit pas d'un problème de maturité, la plupart des conflits sont dus à la fois à l'irrégularité des cycles de l'enfant (y compris une tendance à la constipation, à la diarrhée ou un mélange des deux) et au fait que les parents se disent que l'apprentissage du pot doit venir d'eux. Ces deux éléments constituent un obstacle à la formation d'une collaboration sur la question de la propreté.

Irrégularités physiologiques

L'enfant peut souffrir de douleurs abdominales ou rectales lorsqu'il est constipé et qu'il ne peut éliminer ses selles en douceur. Il peut se retenir de faire ses besoins pour éviter la douleur, aggravant ainsi sa constipation. Inversement, les diarrhées récurrentes empêchent les tout-petits de retenir leurs selles, et il arrive qu'ils y renoncent. Dans les deux cas, l'enfant se dit qu'il est incapable de contrôler ses intestins.

Mieux vaut consulter le pédiatre de l'enfant lorsqu'il s'avère que son transit intestinal ne se fait pas bien. Celui-ci prescrira un régime spécial et des laxatifs si nécessaire. Les suppositoires, les lavements et autres mesures coercitives sont destructrices au niveau psychologique et doivent être évités[3].

Bon nombre d'enfants en bonne santé ont des rythmes physiologiques irréguliers et ont besoin d'éliminer à des moments imprévisibles. C'est une caractéristique constitutive, et les parents ne doivent pas demander à l'enfant d'aller sur le pot tous les jours à la même heure même si ça les arrange, parce que ce n'est pas naturel. Un pot portable peut, en revanche, être très utile pour les enfants qui ont des cycles d'élimination imprévisibles.

Les parents peuvent-ils contrôler l'apprentissage de la propreté ?

La conviction secrète que c'est aux parents de décider de l'apprentissage de la propreté peut resurgir de façon inattendue même chez des parents persuadés du contraire. Certains parents peuvent être mal à l'aise de ce que leur enfant soit le seul de son groupe à ne montrer aucun intérêt pour la propreté. D'autres rêvent de mettre fin aux paniers à linge malodorants ou aux factures de couches jetables. D'autres encore sentent une pression de leurs amis ou de leur famille pour qu'ils arrêtent de « bichonner » leur enfant et le laissent enfin grandir. Certains adultes zélés s'interrogent même parfois sur ce qui les pousse à ne pas apprendre la propreté à leur enfant : désir que celui-ci reste à jamais un bébé ? Peur de ne pas savoir comment s'y prendre ?

Il est toujours possible de se remettre en question, mais si votre enfant ne montre aucun intérêt pour la propreté, l'ordre, la norme, les toilettes ou les selles, c'est probablement qu'il n'est pas prêt.

En revanche, s'il a l'air prêt, il appartient au parent de suivre, sans demander la permission de l'enfant, mais en se disant en toute confiance que c'est le bon moment. L'enfant lui-même peut nous faire savoir si nous avons correctement déchiffré son message.

> Max, deux ans, ne s'intéresse nullement à l'apprentissage de la propreté malgré les supplications de sa mère. Désireuse de commencer coûte que coûte, elle lui achète du mobilier de poupée, dont un pot, et l'encourage, sans grande subtilité, à jouer avec. Max s'exécute et plonge la tête de la maman-poupée dans la cuvette des toilettes miniatures.

Il y a des ressemblances frappantes entre l'apprentissage de la propreté et le comportement de base de sécurité. Ils reposent tous les deux sur une alternance de don et de rétention, d'ouverture et de fermeture. Dans les deux cas, l'aisance que la mère éprouve vis-à-vis d'elle-même et de son corps va se refléter dans le comportement de l'enfant à sa mère et être intériorisée par lui.

Les difficultés nocturnes

Les problèmes de sommeil sont parmi les difficultés les plus fréquentes chez les tout-petits. Ils sont en fait si fréquents que plusieurs études ont été consacrées à les définir et à voir quels facteurs y contribuaient[5, 6, 7].

Les troubles du sommeil comprennent la difficulté à s'endormir, les réveils répétés en cours de nuit, les terreurs nocturnes ou une combinaison des trois. Dans bon nombre de cas, les enfants qui souffrent de troubles du sommeil avaient des fragilités physiologiques antérieures — naissance prématurée, problèmes nécessitant des soins néonatals spécialisés, coliques pendant plus de trois mois. Ces enfants ont souvent des problèmes de sommeil depuis qu'ils sont nés. Les autres enfants, par contre, commencent à avoir du mal à s'endormir au cours de leur deuxième année. C'est peut-être parce que les angoisses de la journée resurgissent plus vivement pendant la nuit, lorsque l'enfant se retrouve seul dans le noir. Mais les problèmes de sommeil peuvent également, tout simplement, venir du fait que l'enfant n'a pas des rythmes de sommeil prévisibles.

Les irrégularités du sommeil

Bon nombre d'enfants ont la quantité de sommeil dont ils ont besoin malgré les réveils, ce qui n'est pas le cas de leurs parents. Le décalage entre les besoins de sommeil de l'enfant et ceux des parents peut créer une situation explosive face à laquelle les parents se retrouvent épuisés, impuissants, frustrés. Ils deviennent incohérents et irascibles face à l'enfant, qui réagit à son tour par de la peur, de la colère et une attitude de défi.

Dans ces circonstances, il est bon de se rappeler que les tout-petits ne sont pas responsables de ces réveils. La solution n'est pas de leur ordonner de se rendormir, chose dont ils sont souvent incapables, mais de leur faire comprendre ce qu'ils peuvent et ne peuvent pas faire quand ils se réveillent.

Il faut encourager les enfants à se calmer d'eux-mêmes lorsqu'ils se réveillent en pleine nuit. Selon son âge, un tout-petit peut se blottir contre son oreiller ou son nounours, se chanter une chanson ou se raconter ce qu'il fera quand ce sera l'heure de se lever. Un mobile musical avec une berceuse apaisante est efficace avec un grand nombre de très jeunes enfants. Peu importe les solutions proposées, l'enfant doit comprendre qu'il ne peut pas sortir de son lit ou aller dans la chambre de Papa et Maman parce qu'ils ont besoin de dormir. Ces solutions sont à la portée de très jeunes enfants lorsque les parents sont décidés à les mener à bien.

Décalage entre parents et enfant

Il peut y avoir un décalage entre les besoins de sommeil des parents et de l'enfant lorsque, contrairement à ses parents, l'enfant se lève aux aurores. Les enfants peuvent accepter cette différence avec beaucoup de facilité et apprendre à s'amuser tout seuls à condition que les parents leur fassent comprendre que « c'est comme ça » sans les culpabiliser.

Une mère a aidé son fils de onze mois à accepter qu'elle avait besoin de dormir le matin en mettant des tas de jouets intéressants au pied de son lit. Lorsque Mike se réveillait à six heures du matin, elle allait le chercher, l'asseyait au pied de son lit et lui disait que Maman allait se rendormir, mais qu'il pouvait jouer avec ses jouets. De temps à autre, Mike parlait à sa mère ou se levait pour la regarder. Chaque fois, sa mère émettait un grognement rassurant à son intention et lui donnait une petite tape sur la tête, et l'enfant continuait à jouer. Voilà une démonstration de ce que peut être un comportement de base de sécurité dans des conditions un peu particulières !

Une autre mère avait adopté une variante avec son fils de deux ans. Elle installait une table et une chaise d'enfant devant la télévision et tous les soirs, mettait des aliments à grignoter sur la table. Puis elle réglait la télé sur une chaîne qui proposait une bonne émission pour enfants.

Elle avait appris à son fils à se lever, à venir dans la chambre des parents et à prendre un snack avant le petit déjeuner en regardant la télé. Logan, qui a aujourd'hui neuf ans, est devenu un garçon exceptionnellement autonome, en partie parce que sa mère savait qu'il était capable de collaborer et de se prendre en charge.

Lorsque les réveils nocturnes deviennent un problème

Les irrégularités du sommeil ont en général une origine physiologique. Les troubles du sommeil, en revanche, sont le signe de troubles émotionnels chez l'enfant. Dans ce cas, l'angoisse que ces troubles provoquent empêche bien souvent de trouver des solutions.

Chez les tout-petits, la peur la plus fréquente associée aux réveils nocturnes est l'angoisse de séparation. Elle se manifeste aussi bien chez le parent que chez l'enfant. La nuit vient perturber les comportements de base de sécurité si facilement disponibles le jour. Au lieu de pouvoir se voir comme pendant la journée, l'obscurité, les murs de la chambre, les parois du lit sont autant d'obstacles entre l'enfant et le parent.

La nuit, l'obscurité et la distance physique sont des déclencheurs archétypes de la peur et de l'angoisse. C'est pourquoi dans de nombreuses cultures, moins préoccupées que la nôtre par l'intimité de l'individu et du couple, la mère et l'enfant ont le droit de dormir ensemble lorsque l'enfant est encore petit. Et même dans nos cultures technologiques, les pleurs nocturnes d'un jeune enfant réveillent chez le parent la peur ancestrale que le bien-être et peut-être même la sécurité de leur enfant sont menacés. Le premier réflexe est d'aller auprès de l'enfant pour lui apporter réconfort et protection. Ce réflexe contredit la réflexion plus rationnelle selon laquelle l'enfant va bien, la maison est sûre et tout le monde peut se rendormir.

Certaines études ont montré que chez les tout-petits, les réveils nocturnes étaient liés aux angoisses de séparation et à la dépression maternelles. Bon nombre de mères dont les enfants ont des problèmes de sommeil disent qu'elles ont été des enfants négligées. C'est pour éviter à leurs propres enfants les angoisses qu'elles ont éprouvées enfants qu'elles les prennent dans leur lit ou vont à leur chevet. Il est bien évident que les parents font tous cela de temps à autre. Ce n'est que lorsqu'elle devient une habitude que cette réaction crée des problèmes : elle gêne les relations du couple en même temps qu'elle indique à l'enfant qu'il ne peut résoudre ses angoisses sans ses parents.

Klaus Minde et ses collègues ont fait le compte rendu d'un programme très efficace destiné à aider les tout-petits à se rendormir lorsqu'ils se réveillaient pendant la nuit[7]. Ce programme, qui s'appuie sur un remarquable bon sens, aide les parents à surmonter leurs propres angoisses de ne pas « secourir » un enfant qui a peur parce qu'il s'est réveillé en pleine nuit. Voici les différentes étapes de ce programme.

1. Description des problèmes de sommeil de l'enfant : difficulté d'endormissement, réveils nocturnes répétés ou les deux à la fois. Description également des habitudes diurnes de l'enfant.

2. Si l'enfant n'a pas de rythmes précis, on attire l'attention des parents sur le fait que les tout-petits retirent un sentiment de maîtrise bénéfique de pouvoir anticiper ce qui va leur arriver. On encourage les parents à développer des habitudes où repas, bains, siestes et autres événements quotidiens ont lieu à la même heure et au même endroit.

3. Une fois les habitudes diurnes établies, les parents sont encouragés à se concentrer sur les rituels du coucher : activités paisibles telles que lire, chanter une berceuse ou dire une prière.

4. On s'attaque ensuite au problème de sommeil proprement dit. Deux méthodes principales sont recommandées. La première consiste à aller voir l'enfant. Le parent se rend dans la chambre de l'enfant qui pleure à intervalles réguliers, cinq ou dix minutes selon

son seuil de tolérance, il lui caresse la joue ou lui dit des mots gentils, mais exige qu'il reste dans son lit. Le parent continue à aller voir jusqu'à ce que l'enfant se rendorme. Si le parent ne supporte pas que l'enfant pleure, on lui conseille la deuxième méthode. Il s'agit de passer progressivement d'un état à un autre. Si l'enfant dort dans le lit des parents, l'étape suivante va être d'aller dormir dans le lit de l'enfant la première nuit, de rester assis sur le lit la deuxième nuit, de s'installer sur une chaise la troisième nuit, et ainsi de suite.

Ce programme a amélioré le sommeil de 85 % des vingt-huit enfants qui y ont participé. Fait intéressant, Minde et son équipe ont recommandé que ce soit les pères qui se chargent de cette mission dans la mesure où ils avaient moins de mal à s'y tenir. En revanche, ils ont montré que les interventions avaient tendance à échouer lorsque le père refusait de s'impliquer dans les problèmes de sommeil de l'enfant. Un des gros avantages de ce programme, c'est qu'en résolvant les problèmes de sommeil, les parents et l'enfant parviennent également à résoudre d'autres zones de conflit.

Inclure l'enfant dans la recherche de solutions

Le programme de Minde et de son équipe peut être amélioré en prévenant l'enfant à l'avance et en l'aidant à trouver ce qu'il peut faire au lieu de pleurer et d'appeler ses parents. Cela peut être particulièrement efficace avec des enfants qui ont une bonne maîtrise de la parole.

Ce genre d'entreprise menée conjointement entre parents et enfant montre à l'enfant que ses priorités — se sentir protégé et en sécurité — ne sont pas nécessairement incompatibles avec celles des parents — ne pas être réveillés.

Voici une des manières de présenter les choses.

« Danny, tu sais quand tu te réveilles la nuit et que tu appelles Maman ? (Attendez une réponse.)

Et que Maman a tellement sommeil qu'elle est de mauvaise humeur et qu'elle te crie de te rendormir ? (Attendez une réponse. Cela peut se résumer à un visage grave ou un regard entendu.)

Tu sais, Maman n'aime pas être de mauvaise humeur contre toi. Mais j'ai tellement sommeil la nuit que je deviens grognon et c'est pour ça que je crie. (Attendez une réponse, pas nécessairement verbale.)

C'est dur pour les papas et les mamans de se réveiller au milieu de la nuit. Je me suis demandé ce que tu pouvais faire pour te sentir mieux quand tu te réveillais la nuit. (Énumérez les différentes possibilités avec l'enfant.)

Si on essayait ce soir. Quand tu te réveilles, dis-toi : “Maman dort. Je vais faire un câlin à mon nounours et lui parler.” Ce soir, avant que tu ailles te coucher, je t'en reparlerai. Comme ça, Maman peut dormir, toi, tu peux parler avec ton ours et personne ne sera de mauvaise humeur. »

Il est bon d'avoir cette conversation pendant la journée, lorsque les parents et l'enfant sont reposés, et non au milieu d'un conflit. Cela permet à tout le monde d'y réfléchir pendant le reste de la journée et de se préparer à sa mise en œuvre le moment venu.

Pour certains parents et enfants, il suffira de parler pour arriver à un échange significatif. Pour d'autres, il sera utile d'avoir cette conversation dans le cadre d'un jeu. L'adulte peut mettre en scène l'enfant qui vient de se réveiller dans sa chambre et qui appelle ses parents. La scène réelle peut alors être rejouée. Lorsque l'enfant est suffisamment impliqué dans le jeu, le parent peut profiter d'une pause pour dire : « C'est ce qui nous arrive la nuit, hein ? » Ce peut être un bon point de départ pour un dialogue et la représentation jouée des solutions possibles.

Là encore, la manière de faire importe plus que les paroles. L'enfant a besoin de comprendre que ses parents n'exigent pas de lui qu'il se rendorme. Ils sont en train de l'aider à grandir et à faire ce que l'on attend de lui.

Les terreurs nocturnes

Parfois, l'enfant se réveille au milieu de la nuit en hurlant de terreur. Cela mérite l'intervention rapide des parents. S'il sait s'exprimer, l'enfant évoquera peut-être, entre deux sanglots, « le méchant monsieur », « le monstre », « la sorcière » ou toute autre créature effrayante sortie de son imagination. C'est le signe que les rêves ont fait leur apparition et sont devenus des cauchemars.

Une manière de rassurer l'enfant consiste à lui dire, pendant la journée, que ces rêves sont des images qui se trouvent dans sa tête et qui ne peuvent pas lui faire de mal. La plupart des enfants traversent une phase où ils font des cauchemars, en particulier dans des moments de stress intense comme le début de la maternelle, un changement de nourrice, une visite difficile chez le médecin, une rencontre avec un animal effrayant, une histoire ou un film particulièrement impressionnants. Si les cauchemars persistent, c'est en général le signe que l'enfant se débat avec une inquiétude ou une peur inavouée ou qu'il est soumis à une pression trop grande. Découvrir l'origine de la peur permet en général de trouver une solution.

On possède la preuve que certains cas de terreurs nocturnes ont une origine physiologique et peuvent être héréditaires[8]. Pendant ce genre d'incidence, le comportement de l'enfant suit un schéma bien établi, avec gesticulations, respiration excessivement rapide, rythme cardiaque précipité, transpiration et cris de détresse qui peuvent dégénérer en pleurs inconsolables. Il arrive que l'enfant réagisse à la présence réconfortante de ses parents par une peur intense, une certaine confusion et désorientation et des efforts pour s'enfuir. Certains enfants hurlent pendant un intervalle de temps compris entre moins d'une minute et vingt minutes. L'enfant semble ne pas s'apercevoir des soins prodigués par ses parents et n'a souvent aucun souvenir de l'événement le lendemain. Lorsque les cauchemars deviennent récurrents et intenses au point de perturber la vie familiale, il est bon de parler d'évaluation du sommeil avec le pédiatre de l'enfant.

L'importance des rituels

Il y a de nombreuses raisons qui font que les enfants ont du mal à s'endormir : peur de lâcher prise en laissant le sommeil venir ; résistance à renoncer au plaisir de rester debout avec le reste de la famille ; angoisse d'être tout seul dans sa chambre ; fantasmes sur ce qui se passe dans l'obscurité de la maison.

C'est pourquoi les rituels du coucher ont tant d'importance. Ils permettent de contenir les inquiétudes, de faire taire les angoisses et de créer des liens rassurants avec les autres.

Le fait de structurer les activités qui précèdent le coucher peut aider l'enfant à acquérir un sentiment d'appartenance qui se prolongera jusque dans son sommeil. Des dîners ininterrompus (sans coups de téléphone ou distractions d'aucune sorte), un moment de jeu paisible et puis les cérémonies suivantes — se mettre en pyjama, se brosser les dents, raconter sa journée, anticiper celle du lendemain, lire une histoire, chanter une berceuse, dire une prière — toutes ces activités peuvent s'intégrer dans un rituel familial qui sera associé à un sentiment de sécurité et de protection auquel l'enfant pourra se raccrocher quand les lumières seront éteintes.

Si le rituel du coucher est mené avec une assurance tranquille, vous n'aurez pas besoin de rester avec l'enfant jusqu'à ce qu'il s'endorme. Un commentaire rassurant depuis la salle à manger — « Je suis là et tout va bien » — suffira à lui faire comprendre qu'il est capable de surmonter l'angoisse qu'il ressent seul dans son lit et que le parent a raison de penser qu'il peut le faire seul. Les tout-petits qui sortent victorieux de ce genre d'expérience sont plus forts.

La rivalité entre frères et sœurs

Avoir un petit frère ou une petite sœur

La naissance d'un petit frère ou d'une petite sœur est un immense choc pour un tout-petit. Cela ne veut pas dire que ce soit une mauvaise chose au plan psychologique. Au contraire, cela peut permettre de nombreuses expériences et donner l'occasion de nouer une relation affective de toute une vie avec un frère ou une sœur. Mais c'est une expérience qui perturbe profondément l'enfant parce qu'il a l'impression d'être délogé de la place qu'il occupait dans la constellation familiale. Il n'est plus le seul et unique enfant dans la vie de ses parents s'il n'avait pas jusque-là de frère et sœur, ni le petit dernier si c'était lui le plus jeune.

Suivant leur âge, leur type de caractère et leur stade de développement, les tout-petits vont exprimer leur détresse de différentes façons.

> Susanna, quinze mois, essaie de pousser le bébé des genoux de sa mère et demande à téter son sein alors qu'elle est sevrée depuis des mois. Elle essaie de mordre le bébé à la moindre occasion. Elle est infernale et parcourt la maison d'un pas mal assuré, elle qui ne marche que depuis une époque très récente. Pendant la journée, elle est agressive et hyperactive, mais la nuit, elle régresse et redevient un petit bébé, se réveillant souvent pour demander le sein de sa mère ou son substitut, le biberon. Elle se cramponne à sa sucette et est désespérée quand elle ne l'a plus.
>
> Benjamin, qui a lui aussi quinze mois, réagit de manière très différente. Il se replie sur lui-même et ne dit plus rien. Il a l'air triste et préoccupé et éclate en sanglots à la moindre contrariété. Il semble avoir perdu son pouvoir de sourire et ses mouvements manquent d'entrain et de vigueur. Il se met à rejeter sa mère, mais ne quitte plus son père.

Nancy, vingt-quatre mois, serre son petit frère si fort dans ses bras qu'il devient écarlate. Quand sa mère vient le secourir, Nancy se met à hurler. Elle veut constamment le tenir, mais se débrouille toujours pour le faire pleurer.

Rebecca, vingt-huit mois, est surprise en train de rôder avec un nœud en soie et un marteau. Lorsque son père lui demande ce qu'elle a l'intention de faire, elle dit : « Un nœud pour sa tête » en montrant le crâne totalement chauve de sa petite sœur de trois mois.

Peter, trente mois, regarde son petit frère qui n'a qu'une semaine et dit : « Bon, maintenant, il peut repartir. » Une autre fois, il demande : « On peut le mettre au four ? On peut le manger ? Il serait délicieux ! »

Le même Peter, qui a maintenant trois ans et demi, regarde son frère souffler sa première bougie et dit : « Il est mignon, hein ? On ne va pas le tuer, hein ? »

Janice, quatre ans, a un petit frère de cinq mois. Elle se confie à une petite camarade : « Attends d'en avoir un. Tu seras folle de rage quand ta maman lui donnera à manger. » Elle tourne le dos aux invités qui admirent le nouveau bébé et les fusille du regard quand ils font mine de l'admirer à son tour.

Ces exemples montrent comment l'expression de la colère et de l'ambiguïté évolue chez de jeunes enfants qui viennent d'avoir un petit frère ou une petite sœur. À quinze mois, Susanna et Benjamin expriment leurs sentiments simplement et directement selon leurs caractères — Susanna, avec des coups, Benjamin, en se repliant sur lui-même. Les enfants plus grands font preuve de réactions plus complexes. Ils s'efforcent de maîtriser leurs pulsions agressives et de les concilier avec des sentiments d'amour. Rebecca, qui aime porter des rubans dans son abondante chevelure, désire ostensiblement partager ce plaisir avec sa sœur qui est chauve et ne trouve pas de meilleure idée que de lui clouer un ruban sur la tête. Au début, Peter se débat avec des désirs contradictoires — il veut que son frère reparte et il veut se l'incorporer en le mangeant. Aux alentours de trois ans et demi, le côté de lui qui aime son frère commence à l'emporter sur celui qui veut le tuer. Arrivée à l'âge mûr de quatre ans, une petite fille comme Janice peut réfléchir sa colère comme un état intérieur qui n'a plus besoin de se manifester par des actes destructeurs.

La peur de ne plus être aimé par ses parents est ravivée par la naissance d'un petit frère ou d'une petite sœur. Voir sa mère s'occuper d'un autre enfant est la preuve flagrante que cette peur est devenue réalité. Et comme si cela ne suffisait pas, le père est lui aussi totalement absorbé par le nouveau venu et tous les visiteurs font eux aussi d'abord attention à lui. La peur d'être remplacé par quelqu'un de mieux, peur qui hante de nombreux adultes, trouve son origine ici.

L'arrivée d'un nouveau bébé va apporter des tas de changements concrets dans la vie quotidienne d'un tout-petit. Il lui faut désormais attendre plus souvent et plus longtemps les choses qu'il désire ou dont il a besoin. Il passe plus de temps seul. Il est plus souvent grondé et corrigé parce que ses parents essaient de lui apprendre ce qu'il peut et ne peut pas faire avec le bébé. Certaines de ses activités préférées — aller nager, aller au parc, jouer à un jeu qu'il aime — sont souvent écourtées ou différées à cause du bébé. Il n'est plus possible de faire les choses aussi spontanément parce qu'il faut respecter ses horaires, et le temps qu'il faut pour préparer son sac peut paraître interminable.

Ce sont des privations importantes pour un tout-petit. L'exemple qui suit montre à quel point il peut les ressentir vivement.

> Sammy, vingt-huit mois, s'est mis à se prendre la tête dans les mains et à pousser de profonds soupirs depuis la naissance de son petit frère. Quand son père lui demande pourquoi il fait ça, il répond : « Je suis triste. » Quand son père lui demande pour quelle raison, Sammy le regarde tristement et dit : « Je veux qu'on me rende ma maman. »

Ces sentiments existent même lorsque les parents se montrent patients et compréhensifs envers l'enfant et qu'ils l'aident à mieux vivre ce tumulte des sentiments. La rivalité à l'égard du nouveau-né peut donner lieu aux premières expériences durables de jalousie, d'envie, de honte et de culpabilité.

Même sans l'arrivée d'un petit frère ou d'une petite sœur, les tout-petits se sentent parfois plus petits ou plus grands que ce qu'ils sont. Comme Linda l'a fait remarquer : « Je suis un bébé, mais je suis aussi une grande fille. » Le fait d'être obligé de supporter un nourrisson jour après jour peut intensifier le désir de l'enfant de redevenir un bébé. Les enfants expriment ce désir en redemandant un biberon, en régressant en matière de propreté ou en utilisant un vocabulaire de bébé. À l'inverse, ils peuvent également éprouver un sentiment de fierté et de supériorité lorsqu'ils se rendent compte qu'ils savent faire des tas de choses dont le bébé est incapable.

Les parents ont intérêt à jouer le jeu et à laisser l'enfant régresser à son gré. Lui donner un biberon ou une sucette, le porter jusque dans sa chambre, le bercer dans ses bras, lui parler comme à un bébé — tous ces retours en arrière rassurent l'enfant que son côté bébé lui vaut toujours l'attention de ses parents quand il en a besoin. Fort de cette certitude, l'enfant peut continuer à prendre plaisir au nombre croissant de ses compétences.

La supériorité de l'enfant sur le bébé peut être un bon antidote à ses sentiments de jalousie. Lorsque les parents s'exclament sur une prouesse de l'enfant ou font remarquer que le bébé en est encore incapable, l'aîné est réconforté de se sentir encore aimé et distingué.

Ce qu'il convient peut-être surtout de lui faire comprendre, c'est que les genoux de Papa ou Maman sont assez grands pour deux. Lorsqu'un enfant est chassé des genoux de sa mère parce que le bébé a besoin de téter, il peut avoir l'impression qu'on lui enfonce un poignard dans le cœur. Le fait que le père commence par demander des nouvelles du bébé en rentrant du travail peut faire perdre tout espoir à l'enfant d'être à nouveau celui qu'on aime le plus. Au risque de perdre de leur spontanéité, les parents rendront un grand service à l'enfant en pensant à ce qu'il ressent en les voyant avec le bébé. Pendant cette difficile période d'ajustement, inclure l'aîné ou lui donner la priorité chaque fois que c'est possible l'aidera à mieux supporter la présence du bébé et, plus encore, à éprouver de l'amour pour ce nouveau frère ou cette nouvelle sœur.

QUAND L'ENFANT EST LE PETIT DERNIER

Sarah, quatre ans, s'amuse à se déguiser dans sa chambre. Une boîte qui contient sa précieuse collection de barrettes et de rubans se trouve par terre à côté d'elle. Sa sœur Robyn, quinze mois, entre dans la chambre, se dirige tout droit vers la boîte et met un des rubans de Sarah dans sa bouche, le couvrant de salive. Sarah hurle et tape Robyn qui se met à crier.

Mario, six ans, joue au ballon avec un ami. Ronnie, vingt-quatre mois, veut se joindre à eux. « Moi aussi, moi aussi ! » crie-t-il.

Ayana, trois ans et demi, attend depuis quelque temps que sa mère lui lise une histoire. Lorsqu'elles sont enfin toutes les deux confortablement installées et qu'elles s'apprêtent à commencer, Omar, dix-huit mois, se met à gémir qu'il a faim. La lecture s'achève avant d'avoir commencé.

Rachel, quatre ans, et Armon, deux ans et demi, se disputent âprement pour savoir qui s'assiéra à côté de Papa pour regarder la télévision.

Ces scènes fort banales illustrent à quel point les tout-petits peuvent venir perturber la vie de leurs aînés. Ils sont petits et, la plupart du temps, ils font des tas de bêtises. Qui plus est, ils pleurent souvent lorsqu'ils sont contrariés et ensuite, ils ont l'air tellement triste et démuni qu'il est presque impossible de ne pas prendre leur défense.

L'erreur la plus fréquente commise par les parents dans les relations frères-sœurs est sans doute de systématiquement prendre le parti du petit dernier. Cela arrive souvent parce que les jeunes enfants ont l'air si vulnérable. Une autre erreur fréquente est de punir l'un des deux enfants ou les deux sans chercher à savoir ce qui s'est passé.

Les parents peuvent de temps en temps se permettre de fermer les yeux sur les relations frères-sœurs. Laisser les enfants régler leurs désaccords est une bonne expérience quel que soit leur âge. Les négociations sont parfois houleuses et il arrive que la force l'emporte sur la justice. Mais le problème avec l'intervention parentale, c'est qu'elle n'est pas une garantie de justice. Elle met simplement en scène un interlocuteur plus costaud que tout le monde, qui aura le dernier mot quoi qu'il en soit. On peut se retrouver dans une situation où le parent impose à l'aîné la même autorité arbitraire que celui-ci essayait d'imposer au plus petit. Ce genre de méthode peut signifier à l'aîné : « Fais ce que je te dis, ne fais pas ce que je fais. »

Les enfants ont besoin de définir leurs relations et les parents peuvent les aider tout comme ils peuvent y faire obstacle. Un des rôles des parents est de s'assurer qu'ils accordent suffisamment d'attention à l'aîné, ce qui lui évitera de rivaliser avec son frère ou sa sœur pour avoir droit à une place au soleil. Le cas de Tobias et d'Andy évoqué au chapitre 6 montre les répercussions affectives que peut avoir une intervention excessive ou partiale des parents. L'enfant qui est favorisé peut devenir tyrannique tellement il est sûr que ses parents prendront sa défense. L'enfant qui se trouve systématiquement défavorisé se transformera secrètement en tyran et il essaiera de s'en tirer à bon compte lorsque ses parents ne sont pas là, ou bien il refoulera sa colère et son ressentiment, ce qui gênera sa spontanéité affective et sa liberté d'expression.

Il y a bien entendu des moments où les parents doivent intervenir. Dans le premier exemple, lorsque Sarah a tapé Robyn, le père a bien fait de rappeler à Sarah qu'elle avait le droit de gronder Robyn et d'être en colère contre elle, mais pas de la taper. Puis il a dit à Robyn qu'elle devait laisser sa sœur jouer toute seule et il l'a emmenée hors de sa chambre. C'était une intervention concise, qui allait droit au but et s'adressait à chaque enfant selon ce qu'elle pouvait comprendre. Chacune en a retiré quelque chose.

Mieux vaut se contenter de n'intervenir que lorsque la dispute menace de dégénérer en pugilat. En s'interposant de manière posée et succincte, le parent introduit des valeurs importantes en matière de résolution de conflit. Les enfants apprennent qu'ils peuvent maîtriser leurs émotions négatives et chercher une solution juste et équitable pour tout le monde. Au début, le parent est obligé de jouer le rôle de modérateur. Mais, petit à petit, les enfants intériorisent ce modèle et se mettent à le suivre.

Les disputes conjugales

Les tout-petits s'inquiètent lorsque leurs parents se disputent devant eux. Cela signifie-t-il que mari et femme doivent régler leurs différends quand ils sont seuls ? Les parents doivent-ils épargner à leurs enfants la souffrance de les voir se disputer ?

Il n'y a parfois pas meilleurs juges que les enfants pour savoir ce qui est bon pour eux. Forte de cette certitude, j'ai donc demandé son avis à une petite fille de cinq ans. Il se trouvait que ses parents s'étaient envoyés des piques toute la journée et que par conséquent, le problème était présent dans son esprit. Elle a pris ma question très au sérieux, a réfléchi une minute et m'a dit avec une conviction profonde : « C'est mieux quand ils se disputent devant moi. Du coup, j'ai moins peur parce qu'on peut en parler. »

Sa réponse montre à quel point elle croit au pouvoir de la parole. Elle assimile parole et réconfort. Même quand ses parents s'emportent, Lydia est soulagée qu'ils lui expliquent ensuite pourquoi ils se sont disputés et qu'ils lui disent qu'ils se sont réconciliés.

Les enfants plus jeunes vont-ils réagir comme Lydia ? Ils ne sauront peut-être pas l'exprimer aussi bien qu'elle, mais ils seront sans doute de son avis. Les tout-petits sont très sensibles aux silences glacés, aux tons sarcastiques et aux tensions inexprimées. Ils sentent que quelque chose ne va pas, mais ils ne savent pas ce que c'est. Ils peuvent même devenir irritables et accaparer leurs parents lorsque ces derniers se disputent et ils essaient de le cacher. L'enfant extériorise la tension qu'il ressent, mais qu'il ne comprend pas.

Lorsque les désaccords conjugaux ne dégénèrent pas, ils sont très instructifs pour les tout-petits. Ils leur apprennent à se familiariser avec la dispute et la réconciliation telles qu'elles sont vécues par les deux adultes qui comptent le plus dans leur vie. Cette expérience leur permet aussi de mettre en perspective les moments où ils sont eux-mêmes en colère contre leurs parents et se réconcilient ensuite.

Il y a cependant des disputes conjugales d'une telle violence que la confiance des tout-petits en ressort gravement ébranlée. Ce genre de disputes terrifie les enfants. Ils n'ont pas seulement peur que leurs parents ne s'aiment plus, ils les voient aussi sous leur pire jour — en proie à la colère, indifférents et indisponibles à leurs besoins. L'image d'un parent qui hurle et qui n'est plus maître de lui ravive les craintes les plus profondes de l'enfant : celles d'être abandonné et de ne plus être aimé. Pour bon nombre d'adultes, les violentes disputes de leurs parents font partie des souvenirs les plus terrifiants de leur enfance.

L'existence même de l'enfant demande que les parents s'engagent à régler leurs différends de façon constructive plutôt que destructive. Les disputes radicales remettent en question, par leur nature même, cet engagement. Une éducation mûrement réfléchie implique que les parents aient conscience des conséquences de leurs actes et qu'au nom de l'enfant, ils fassent un effort pour atténuer la violence de leurs émotions.

Lorsque cet effort échoue, comme c'est parfois le cas, il est bon que les parents réfléchissent aux répercussions de leur dispute. Reconnaître la peur de l'enfant, le réconforter, lui faire des excuses, se faire un gros câlin et essayer de faire mieux la prochaine fois sont autant d'étapes qui vont permettre de limiter les dégâts d'un épisode que l'on souhaiterait, mais qu'on ne peut effacer.

La discipline est-elle vraiment nécessaire ?

C'est la question que posent le plus souvent les parents qui ont des enfants en bas âge. Elle est souvent motivée par le désir de s'entendre dire que si les enfant sont aimés, compris et bien traités, ils n'auront pas besoin de discipline parce qu'ils obéiront spontanément aux demandes de leurs parents.

Malheureusement, l'homme ne fonctionne pas de façon aussi simple. Les tout-petits ne sont pas des clones de leurs parents ; ils ont leurs désirs, leurs besoins, leurs projets. Ceux-ci ne sont pas nécessairement en contradiction avec les intérêts généraux de la famille, mais quelquefois, si. L'enfant a alors besoin que ses parents lui disent que tel ou tel comportement est inacceptable ou interdit.

Au mieux, la discipline consiste à apprendre et intérioriser un certain nombre de mécanismes de contrôle. Les méthodes varient selon le stade de développement de l'enfant. Un tout-petit qui ne maîtrise pas ou qui maîtrise à peine le langage comprend certes ce qu'on lui dit, mais le parent aura intérêt à prendre des mesures pour faire cesser ou rediriger son comportement. Un enfant qui maîtrise le langage a déjà intériorisé certaines règles et on peut lui dire ce qu'il doit faire ou ne pas faire. Cependant, il arrive que des enfants de deux ou trois ans, et même encore plus grands, testent les limites de leurs parents au point où il faut prendre des mesures directes et immédiates pour leur montrer qu'ils ont passé les bornes.

Les exemples suivants montrent comment la discipline évolue en fonction des besoins d'enfants de quatorze à quarante mois.

> Greg, quatorze mois, est un enfant actif, prêt à explorer tout ce qui traverse son champ de vision. Il mange la terre des plantes de la salle à manger ; met ses doigts dans les prises électriques ; ouvre la porte du placard sous l'évier de la cuisine et fouille dans la poubelle ; ramasse tout ce qui traîne par terre — du plus petit détritus au plus petit mouton — le regarde d'un air émerveillé et le met dans sa bouche.

Il n'y a rien de moralement répréhensible à ce que fait Greg. Ce sont simplement des gestes sales, dangereux et gênants. Ses parents ont repensé toute la maison en fonction de leur fils, mais ce dernier trouve toujours une chose à laquelle ils n'avaient pas songé. C'est une période épuisante pour la plupart des parents. Ils sont sans cesse obligés de dire « non » et de rediriger l'enfant vers des activités plus acceptables.

Les parents ont souvent l'impression que leur fils n'apprend rien, mais chaque chose a son utilité. Greg commence bientôt à hésiter avant de s'approcher du but interdit. Il examine ensuite le visage de ses parents avant de s'avancer. Ces comportements montrent que le souvenir des interdits et de la réorientation des parents commence à rivaliser avec le désir irrépressible de faire ce que l'on veut.

Même si ce processus d'acquisition va durer longtemps, Greg commence à acquérir les rudiments de ce qui finira par devenir une conscience. Il commence son apprentissage en obéissant aux directives extérieures que sont le bien et le mal.

Joel, deux ans, mord ses parents et ses amis chaque fois qu'il est en colère contre eux. Cela a causé quelques frictions entre ses parents et les parents de ses amis qui voient d'un mauvais œil les marques que Joel laisse sur le visage et les bras de leurs enfants. Certains enfants ont peur de jouer avec Joel même quand celui-ci n'est pas en colère. Les parents de Joel rechignent eux aussi, parfois, à s'approcher de leur fils par peur de se faire mordre.

Joel est un petit garçon qui a toujours aimé téter et qui a renoncé au sein et au biberon à contrecœur. Il manifeste sa colère d'avoir dû abandonner ces plaisirs par un besoin de mordre chaque fois que ses sentiments deviennent trop difficiles à maîtriser. Sa bouche, qui autrefois était le réceptacle de ses plaisirs, est devenue l'instrument idéal de sa vengeance.

Comprendre Joel n'implique pas que l'on approuve ce qu'il fait. Ses parents lui rappellent avec fermeté qu'il n'a pas le droit de mordre et l'écartent chaque fois qu'il fait mine d'essayer. En réaction, Joel commence à se mordre lui-même. Il signifie par là qu'il comprend la réprobation de ses parents et qu'il essaie de s'y conformer, mais ses pulsions sont trop fortes par rapport à la fragilité de ses mécanismes de contrôle internes.

Il est possible d'aider un enfant qui sait à peine parler et qui est submergé par ses propres émotions : il suffit de lui donner le moyen de rediriger son besoin de mordre ou de taper. Les parents de Joel donnent à leur fils un anneau de dentition en lui disant qu'il a le droit de le mordre. Il lui faut quelque temps pour faire la transition, mais au bout d'une semaine, il mord son anneau à pleines dents. Et dans la foulée, arrête de se mordre et de mordre les autres.

L'étape suivante survient un an plus tard, à trente-six mois, lorsque Joel, qui a désormais une bonne maîtrise du langage, regarde son petit frère qui vient de naître et demande : « Maman, c'est vrai que je peux avoir *envie* de mordre, mais ne pas avoir le droit ? » Le désir de mordre est prêt à refaire surface, mais Joel est maintenant capable de ne pas faire une chose qu'il sait répréhensible. Il a commencé à intérioriser les notions de bien et de mal, autrement dit, à avoir une conscience.

> Sonya, deux ans et demi, dîne avec ses parents et quatre autres invités. Elle commence à chanter assez fort, rendant la conversation entre les adultes difficile. Pour lui faire plaisir, sa mère interrompt sa conversation et chante avec elle pendant quelques minutes. Quand la mère recommence à discuter avec les invités, Sonya crie : « Chante avec moi ! » Prise au dépourvu, la mère recommence à chanter. Le père lui demande de ne pas chanter aussi fort, mais il écoute la chanson. Sonya devient le centre de l'attention. Cela se poursuit pendant une demi-heure. Chaque fois que les parents essaient de reprendre une conversation d'adulte, Sonya proteste violemment et chaque fois, sa mère accepte de chanter avec elle. Les invités finissent leur repas avec l'estomac retourné.

Qu'est-ce qui ne va pas dans cette scène ? Les adultes ne doivent-ils pas céder lorsque de jeunes enfants réclament leur attention ? Les invités ne sont-ils pas déraisonnables de vouloir avoir une conversation d'adultes en présence d'une enfant de deux ans ?

Il n'est jamais trop tôt pour apprendre à un enfant que les tours de rôle existent et que personne ne peut monopoliser l'attention d'un groupe contre sa volonté. Si les parents de Sonya avaient dès le départ demandé à leur fille de baisser la voix parce que cela leur faisait mal aux oreilles et s'ils avaient chanté avec elle quelques minutes avant de retourner à leurs invités, Sonya aurait appris qu'elle était un élément parmi d'autres, et non le seul.

Lorsqu'elle s'est mise à protester, il aurait fallu lui dire fermement qu'elle avait eu son tour et que c'était maintenant au tour des autres. En ajoutant que plus tard, ce serait à nouveau son tour. Au cas où les protestations se seraient intensifiées, il aurait été bon de l'emmener dans sa chambre et de lui parler en privé de l'importance de laisser parler aussi les autres. Puis de lui demander si elle était prête à retourner à table.

La plupart des mères savent, bien entendu, que dans bon nombre de situations sociales, elles sont obligées de partager leur attention — un œil et une oreille pour l'enfant, et un œil et une oreille pour la scène sociale. C'est l'un des aspects les plus éprouvants de cet âge. Mais aussi fatigant que ce soit, il est indispensable si l'on veut apprendre à un enfant à se conduire comme un partenaire plutôt que comme un despote au sein d'un groupe.

> Cynthia, quarante mois, passe un mauvais après-midi. Elle vient d'apprendre que ses parents sortaient pour la soirée. Même si elle est gardée par

un adolescent qu'elle connaît et qu'elle aime bien, Cynthia vit la sortie de ses parents comme une insulte personnelle. Au lieu de mettre à profit le temps qui lui reste pour se préparer à la séparation, elle se lance dans une attaque de grande envergure pour convaincre sa mère de ne pas sortir. Environ toutes les vingt minutes, elle se met à pleurer en criant : « Je ne veux pas que vous sortiez. » Comme elle est douée d'une exceptionnelle capacité à verbaliser ses sentiments, elle donne des détails : « Vous allez trop me manquer. Pourquoi est-ce que vous sortez sans moi ? Je vais être trop triste. »

La mère de Cynthia se sent peinée par les sentiments de sa fille, mais elle se sent également manipulée par l'enfant qui sait comment la culpabiliser en décrivant en détail à quel point elle est triste. Déchirée entre ces deux sentiments, la mère choisit alternativement de rassurer sa fille en lui disant que tout se passera bien, de lui demander de se ressaisir et d'arrêter de geindre, de la menacer (sans s'exécuter) de l'envoyer dans sa chambre si elle continue. Les pleurs de Cynthia ne s'arrêtent pas et redoublent d'intensité lorsque arrive le baby-sitter et que les parents s'apprêtent à partir. L'enfant s'accroche à sa mère en hurlant : « Ne pars pas ! »

La mère de Cynthia joue involontairement avec l'incapacité de sa fille à maîtriser son angoisse. Le fait que la mère tolère les récriminations de sa fille et répugne à y mettre un terme est interprété par l'enfant comme le signe qu'elle peut non seulement exprimer ses sentiments mais aussi s'en servir pour harceler sa mère.

Cynthia aurait besoin de plus de fermeté. Elle a besoin qu'on lui dise que son comportement n'est pas justifié et qu'elle gâche le temps qu'elle pourrait passer avec sa mère. C'est le genre de situations où l'on peut retirer son affection et son approbation pour aider l'enfant à se maîtriser.

On peut craindre que Cynthia se sente coupable si on lui dit qu'elle se conduit mal. Dans ce cas, le fait de se sentir coupable sera plutôt bénéfique. En grandissant, les enfants (comme les adultes) ont besoin d'éprouver du remords lorsqu'ils font quelque chose de mal. La culpabilité est une émotion utile lorsqu'on l'éprouve en réponse à une conduite particulièrement pénible. Elle n'est malsaine que lorsqu'elle envahit tout, comme c'est le cas chez les enfants qui ont constamment peur de mal agir et sont incapables de s'affirmer eux-mêmes.

Les pairs et les frères et sœurs plus grands sont parfois à cet égard de meilleurs professeurs que les parents. Ils font savoir sans ambages qu'ils désapprouvent et c'est une réaction très instructive. Les parents ont souvent trop peur de culpabiliser leur enfant ou de lui faire sentir qu'ils ne l'aiment plus en exprimant leur réprobation ou en retirant leur affection. Ils se forcent à réagir comme s'ils aimaient autant l'enfant, qu'il se conduise bien ou mal. Or c'est impossible, et ni l'enfant ni les parents ne sont dupes. Faire croire que l'affection et la bienveillance ne changent pas, quelle que soit l'attitude, peut en réalité être néfaste, parce que cela manque d'authenticité et que les enfants s'en aperçoivent. L'authenticité de l'émotion est un élément important lorsque l'on veut apprendre aux enfants à mesurer les conséquences de leurs actes et à construire des mécanismes de contrôle internes.

En résumé, les tout-petits sont incapables de devenir des êtres socialement acceptables et affectivement équilibrés si leurs parents ne les aident pas à moduler, maîtriser et rediriger leurs émotions négatives. Les enfants qui ne maîtrisent pas encore la parole ont besoin de canaliser leurs pulsions, de mordre et de taper vers des activités inoffensives pour autrui — taper avec un marteau sur un établi miniature plutôt que sur la tête d'un bébé, mordre un anneau en caoutchouc plutôt que la joue d'un pair. À mesure que l'enfant maîtrise mieux le langage, ses parents peuvent attendre une conduite plus adéquate. Ils peuvent demander que l'enfant verbalise ses sentiments plutôt que de les extérioriser par des gestes agressifs et exprimer leur réprobation lorsque ce n'est pas le cas. Cela étant, il est parfois nécessaire de prendre des mesures énergiques même avec des enfants qui maîtrisent bien le langage. Comme le montre le cas de Cynthia, un enfant qui s'exprime bien peut se servir du langage comme moyen d'agression. Lorsque le parent se sent verbalement harcelé par l'enfant, il peut tout aussi bien y mettre un terme que s'il s'agit d'une agression physique.

L'aspect positif, c'est que loin de menacer la collaboration parent-enfant, le fait de fixer des limites la renforce. Une collaboration efficace repose sur la faculté de faire face à tout un éventail de sentiments et sur la certitude que l'harmonie survit à la dispute.

CHAPITRE 9

Quand les parents divorcent

Les tout-petits sont profondément affectés par les disputes et le divorce de leurs parents. Je me souviens d'un petit garçon de dix-huit mois qui s'était interposé entre son père et sa mère pendant une dispute en leur hurlant de s'arrêter. Après leur séparation, il appelait le parent qui était absent avec des sanglots dans la voix. Quand son père le ramenait chez sa mère, l'enfant s'agrippait à lui et refusait de le laisser partir. Après son départ, l'enfant frappait sa mère, se jetait par terre en pleurant et la repoussait chaque fois qu'elle essayait de le consoler. Cela a continué pendant des semaines. Son inquiétude ne s'est calmée qu'après que ses deux parents lui ont promis qu'ils l'aimaient toujours et qu'ils ne le quitteraient jamais.

Tous les enfants ne montrent pas leur désespoir aussi ouvertement. Le tempérament individuel ainsi que l'aisance des parents face à l'expression de sentiments négatifs ont une grande influence sur la façon dont chaque enfant va montrer sa douleur, sa colère et sa peur. L'adulte est parfois obligé de déduire les sentiments les plus profonds de l'enfant à partir de signes extrêmement subtils.

Si on laisse de côté leur manière d'exprimer leur désespoir, on peut dire sans risque de se tromper que tous les enfants se demandent ce qu'ils vont devenir lorsque leurs parents se séparent. Ils regrettent le parent absent et les activités familiales habituelles. Ils ont peur d'être eux aussi abandonnés. Ils en veulent à la fois au parent qui reste et à celui qui part, et ce, pour différentes raisons.

Ce ne doit pas être nécessairement un motif de culpabilité pour les parents qui divorcent, même si une certaine dose de remords est sans doute inévitable. À long terme, les enfants seront sans doute plus épanouis si on leur épargne de vivre quotidiennement la colère, la tension ou l'ironie qui existent entre leurs parents. Des études suivies ont montré que la plupart des enfants de parents divorcés se développaient de façon équilibrée lorsque les parents restaient à l'écoute de l'enfant et qu'ils se montraient affectivement disponibles en dépit de leur propre souffrance[1, 2].

Certaines réactions des tout-petits au divorce sont dues à leur tendance à se mettre au centre de tout ce qui se passe autour d'eux. Une petite fille équilibrée et heureuse a fait cette réflexion en voyant un lion rugir dans sa cage : « Il rugit parce qu'il veut me manger pour le petit déjeuner. » Dans son esprit, une manifestation aussi impressionnante la concernait forcément d'une manière ou d'une autre. Piaget[3] parle de cet aspect de la pensée enfantine comme d'un « égocentrisme », non pas parce que les enfants sont égoïstes, mais parce qu'ils interprètent les événements de manière subjective, selon leurs réactions. Leur compréhension des relations de cause à effet est centrée sur leur capacité d'action sur le monde. Les jeunes enfants réagissent par conséquent à un événement en fonction de la manière dont celui-ci les affecte. Autrement dit, ils raisonnent en projetant sur eux-mêmes les conséquences réelles ou imaginaires de l'événement.

Du fait de cette logique rudimentaire, voici approximativement l'enchaînement d'associations non dites (car indicibles) qui se produit en cas de divorce.

- « Si Papa est parti, ça veut dire que les gens peuvent s'en aller, et dans ce cas-là, peut-être que Maman me laissera moi aussi. »
- « Si Maman a arrêté d'aimer Papa, peut-être qu'elle va arrêter de m'aimer moi aussi. »
- « Si Papa et Maman se sont fâchés et ne veulent plus habiter ensemble, peut-être qu'ils ne voudront plus habiter avec moi quand ils seront fâchés contre moi. »

Ces conclusions sont bien entendu inexactes, mais elles n'en ont pas moins d'importantes répercussions. Un tout-petit dont les parents divorcent découvre bien trop tôt que les relations humaines sont fragiles et que les liens affectifs ne durent pas toujours.

Une fois que la certitude que Papa et Maman seront toujours là a été ébranlée, d'autres inquiétudes apparaissent. En fait, l'imagination naissante de l'enfant lui permet de créer des scénarios plus terrifiants encore que la réalité vécue. Une enfant qui avait peur des disputes de ses parents s'imaginait attaquée par des animaux sauvages. Un autre enfant dont les parents se battaient pour obtenir sa garde a commencé à avoir peur d'être kidnappé. L'épreuve, pour des parents qui divorcent, c'est de faire comprendre à leur enfant qu'en dépit de leur souffrance personnelle, ils continueront à l'aimer et à s'occuper de lui et que, même si les papas et les mamans se quittent, ils n'abandonnent jamais leur enfant.

Mieux vaut peut-être commencer par expliquer calmement que Papa et Maman vont cesser de vivre ensemble, puis décrire ce qu'ils ont décidé de faire, tout en rassurant l'enfant qu'ils continueront à s'occuper de lui. Certains enfants posent de nombreuses questions une fois qu'on leur a donné cette information de départ. D'autres sont simplement trop petits ou trop effrayés pour poser des questions. Si les parents se montrent réceptifs aux questions qui leur sont posées, à la fois immédiatement après la séparation et à mesure du développement, l'enfant en conclura qu'il ne s'agit pas d'un sujet tabou et qu'il a le droit d'essayer de comprendre du mieux qu'il peut de quoi il retourne.

Déstabilisation de la base de sécurité

Le divorce peut être vécu par l'enfant comme la perte de la base de sécurité représentée par la constellation familiale dans son ensemble. Cela vient du fait que les enfants n'utilisent pas seulement leur mère ou leur père comme source de sécurité, mais qu'ils perçoivent la famille comme une unité où ils établissent des relations d'intensité égale, mais de qualité différente avec chacun de ses membres.

Cela signifie qu'en temps normal, les tout-petits apprennent à établir des relations avec plus d'une personne à la fois, à accepter que l'attention soit partagée et à renoncer à avoir l'exclusivité des échanges familiaux. Ils ne sont pas seulement acteurs dans cette dynamique familiale, ils regardent aussi en coulisses comment les autres membres de la famille se comportent les uns avec les autres. Ce faisant, ils apprennent beaucoup sur leurs parents et leurs frères et sœurs et commencent à en déduire des généralités sur les rapports humains. Lorsque ces relations et ces interactions complexes sont brusquement abrégées et modifiées à la suite d'une séparation conjugale, l'enfant et le parent ont à charge de rebâtir une base de sécurité qui soit adaptée aux nouvelles conditions familiales.

Comme tout changement, la perte et la reconstruction d'une base de sécurité se font rarement sans heurts. La tristesse et la colère sont inséparables de toute dissolution familiale, tout comme elles sont inséparables de toute forme de perte. On ne peut pas empêcher l'enfant d'assister à la colère ou à la tristesse de ses parents ou d'éprouver lui-même ces sentiments. Mais on peut l'aider à affronter cette situation sans trop de dommages affectifs, à condition que les parents restent disponibles malgré leur propre souffrance.

Le mouvement est souvent porteur d'une profonde signification psychologique. Chez les jeunes enfants en particulier, le mouvement véhicule mieux l'émotion que le langage. Au cours de la deuxième année, c'est la recherche de l'équilibre qui prime et le risque de le perdre devient un sujet de préoccupation majeur. La stabilité physique est le symbole de la stabilité affective dans les jeux des enfants aussi bien que dans l'imaginaire des adultes. Tout comme ils peuvent passer des heures à essayer de maîtriser leur peur de tomber, les tout-petits peuvent également se mettre dans des situations d'équilibre précaire pour exprimer leur incertitude et essayer de maîtriser l'angoisse qui l'accompagne. Deux enfants qui sont allés voir un psychologue pendant le divorce de leurs parents se sont servis de ce moyen d'expression très directe.

> Barbara est avec ses parents dans le bureau du thérapeute et joue avec des jouets. La conversation se porte alors sur la garde de l'enfant qui fait l'objet d'un conflit entre les deux parents. Barbara s'arrête de jouer et demande à sa mère de la porter sur le rebord de la cheminée. La mère obéit et reste à proximité. L'enfant passe le reste de la séance sur le rebord de la cheminée, visiblement terrifiée de tomber, mais refusant d'en descendre.
>
> Le père de Terry désire construire une meilleure relation avec son fils et il espère que le thérapeute l'aidera. Mais il en veut tellement à sa femme de l'avoir quitté qu'il ne peut s'empêcher de la maudire même en présence de son fils. Après l'avoir écouté quelques minutes, Terry se dirige en silence vers la cage à poules, grimpe tout en haut et se tient en équilibre instable. Il semble à la fois terrifié de tomber et déterminé à rester là où il est. Lorsqu'il finit par redescendre, il renverse tous les meubles d'une maison de poupée, y compris la maison.

Ces deux enfants montrent qu'ils se sentent en déséquilibre et qu'ils sont tout juste capables de se retenir. Ils demandent implicitement au parent de rester tout près et de les protéger.

Parfois, les enfants se sentent écrasés par la responsabilité de se tenir en équilibre et rêvent d'une époque où les choses étaient plus simples et plus joyeuses. À la fin d'une séance particulièrement intense avec son père, Terry enfouit sa tête dans les genoux de son père et dit : « Je ne suis qu'un bébé. »

Qu'est-ce que les tout-petits comprennent ?

Les parents qui divorcent espèrent souvent que leurs enfants ne se rendront pas compte de ce qui se passe, qu'ils ne remarqueront ni les disputes, ni les divisions, ni les absences inexpliquées à table ou dans le lit conjugal. Sauf que les tout-petits remarquent évidemment ce qui se passe et qu'ils s'en font une idée bien avant de savoir parler. L'exemple suivant, tiré d'une séance de thérapie, montre bien le désir de la mère de protéger sa fille en lui cachant le départ de son père et les sentiments très clairs de l'enfant à ce sujet.

> ...Cela nous a amenés à parler des cauchemars de Moira et le thérapeute a demandé si Moira dormait mieux. La mère a répondu que Moira se réveillait toujours et pleurait souvent dans son sommeil. Elle s'est ensuite mise à parler de son mari. Le thérapeute lui a demandé si elle avait parlé à Moira de la séparation. La mère a répondu qu'elle ne lui en avait jamais parlé parce que l'enfant n'avait que dix-huit mois à l'époque et qu'elle pensait que Moira était trop jeune pour comprendre. Moira, qui avait alors vingt-six mois, était assise à côté de sa mère pendant la conversation. Le thérapeute s'est tourné vers elle et lui a dit : « Ta mère et moi, nous parlons de ton papa, Moira. » Là-dessus, Moira a regardé le thérapeute, puis sa mère droit dans les yeux, s'est levée de sa chaise et s'est mise à courir comme une folle du salon à la cuisine et au couloir, et en sens inverse. Le thérapeute a demandé à la mère ce qu'elle en pensait. La mère a répondu qu'elle n'avait jamais vu Moira aussi déchaînée. Le thérapeute a suggéré que peut-être Moira avait peur et demandait à être sécurisée. À ce moment-là, Moira qui courait comme une folle dans la salle de bain est tombée. Sa mère est allée la chercher, lui a fait un câlin et au bout d'un moment, lui a demandé : « Tu avais peur parce qu'on parlait de ton papa ? » Moira a regardé sa mère droit dans les yeux et a dit : « Oui. » La mère a continué : « Tu es triste que Papa soit parti ? » Moira a baissé les yeux et, de nouveau, a dit : « Oui. » La mère a encore demandé : « Tu es fâchée que Papa soit parti ? » Une fois encore, Moira a regardé sa mère

dans les yeux en disant oui. Puis elle s'est levée et a couru jusque dans la salle de bain. Sa mère s'est tournée vers le thérapeute et a dit : « Je ne pensais pas qu'elle ressentirait tout cela. Comment une enfant de dix-huit mois peut-elle comprendre tout cela ? Il n'était presque jamais là et il faisait si peu attention à elle. » Elle parlait toujours de son mari quand Moira est revenue dans la pièce et s'est mise à grimper sur sa mère. Sa mère lui a demandé : « Tu veux que j'arrête de parler de ton père ? » Moira a acquiescé en silence. Sa mère a dit : « Écoute-moi, Moira. Je veux que tu saches que je t'aime et que je ne te quitterai jamais. Tu comprends ? » Moira a hoché la tête et puis l'a posée contre l'épaule de sa mère. Elles sont restées en silence l'une contre l'autre pendant un moment.

Cette séquence montre clairement que les tout-petits s'aperçoivent du départ d'un parent et qu'ils peuvent très bien en souffrir en silence. De nombreux enfants nourrissent des peurs secrètes dès un très jeune âge, comme c'est le cas de Moira. Lorsqu'elles ne sont pas nommées ou apaisées par un adulte compatissant, ces peurs resurgissent sous forme de cauchemars, d'angoisse de séparation, de terreurs inexplicables, de colères fréquentes et intenses, de négativisme, d'énurésie renouvelée ou d'une pléthore d'autres symptômes qui sont autant d'appels au secours de la part de l'enfant. Ces symptômes signalent en effet : « Attention, Papa et Maman. Je ne vais pas bien. »

Ces symptômes peuvent changer de forme. Un enfant peureux peut devenir excessivement agressif ; des cauchemars peuvent être remplacés par des pulsions de mordre. Ces symptômes se déplacent, mais ils ne s'en iront pas tant que le problème ne sera pas résolu. Comme l'a fait remarquer Reginald Lourie, pédiatre et pédopsychiatre très perspicace : « Les tout-petits sont d'une patience à toute épreuve. Ils vous montrent le problème jusqu'à ce que vous l'ayez compris. Plus nous comprenons les besoins de nos enfants, plus nous serons capables de les aider. »

Il faut noter que les cauchemars de Moira ont diminué lorsque sa mère a commencé à lui parler de son père, à montrer une certaine empathie pour sa colère et sa tristesse de l'avoir perdu et à la rassurer sur le fait qu'elle ne la quitterait pas. Au départ, la mère de Moira avait du mal à aborder des sujets aussi difficiles. Mais les réactions positives de sa fille l'ont aidée à comprendre que ces problèmes devaient être abordés et, peu à peu, elle s'est sentie plus à l'aise. Cette mère s'est aussi rendu compte que, paradoxalement, le fait de dire à quel point l'absence du père était dure la rendait plus supportable, à la fois pour l'enfant et pour elle-même.

NOSTALGIE D'UNE SITUATION ANTÉRIEURE

Les tout-petits ont une mémoire très développée. Ils se souviennent de gens, d'événements et d'expériences bien avant de pouvoir les décrire verbalement. En fait, les souvenirs les plus anciens sont liés à des événements sensoriels plutôt que linguistiques. Les nouveau-nés sont capables de reconnaître l'odeur du lait de leur mère et le son de sa voix[4, 5]. Entre cinq et sept mois, les bébés à qui l'on présente la photo du visage d'un inconnu sont capables de reconnaître ce même visage plus d'une semaine plus tard[6]. De plus, à cet âge, les bébés sont déjà capables de se rappeler une expérience affective liée à un événement particulier. Une étude a montré que des bébés se mettaient à sourire à la simple vue d'une marionnette qui avait « joué » avec eux et les avait fait rire une semaine auparavant[7].

Si les bébés sont capables de se rappeler tout cela au cours des premiers mois de leur vie, que peut-on dire des enfants plus grands ? L'observation montre qu'ils se souviennent d'événements à forte coloration émotionnelle de nombreux mois après leur occurrence. À dix-huit mois, Rafi a reproduit la séquence exacte de sa dernière visite de contrôle chez le médecin six mois plus tôt, à peine sa mère lui avait dit qu'ils allaient chez le pédiatre. Il ne parlait pas très bien à l'époque, mais il s'est couché sur les genoux de sa maman, a tiré sur son oreille, a ouvert la bouche en faisant « Aahh », a bougé ses mains pour montrer que quelqu'un lui inspectait la gorge et a dit « non, non ». Il est clair qu'il se souvenait de ce qui s'était passé et n'avait pas envie que cela se reproduise.

Tout cela montre que chez les tout-petits, ne pas voir ne signifie pas oublier : ils se souviennent avec précision et acuité. Cette continuité de l'expérience existe également lorsque leurs parents se séparent. Les enfants gardent en mémoire les activités faites en famille lorsque celle-ci était encore unie et peuvent regretter très fort cette situation antérieure.

> Sammy refuse de sortir de la voiture lorsqu'il arrive avec sa mère devant un de ses restaurants préférés. Il résiste farouchement lorsque sa mère essaie de le convaincre. Elle se rend soudain compte que c'était une sortie familiale particulièrement appréciée lorsqu'elle vivait encore avec son mari. Elle demande : « Est-ce que ça te fait penser à Papa quand on vient ici ? » Sammy éclate en sanglots en disant que oui.

Tanya transporte partout où elle va un animal en peluche que son père lui a offert et lui fait un gros câlin quand elle va se coucher.

Sylvia refuse d'écouter la berceuse de sa mère. « C'est la chanson de Papa ! » s'exclame-t-elle. Son père aimait lui chanter cette berceuse quand il la couchait.

Cameron fait une scène lorsqu'un invité s'assied « à la place de Papa » à table. Il veut aussi empêcher tout le monde de s'asseoir dans « le fauteuil de Papa » du salon.

Gabriel met la maman-poupée et le papa-poupée au lit ensemble et dit : « Tout va bien maintenant. »

Marina retourne avec sa mère dans une station estivale où son père avait chassé le canard l'année précédente. Elle dit : « Papa, pan, pan, canard. »

Voici de rapides aperçus sur la vie intérieure des tout-petits, mais la plupart du temps, leurs souvenirs et leurs regrets sont négligés ou plus tristement rejetés par tous ceux qui pensent que les tout-petits sont incapables de se souvenir ou de ressentir avec autant d'intensité et d'authenticité que les adultes. Et pourtant, ce sont ces aperçus qui captent avec le plus d'éloquence l'expérience de l'enfant. Les tout-petits ne font pas de grands discours sur leur vie intérieure ni sur quoi que ce soit d'autre, d'ailleurs. Ils comptent sur les symboles, les jeux, les expressions du visage, le langage du corps, les silences soudains, les demi-phrases pour faire passer ce dont ils se souviennent et ce qu'ils ressentent. Ils comptent aussi sur les adultes pour décoder ces messages et y répondre.

Voilà pourquoi il est utile d'évoquer le passé de façon rassurante avec un enfant. Cela s'applique aux activités qui ne sont plus possibles dans la nouvelle constellation familiale comme aux scènes douloureuses qui précèdent souvent un divorce — disputes, crises de larmes et même empoignades.

Les tout-petits se sentent déchirés par la séparation de leurs parents. D'un côté, ils se sentent soulagés que l'atmosphère de la maison soit redevenue plus calme et que les conflits aient pris fin. D'un autre côté, ils regrettent les moments passés ensemble et, par-dessus tout, ils regrettent le parent qui est parti, mais en même temps, ils se sentent coupables parce qu'ils ont l'impression de trahir le parent qui reste. Ils ont peur de mettre l'un des parents en colère en aimant l'autre.

Ces sentiments contradictoires sont très déroutants pour un enfant, et pourtant c'est l'essence même de la vie émotionnelle. Demander à l'enfant si Papa ou Maman lui manque, lui parler de la colère ou de la peur qu'il ressent *au moment précis où il les ressent* lui permet d'accepter ces sentiments sans se sentir écrasé par eux. Évoquer les bons moments (« Tu te souviens quand Papa a joué à "Hue, dada"dans le parc avec toi ? Qu'est-ce qu'on a ri ! ») et revenir sur les mauvais (« Papa et moi, on a eu une grosse dispute. Parfois je ne peux pas m'empêcher de crier quand je suis en colère, mais je n'aime pas crier ») permet d'intégrer le passé dans le présent plutôt que de l'exiler dans les grottes souterraines de l'imagination de l'enfant.

Bien qu'utile à l'enfant, le fait d'aborder ces sujets peut être une véritable épreuve pour les parents. Ils sont obligés de se forcer à mettre entre parenthèses la colère et le ressentiment qu'ils éprouvent à l'égard du conjoint pour préserver la relation de l'enfant avec l'autre parent. C'est une chose difficile. Il faut faire un effort conscient pour distinguer son ex-époux du parent de l'enfant, même si ces deux rôles sont joués par la même personne. Il faut également faire un effort pour garder à l'esprit les qualités du second parent et se rappeler que ces qualités peuvent servir à l'enfant même si le mariage est condamné.

« Coupez en deux l'enfant qui vit »

« Et le roi dit : "Coupez en deux l'enfant qui vit
et donnez-en la moitié à l'une et la moitié à l'autre." »
Rois, 25.

Le roi Salomon pouvait-il prévoir que cette affirmation décidant du sort d'un enfant deviendrait un jour un événement banal au regard de ceux qui se battent pour obtenir sa garde ? Nous ne le saurons jamais, mais il est utile de penser à quel point nous sommes souvent confrontés à ce dilemme biblique en habit moderne.

Il se peut même que nous trouvions le dilemme de ce grand roi d'une grande trivialité par rapport aux conflits juridiques actuels. Salomon pouvait compter sur l'intérêt personnel de la fausse mère, aveuglée par son propre désir au point d'accepter un verdict qui détruirait l'enfant. Aujourd'hui, les conflits autour de la garde des enfants sont moins tranchés ; les deux parties pensent en toute sincérité faire de leur mieux pour protéger les intérêts de l'enfant.

Le meilleur moyen d'appliquer la sagesse de Salomon aux circonstances actuelles est sans doute de repenser le drame biblique en termes psychologiques. Chaque parent qui se bat pour obtenir la garde de son enfant incarne les trois personnages de l'histoire à la fois. Il peut à tout moment devenir la fausse mère, incapable de faire la différence entre le bien-être de l'enfant et ses propres besoins, et qui préférerait voir l'enfant mort que de renoncer à son dû. Il peut également incarner la vraie mère aimante, dont le désir de protéger son enfant dépasse son intérêt personnel. Enfin, chaque parent possède aussi en lui la sagesse de Salomon, qui représente le point d'équilibre entre ces deux extrêmes. En transformant un conflit de volontés pour mettre à l'épreuve les motivations profondes des deux mères, Salomon a trouvé une solution ne reposant pas sur le droit de possession, mais sur un désir de protection et d'amour.

Les enfants qui s'en sortent le mieux sont ceux dont les parents savent mettre entre parenthèses leurs griefs pour travailler ensemble dans l'intérêt de l'enfant. Cela ne signifie pas forcément rester amis ou amants, ou abandonner des revendications légitimes. Cela implique, en revanche, de savoir reconnaître le rôle unique que chacun joue dans la vie de l'enfant, rôle que ni l'un ni l'autre ne peut jouer à la place de l'autre, et de reconnaître enfin que ni l'un ni l'autre ne peut remplacer l'autre dans le cœur de l'enfant.

Dans cette mesure, il est nécessaire de dissocier la relation de l'enfant avec chaque parent de la relation des anciens époux. Un jeune enfant ne doit pas devenir l'allié d'un parent contre l'autre, pas plus qu'il ne doit être pris à témoin dans les récriminations de l'un ou de l'autre.

Dénigrer l'autre parent en présence de l'enfant reste malgré tout une des erreurs les plus fréquemment commises par les parents qui divorcent. Ils trouvent souvent à redire à tout ce que fait l'autre et se reprochent mutuellement de mal nourrir l'enfant, de ne pas le changer suffisamment, de trop l'exciter, de ne pas avoir d'horaires fixes, d'être trop permissif ou, au contraire, trop sévère. Ils se plaignent aussi de ce que l'autre parent ne leur fait pas un compte rendu suffisamment détaillé de ce qui s'est passé en son absence — ce qu'ils ont fait, qui ils ont vu, où ils sont allés.

Ces problèmes entraînent souvent des efforts délibérés pour abréger ou restreindre le droit de visite. Dans la plupart des cas, c'est une grave erreur. À long terme, manger un ou même quatre biscuits de trop ou rater la sieste a beaucoup moins d'importance que d'établir une relation saine avec l'autre parent.

De plus, les parents qui se critiquent mutuellement se disputent en vérité rarement au sujet de l'alimentation ou des rythmes de l'enfant. Ils se disputent en fait pour être le seul à réglementer la vie de l'enfant. Ils se posent inconsciemment comme le parent idéal, celui que l'enfant devrait préférer.

En acceptant que l'enfant ait une relation séparée avec leur ancien conjoint, les parents doivent accepter que toute une partie de la vie de leur enfant leur échappe. Ils ne pourront plus voir l'enfant former des relations avec le nouveau cercle d'amis de l'autre parent. Ils ne prendront plus part à certaines étapes décisives du développement de l'enfant, ils ne partageront plus les joies et les épreuves quotidiennes avec un partenaire aussi dévoué qu'eux à l'enfant. Il y aura de larges pans de l'expérience de l'enfant qu'ils ne comprendront pas et qu'ils ne superviseront pas non plus.

Ce sont certaines des conséquences les plus douloureuses du divorce. En essayant de s'y soustraire, un grand nombre de parents tentent de devenir l'unique centre de la vie de l'enfant et de rejeter l'autre parent à la périphérie. Faire cela, c'est appauvrir involontairement le développement émotionnel de l'enfant et se priver d'une source de soutien précieuse — l'investissement affectif de l'autre parent dans l'enfant.

Les enfants se sentent immensément soulagés de voir leurs parents unir leurs forces dans leur intérêt. Une mère qui accueille son fils en disant : « Dis donc, tes bottes sont toutes crottées ! Tu as dû en faire des choses avec ton papa ! » contribue bien plus profondément à la sérénité de l'enfant qu'un commentaire pincé sur la négligence du père en matière de propreté. Un père qui peut dire à sa fille avec indulgence : « Ta mère met longtemps à te dire au revoir parce qu'elle t'aime beaucoup » préserve la santé psychique de l'enfant de manière bien plus efficace qu'un père qui réagirait à cette même scène en disant d'un ton sec : « Mais enfin, laisse-la partir ! »

Même lorsqu'un parent met l'autre hors de lui, il est possible d'arranger les choses de manière à préserver l'amour-propre de l'enfant. Une mère, qui était sérieusement gênée parce que son mari arrivait systématiquement en retard pour chercher son enfant le week-end, est arrivée à répondre à l'inquiétude et au malaise de l'enfant en lui disant : « Ne t'inquiète pas, mon chou. Ton papa est parfois obligé de travailler tard. Mais je suis sûre qu'il a envie d'arriver aussi vite que possible pour te voir. » (Elle a abordé le problème plus tard avec le père, lorsque l'enfant n'était pas en mesure d'entendre.) Une autre mère a réagi à une situation similaire de façon nettement moins constructive. « Il ne se préoccupe que de lui. Il se fiche pas mal qu'on attende, toi et moi ! » a-t-elle explosé.

La première mère s'est appliquée à rassurer son enfant sur le fait que son père l'aimait toujours, même s'il l'aimait imparfaitement. La deuxième n'a pas pu contenir sa colère de se sentir abandonnée et exploitée par le père de son enfant. Elle n'a pas pu permettre à sa fille de construire une relation positive avec son père et lui a appris à se sentir exploitée et mal aimée comme elle.

Les tout-petits ont besoin de l'aide de leurs parents pour reprendre confiance et se dire que malgré le divorce, chaque parent peut continuer à servir de base de sécurité en l'absence de l'autre. Si les parents se soutiennent mutuellement, l'enfant pourra se percevoir comme quelqu'un qui est aimé et protégé par les deux personnes qui comptent le plus dans sa vie.

Si, au contraire, les deux parents n'arrêtent pas de se dénigrer, l'enfant intériorisera cette méfiance réciproque et aura peur pour son bien-être lorsqu'il se trouve avec l'un ou l'autre. Il aura également peur de trahir un parent quand il s'amuse bien avec l'autre.

Ce sont des peurs beaucoup trop lourdes à porter pour un jeune enfant. Chaque parent doit pouvoir rassurer son enfant — en toute sincérité — qu'il est normal qu'il aime être avec l'autre, et que ses deux parents l'aiment et vont s'entraider pour s'occuper de lui.

Souffrir de l'absence du père

La plupart des enfants de couples divorcés vivent avec leur mère[7] et ont des contacts variables avec leur père. De ce fait, avoir envie de voir son père et attendre qu'il téléphone ou qu'il vienne sont des composantes essentielles de l'expérience du divorce.

Alors que dans l'idéal, les enfants de tous âges bénéficient d'un accès régulier à leur père, les tout-petits en ont spécialement besoin à cause de leurs besoins cognitifs et affectifs particuliers.

Les relations des tout-petits sont encore en pleine évolution et sont fortement influencées par un changement de la disponibilité physique et affective du parent. Une relation stable et sécurisante peut se teinter d'inquiétude si le parent devient plus distant. Inversement, une relation angoissée peut s'améliorer nettement si le parent se montre plus disponible au plan affectif[8, 9].

Une absence de contact pendant quelques jours peut perturber un tout-petit bien plus profondément qu'un enfant qui a intériorisé une image stable du parent, qui possède des mécanismes d'adaptation plus sophistiqués (le langage, le jeu symbolique, la capacité à différer la gratification) et tout un réseau de relations et d'activités qui lui permettent de mieux supporter la séparation. Les tout-petits ont des réactions très fortes aux promesses et aux visites manquées. La veille du rendez-vous de Terry et de son père chez le thérapeute, le père n'était pas venu voir son fils. Pendant la séance, Terry a exprimé des sentiments indiquant sa déception. Voici le récit du thérapeute.

> Terry et son père sont arrivés avec quelques minutes de retard. Il y avait visiblement une grande tension entre eux. Terry ne regardait pas son père et M. F. semblait également en colère contre son fils. M. F. a commencé la séance en se plaignant de la scène qu'avait faite Terry lorsqu'il était allé le chercher. Le thérapeute a demandé ce qui avait pu causer une telle scène. Après de longs détours, M. F. a fini par dire qu'il avait manqué sa visite de la veille. Pendant que M. F. en expliquait les raisons au thérapeute, et non à son fils, Terry a commencé à retourner toutes les chaises de la pièce et à donner de petits coups de pied dedans. Alors que son père continuait à parler sans se préoccuper de lui, Terry a marmonné très doucement, comme s'il se parlait à lui-même : « Salaud ! »

La plupart des tout-petits n'ont pas l'occasion, comme Terry, d'exprimer leurs sentiments dans le cadre d'une séance thérapeutique, où leur comportement peut être observé et compris et où on peut les aider à nommer et à accepter leurs sentiments. Même dans ces conditions favorables, c'est en fin de compte le père de Terry qui était le mieux à même d'aider son fils, en prenant conscience de l'importance qu'il avait pour lui et en adaptant son emploi du temps de manière à donner aux visites la priorité qu'elles méritaient.

Il arrive que les tout-petits qui ne voient pas souvent leur père aient du mal à supporter son absence, chose qui peut se traduire par des troubles du sommeil ou d'autres symptômes. Le pédopsychiatre James Herzog raconte avoir vu douze petits garçons, âgés de dix-huit à vingt-huit mois, sur une période de six mois, qui lui avaient été amenés pour terreurs nocturnes. Les enfants se réveillaient la nuit en hurlant et en appelant leur père. Dans chacun des cas, les parents s'étaient séparés ou avaient divorcé dans les quatre mois précédents. Herzog s'est aperçu que la mère était incapable d'aider l'enfant à elle seule, mais qu'avec l'aide du père ou d'une autre figure masculine, les peurs de l'enfant diminuaient. Il en a conclu qu'à ce stade de leur développement, ces petits garçons avaient besoin d'une figure paternelle à laquelle s'identifier et se référer pour pouvoir passer du monde de la petite enfance centré autour de la mère à la conquête d'une identité plus spécifiquement masculine [10].

Les petites filles ont également besoin d'un père à mesure qu'elles découvrent leur féminité et qu'elles explorent les relations avec des gens du sexe opposé. Leur désir de voir leur père peut se manifester de façon moins criante que chez les petits garçons étudiés par Herzog et il peut être facilement ignoré dans la mesure où les petites filles, en tant que groupe, ont plus tendance que les garçons à intérioriser leurs sentiments négatifs et à faire des efforts surhumains pour être « gentilles » (ce qui, pour elles, équivaut à ne rien réclamer). Elles peuvent également répondre à ce désir en s'inventant un père imaginaire qui soit parfait et qui les aime envers et contre tout. Elles peuvent aussi prétendre que quelqu'un d'autre est leur vrai père.

Antonia, une enfant de trente mois particulièrement éveillée, n'a pas vu son père ni eu de ses nouvelles depuis deux mois. Elle sait qu'il habite loin et embrasse souvent sa photo, qu'elle a soigneusement mise près de son lit. En même temps, elle s'est mise à avoir des conversations avec un père imaginaire qui habite dans le jardin juste en face de sa chambre et qui connaît tous ses secrets. Elle insiste aussi sur le fait que son grand-père maternel et son oncle sont ses vrais pères. Elle fait cohabiter ces éléments contradictoires sans que cela lui pose problème. Il semble que ses efforts pour se trouver un autre père l'aident à compenser celui qu'elle a perdu, parce que quand sa mère lui parle de son papa, elle sait exactement de qui il s'agit. Lorsque son père finit par l'appeler, elle refuse de lui parler, mais plus tard, elle demande à lui envoyer une carte de Saint-Valentin. Elle a besoin d'avoir un certain contrôle sur les apparitions et les disparitions de son père. Prendre l'initiative de refuser ou d'accepter le contact lui permet justement de le faire.

La tristesse d'Antonia de ne pas voir son père plus souvent se manifeste ailleurs. À la crèche, elle pleure à chaudes larmes pour des incidents mineurs et s'inquiète exagérément lorsqu'elle ne trouve pas tout de suite un objet qu'elle cherche. La colère inhérente à son chagrin se manifeste par une attitude de défi vis-à-vis de sa mère et un bonheur intense quand elle tue les fourmis qui abondent dans le jardin. Comme les petits garçons décrits par Herzog, Antonia se réveille également la nuit, en se plaignant que des monstres sont prêts à l'attaquer.

ACCUSER LA MÈRE

Avoir une attitude de défi vis-à-vis de sa mère est un phénomène courant chez les tout-petits : ils l'accusent automatiquement de tout ce qui ne va pas dans leur vie.

Cette tendance désagréable vient tout simplement de la place centrale qu'occupe la mère dans la vie émotionnelle de l'enfant. Elle est toute-puissante aux yeux du bébé et du jeune enfant pour la simple raison qu'elle est capable de susciter des bons et des mauvais sentiments. Elle peut faire disparaître un bobo par un baiser et s'écrouler le monde par un regard furieux. Son absence provoque la tristesse et l'angoisse, sa présence ramène la joie et l'allégresse. C'est compréhensible. Aussi loin que l'enfant se souvienne, Maman était celle qui, le plus souvent, lui donnait à manger et le changeait, le prenait dans ses bras et lui faisait un câlin, lui faisait des compliments et des reproches, le soignait et le punissait. Elle est indissociablement liée au sens que l'enfant a de lui-même. Qui d'autre qu'elle pourrait être responsable de ce qui arrive dans son monde ?

Voici quelques exemples révélateurs.

La tante de Mark, une femme du genre vieux jeu, est choquée de voir ce dernier nu sur la plage, se couvrant le pénis de sable et le découvrant d'un air triomphal. Comme une sorcière sortie tout droit d'annales de psychanalyse, la tante lance d'un ton menaçant : « Si tu continues à jouer avec ton pénis, il va tomber. » La mère de Mark s'écrie : « Ce n'est pas vrai, Mark. Tante Helen dit des bêtises. » Mais il est trop tard. Pendant les heures qui suivent, Mark tire à maintes reprises sur son pénis, comme pour vérifier la prophétie de sa tante. Sa mère lui dit : « Mark, je crois que tu as encore peur de ce que tante Helen t'a dit.

— Qu'est-ce qu'elle m'a dit ? demande Mark.

— Que ton pénis allait tomber, bredouille sa mère.

Et Mark de répondre le plus sérieusement du monde :

— Ce n'est pas tante Helen qui m'a dit ça, c'est toi. »

Bouleversée, sa mère a beau faire tous ses efforts, elle n'arrive pas à le faire changer d'avis. Pour Mark, seule sa mère pouvait annoncer une nouvelle aussi capitale et il a modifié les faits pour qu'ils collent à sa vision des choses.

Lisa a été gravement blessée par son père au cours d'une crise psychotique. Quand elle reprend connaissance et voit sa mère à côté d'elle, elle hurle : « Pourquoi tu m'as fait si mal ? »

Mina fait des efforts maladroits pour grimper sur une structure en bois et tombe par terre. Lorsque sa mère se précipite à sa rescousse, Mina la tape en hurlant : « Méchante, Maman ! »

Les mères sont également perçues comme les grandes fautives lorsqu'on aborde le chapitre du divorce. Elles sont non seulement toutes-puissantes, mais elles sont également celles qui restent, ce qui fait d'elles les cibles toutes trouvées de la colère et de la tristesse de l'enfant. Si tel est le cas, il faut qu'elles se méfient. Le fait qu'elles se sentent coupables du divorce peut les pousser à accepter les accusations de l'enfant. Il faut qu'elles puissent dire à l'enfant avec la plus grande conviction : « Je sais que tu m'en veux, mais ce n'est pas ma faute. »

Protéger la mère

C'est parfois l'inverse qui se produit. L'enfant a profondément conscience de la souffrance et de la dépression de sa mère et il se sent obligé de la protéger. Il peut sécher ses larmes ou essayer de lui faire oublier sa tristesse en se montrant exagérément joyeux ou gentil. Lorsqu'un enfant réagit ainsi, on a affaire à une inversion des rôles. L'enfant essaie de protéger et d'éduquer le parent pendant que le parent joue le rôle de l'enfant vulnérable et démuni. Quand cette inversion des rôles se généralise, les enfants acquièrent une précocité et une maturité aux dépens d'une spontanéité qui voudrait qu'à leur âge, ils demandent de l'aide ou expriment leurs besoins. L'expression la plus courante de cette précocité se manifeste par une préoccupation excessive pour le bien-être de la mère ou un trop grand empressement à son endroit. Un enfant peut, par exemple, conseiller à sa mère de ne pas s'inquiéter ou lui demander si elle va bien.

Lorsque ces conduites se reproduisent, il est bon de réfléchir à ce qu'elles signifient et de rassurer l'enfant sur le fait que Maman peut et va s'occuper d'elle-même toute seule et que ce n'est pas à l'enfant de le faire. Il y a des moyens très simples de faire passer le message : racontez à l'enfant ce que vous avez fait quand il était parti (« Quand tu étais avec ton papa, j'ai fait une jolie promenade et j'ai vu un chiot adorable ») ; évoquez des projets agréables ou dites-lui tout simplement de ne pas s'inquiéter (« Je suis grande et forte et c'est à moi d'être la maman. Ce n'est pas à toi de t'occuper de moi. »)

Lorsqu'un parent n'est pas capable de s'occuper de l'enfant

Il y a bien entendu des cas où l'un des parents s'avère être un individu condamnable, incapable de s'occuper de l'enfant sans menacer sa sécurité physique et psychologique.

Ces cas sont en général d'une grande complexité et demandent à ce qu'on prenne en compte tous les enjeux avant d'opter pour une solution à long terme qui protège effectivement l'enfant. Il n'y a pas deux situations identiques et il serait malhonnête de donner une formule unique qui, comme par magie, nous éviterait l'angoisse, le dur labeur et les compromis qui sont en général nécessaires.

Il peut être extrêmement utile, voire crucial, de faire appel à un professionnel (psychologue, psychiatre, pédiatre, assistante sociale ou tout autre spécialiste des troubles émotionnels de la petite enfance). Parler à un professionnel compréhensif et compétent peut aider un parent inquiet à dissocier sa peur que l'ex-conjoint ne soit pas un bon parent des émotions suscitées par le divorce lui-même.

Même lorsque leur aptitude à être parent n'est pas remise en cause, bon nombre de parents peuvent faire des choses irréfléchies, insensibles ou même répréhensibles lorsqu'ils sont confrontés à l'échec de leur mariage. D'autres souffrent de défauts chroniques qui transparaissaient même dans les moments les plus heureux de la vie familiale. Pour des époux qui souffrent, il est souvent difficile de voir leur enfant adorer et admirer un père ou une mère dont ils savent qu'ils ne sont pas dignes d'un amour aussi inconditionnel. Ils peuvent avoir envie de dire la vérité à l'enfant, de lui montrer ce que Papa ou Maman « sont vraiment ». C'est souvent par désir d'éviter à l'enfant une déception ultérieure. Mais ce n'est en général jamais quelque chose que les parents doivent faire. Les enfants apprennent à discerner les faiblesses de leurs parents à mesure qu'ils grandissent et qu'ils se sentent prêts à porter sur leurs parents un regard plus objectif. Un jeune enfant a besoin d'idéaliser ses parents : la force et la valeur qu'il perçoit en eux lui permettent de trouver ces qualités en lui-même.

Introduire un nouveau compagnon

Parfois, le divorce est dû à la présence d'un nouveau compagnon dans la vie des parents. Ces hommes et ces femmes ont peut-être eux aussi des enfants du même sexe ou du même âge que l'enfant, ou d'un sexe différent et plus grands ou plus jeunes. Les circonstances varient énormément et chaque situation a ses bons et ses mauvais côtés pour l'enfant.

Malgré cette diversité, il est bon de se rappeler certaines règles générales.

Mieux vaut ne pas brusquer l'enfant en lui demandant d'établir une relation forte avec un nouveau compagnon et ses enfants. En particulier si la relation entre adultes est encore hésitante, mieux vaut ne pas forcer les choses en y impliquant les enfants. Parfois, les parents qui divorcent ont envie de recréer une famille et se lancent un peu vite dans une nouvelle relation, entraînant l'enfant à leur suite. Un approfondissement progressif de la relation est préférable parce qu'il évite à l'enfant la déception d'une nouvelle séparation au cas où la relation ne fonctionnerait pas.

Parfois, il arrive que le nouveau compagnon veuille devenir le parent « affectif » de l'enfant. Si la mère ou le père ne sont pas très présents dans la vie de l'enfant, ce sera pour lui une chance merveilleuse. Si, au contraire, les deux parents jouent un rôle actif, ce ne sera pas une très bonne idée d'essayer de les remplacer. Il est inutile qu'un beau-parent rivalise avec le parent du même sexe ou vice versa. Chacun a un rôle important à jouer dans la vie de l'enfant.

Les enfants de couples divorcés qui s'en sortent le mieux sont ceux dont les parents respectent l'importance de l'autre aux yeux de l'enfant. Avoir des relations avec plus de deux figures parentales ne perturbe pas les enfants à condition que, de leur côté, les adultes se sentent à l'aise dans leur rôle. Les beaux-parents et leurs enfants peuvent enrichir directement la vie de l'enfant, et indirectement parce qu'ils sont une source de stabilité pour l'autre parent.

Y a-t-il un mode de garde idéal ?

La quête du mode de garde idéal est comme celle du compagnon ou du régime idéal — interminable, futile, mais aussi terriblement tentante.

Le mode de garde change avec les mœurs. Avant, les soins maternels étaient irremplaçables et il fallait que les enfants vivent avec leur mère et aillent périodiquement chez leur père. Ensuite, il y a eu un engouement pour le partage de la garde, jusqu'à ce que que l'on s'aperçoive que les emplois du temps des uns et des autres demandaient souvent plus de coordination et de souplesse que ce dont les parents étaient capables même pendant leur mariage.

Il n'y a pas de solution miracle pour le droit de garde. Chacune demande du travail, de la souplesse, des compromis et un don pour la négociation. Il est même possible qu'un mode de garde marche à une période donnée et qu'un autre soit préférable ensuite, lorsque les besoins de l'enfant et les conditions familiales ont changé.

Voici quelques éléments qu'il est bon de prendre en compte lorsque l'on cherche un mode de garde adapté à l'enfant.

- Quel est le tempérament de l'enfant ? Est-il facilement perturbé par les changements de ses habitudes ou bien s'ajuste-t-il assez facilement au va-et-vient ? Trouve-t-il les séparations et les retrouvailles épuisantes au point que cela affecte son fonctionnement général ?
- L'enfant a-t-il une préférence marquée pour un des parents ?
- L'enfant maîtrise-t-il bien le langage ? Comprendra-t-il, si on le lui explique, qui viendra le chercher et à quelle heure ? Est-il capable de poser des questions sur ce qui va se passer et quand ?
- Un parent est-il plus à même de fournir une éducation de qualité que l'autre ?
- Les parents peuvent-ils décider ensemble des transitions et aider l'enfant à mieux les vivre ?

De manière générale, les gardes partagées marchent mieux avec des enfants relativement souples, qui arrivent à surmonter leur détresse au moment des transitions grâce à leurs parents, qui comprennent les explications verbales et sont même capables de poser quelques questions rudimentaires, qui s'investissent autant dans leur mère que dans leur père, et dont les parents arrivent à faire en sorte que les séparations et les réunions aient lieu dans un climat où les enfants se sentent soutenus.

Si ces conditions ne sont pas réunies ou que l'enfant ne se sent apparemment pas à l'aise dans le cadre d'une garde partagée, mieux vaut se rabattre sur un mode de garde unique avec un droit de visite assez souple pour l'autre parent.

Il est fort possible que le mode de garde soit en fait moins important que l'esprit dans lequel il est pratiqué. La garde peut devenir l'endroit idéal pour régler tout ce que l'on n'a pas résolu dans son mariage. Si c'est le cas, aucun mode de garde ne sera dans l'intérêt de l'enfant. Si, au contraire, la garde est comprise comme elle devrait l'être — un arrangement à l'amiable pour protéger et maintenir les relations de l'enfant avec ses deux parents —, alors de nombreuses solutions sont indifféremment praticables.

Aider l'enfant à mieux vivre les transitions

Passer de la mère au père et vice versa résume ce qu'il y a de plus dur dans le divorce : la perte de l'unité familiale. Lorsque chaque époux se trouve face à l'autre pour échanger l'enfant, il est confronté à ses ressentiments et ses récriminations ainsi qu'à la douleur de la séparation. Chacun est plongé dans ses émotions et, du même coup, peu disponible pour répondre aux besoins de l'enfant qui doit dire au revoir à un parent et se préparer à s'ajuster à l'autre.

Les séparations et les retrouvailles peuvent être difficiles pour les enfants même dans les meilleures conditions. Quand elles se déroulent dans un climat de tension, c'est souvent l'enfant qui en pâtit et il arrive qu'il craque. Les scènes qui s'ensuivent sont souvent déchirantes : l'enfant s'agrippe à l'un puis à l'autre parent en pleurant, incapable de rester ou de partir.

La détresse de l'enfant a souvent pour effet de paralyser les parents. Incapables de l'aider, ils finissent souvent par rejeter la faute sur l'autre. Le père peut par exemple soupçonner la mère de dresser son fils contre lui. La mère peut voir dans la détresse de l'enfant la preuve que son père s'occupe mal de lui ou pire encore.

Les transitions d'un foyer à l'autre peuvent continuer à être un moment douloureux pour les enfants. Si les parents sont persuadés que ces transitions sont nécessaires, que le contact avec l'autre parent est une bonne chose, cette conviction sera transmise à l'enfant et les difficultés de séparation seront grandement réduites.

Voici quelques suggestions qui pourront s'avérer utiles.

- Trouvez un moment pour parler à votre ancien époux seul à seul de ces transitions. Dites-lui que vous pensez que l'enfant a besoin de passer du temps avec chacun de vous parce que cela lui fait du bien, et que vous souhaitez que, dans l'intérêt général, ces transitions soient aussi dénuées de stress que possible. Essayez d'identifier l'origine des problèmes et proposez des solutions constructives qui s'appliquent à chacun d'eux. Ne vous énervez pas si votre ancien époux n'adopte pas immédiatement votre point de vue.
- Préparez-vous à la transition à l'avance. Essayez de définir vos sentiments à propos du départ ou du retour de l'enfant. Vous sentez-vous soulagé(e) ? Angoissé(e) ? Contrarié(e) ? Écrasé(e) ?
- Préparez l'enfant à la transition. Annoncez-lui que Papa ou Maman va venir le chercher pour passer du temps avec lui. Dans la mesure du possible, faites une activité calme avant le départ de l'enfant. Ne commencez pas quelque chose de trop prenant qui sera forcément interrompu par l'arrivée de l'autre parent.
- Parlez de la visite de l'enfant chez l'autre parent d'un ton assuré. Soyez prêt à reconnaître que les adieux sont tristes, mais soyez également prêt à rappeler à l'enfant qu'il s'amuse bien quand il va chez l'autre parent.
- Servez-vous d'objets transitionnels — un jouet ou une couverture favoris que l'enfant peut emporter avec lui.
- Entendez-vous avec votre ancien époux pour ne pas limiter les coups de téléphone. Donnez à l'enfant la possibilité d'appeler l'autre parent lorsqu'il est avec vous.
- Parlez à l'enfant de l'autre parent et de la relation qu'ils ont ensemble en termes positifs.

Le fait que ses parents vivent séparés constitue pour l'enfant une cassure dans la base de sécurité que représente un foyer uni. Il a besoin de recoller les deux moitiés pour former une base de sécurité cohérente qui sera intériorisée et fera partie de lui-même. Par leurs paroles et leurs actes, les parents peuvent aider à ce processus, en continuant à assurer ensemble l'éducation de leur enfant au nom de son bien-être.

CHAPITRE 10

Faire garder son enfant

> Damian est assis à une table à la crèche. Il effectue de lents mouvements de mastication tout en regardant dans le vide. « Qu'est-ce que tu mâches ? » lui demande la puéricultrice. « Je mâche ma Maman », répond Damian d'un air rêveur[1].

La réponse de Damian nous révèle, avec une concision exemplaire, un des aspects majeurs de l'expérience des enfants qui vont à la crèche : à quel point sa mère lui manque et comment il se raccroche à elle en faisant appel à sa mémoire et à son imagination. En mâchant l'image de sa mère, Damian la met dans un endroit protégé entre tous — en lui.

Damian nous rappelle que la crèche est avant tout affaire de relations. On apprend à se séparer de ses parents avec la certitude qu'ils reviendront. On apprend aussi à établir des relations enrichissantes et durables avec les puéricultrices et les autres enfants.

Ces deux séries d'expériences — apprendre à dire au revoir et prendre plaisir à dire bonjour — sont très étroitement liées. Lorsque les tout-petits arrivent à se séparer de leurs parents avec une tristesse supportable, ils entrent plus facilement en relation avec d'autres que lorsqu'ils sont écrasés par le chagrin. Inversement, le fait d'aimer le cadre dans lequel ils se trouvent peut les aider à surmonter leur appréhension lors du départ du parent.

Pour les parents, et en particulier pour la mère, la crèche est également affaire de relations. On apprend à quitter son enfant avec la certitude que celui-ci ne souffre pas des moments de séparation. On apprend à vivre avec la certitude que son enfant est bien traité et qu'il s'amuse bien, de sorte que cette certitude compense les vagues de remords qui font partie de la vie de toute mère qui travaille. On apprend à mettre en place de nouveaux moyens de communication avec la personne qui s'occupe de l'enfant de façon à travailler ensemble dans l'intérêt de l'enfant.

Une garde réussie suppose que l'on fasse attention à trois aspects des soins non parentaux : les moments de transition quotidiens (départ et retrouvailles), la qualité de l'expérience affective vécue par l'enfant au cours de la journée et la qualité de la relation entre les parents et leur substitut. Ces trois aspects restent importants quel que soit le cadre de garde — que l'enfant soit gardé chez lui, chez une nourrice ou à la crèche.

Première transition : se dire au revoir

Examinons deux scènes opposées qui illustrent les pressions d'une séparation pour la journée.

Lundi, Charlie et sa mère passent un début de matinée très agréable ensemble. Le week-end a été détendu pour toute la famille. Le père et la mère se sont répartis les corvées sans tension, ils ont eu le temps d'aller au parc, de faire des jeux et de regarder un film en famille. Le lundi matin, tout le monde s'est réveillé facilement ; le père a déposé les enfants à l'école à l'heure, sans avoir besoin de leur demander de se dépêcher. La mère de Charlie se dit que l'harmonie familiale est, après tout, possible, même lorsque les deux parents travaillent. Elle habille Charlie en inventant des petits jeux, lui dit à quel point il va lui manquer pendant la journée et lui raconte ce qu'ils mangeront pour le dîner. Sur le chemin de la crèche, mère et fils chantent des chansons bêtes. Une fois là-bas, la mère s'attarde quelques instants pour raconter son week-end à la puéricultrice. Puis elle dit à Charlie, qui s'est mêlé aux autres enfants, qu'il faut qu'elle s'en aille. Elle s'approche de lui, l'embrasse, lui dit « À ce soir » et s'en va. Charlie regarde vers la porte le temps que sa mère disparaisse. Il pousse un soupir, a l'air momentanément triste, puis va rejoindre les autres enfants qui jouent.

Le jeudi matin, les choses ne vont pas aussi bien. Toute la famille est fatiguée après une semaine de travail, d'école, de corvées et de devoirs pour les enfants les plus grands, et le week-end semble encore loin. Tout le monde a les nerfs à fleur de peau. Pour aggraver les choses, Charlie fait une scène en s'habillant parce qu'il veut mettre sa salopette verte qui est au sale. Ensuite, il renverse son bol de céréales par terre. (Heureusement, son ami le chien est là pour réparer les dégâts.) La mère se met à hurler, et Charlie, pour ne pas être en reste, hurle à son tour. En marchant jusqu'à la voiture, il trébuche et tombe. Il pleure à chaudes larmes, comme si cet incident mineur lui permettait de relâcher la tension accumulée depuis le matin. Sa mère vient le relever et lui fait un câlin, mais elle est obnubilée par l'heure. Ils ont déjà un quart d'heure de retard. Sur le chemin de la crèche, elle roule vite, change souvent de file et passe à l'orange. Elle ne pense qu'à une chose — arriver au travail aussi vite que possible. Elle est incapable de faire attention à Charlie qui boude à l'arrière. À la crèche, les adieux sont précipités et froids. La mère de Charlie passe sa journée à penser à son fils avec un sentiment de remords. Elle a du mal à se concentrer sur son travail. Des images du petit visage triste de son fils au moment où ils se sont dit au revoir lui reviennent en mémoire et elle regrette de ne lui avoir pas dit qu'ils traversaient un moment difficile. Elle regrette également de ne pas lui avoir dit qu'elle l'aimait toujours et qu'elle n'était plus en colère contre lui. À la crèche, Charlie éprouve à sa façon des sentiments similaires. Enfant qui s'affirme et qui possède une forte volonté, il semble particulièrement enclin à chercher la bagarre ce jour-là. Il refuse de faire la sieste et pleure à chaudes larmes lorsque la puéricultrice prend un autre enfant que lui sur ses genoux. Heureusement, sa mère l'appelle au téléphone et lui dit qu'elle l'aime. Cela a pour effet une nette amélioration de leur humeur à tous deux.

Ces deux exemples montrent à quel point un même couple parent-enfant peut vivre la séparation différemment selon leur humeur et les circonstances. Ils montrent aussi que la séparation commence bien avant que l'événement réel n'ait eu lieu et que ses effets peuvent se prolonger bien après. La bonne nouvelle, c'est que le fait d'en avoir conscience peut considérablement améliorer les choses pour l'enfant et le parent.

La séparation signifie deux choses pour les tout-petits. Elle déclenche avant tout la peur de perdre le parent, peur si fréquente à cet âge. Cette peur est étroitement liée au fantasme que le départ du parent a été provoqué par quelque chose qu'ils ont fait ; autrement dit, qu'ils sont responsables de la séparation parce qu'ils se sont mal conduits. Une journée loin de ses parents laisse à un enfant tout loisir de broder sur ces peurs et de s'imaginer que Maman ou Papa ne viendront pas le chercher aujourd'hui parce qu'il a mordu le bébé, qu'il n'a pas fait dans son pot, qu'il a renversé ses céréales ou refusé de mettre les habits que Maman avait choisis.

Le fait de nommer les sentiments qui accompagnent la séparation est le meilleur moyen de les rendre vivables. Il est effectivement important de dire à un enfant « Tu vas me manquer » ou « Je penserai à toi pendant la journée » ou « C'est dur de se dire au revoir » ou encore « J'ai hâte de te revoir ce soir ». Ces messages informent l'enfant que ses parents pensent à lui même lorsqu'ils ne sont pas ensemble et que loin des yeux ne signifie pas nécessairement loin du cœur. Le fait de se réconcilier après un conflit est aussi un moyen de rassurer l'enfant que les conflits quotidiens n'ont pas d'incidence directe sur la relation affective profonde entre le parent et l'enfant.

Lorsque les parents refusent de reconnaître ces sentiments, ils ont tendance à se dérober à l'expérience de la séparation dans son ensemble. Ils peuvent s'en aller en douce lorsque l'enfant ne regarde pas, ou dire qu'ils vont aux toilettes et qu'ils reviennent tout de suite, alors qu'en fait, ils partent pour la journée.

Lorsqu'un adulte ment à un jeune enfant, c'est en général plus pour se protéger lui-même que pour protéger l'enfant. Il n'y a rien qu'un enfant ne puisse entendre à condition que ce soit adapté à son âge et qu'on le lui présente de façon calme et compréhensive, et en lui laissant la possibilité de réagir et de poser les questions qui surgissent à mesure qu'il assimile l'information.

Les enfants à qui les parents racontent des mensonges au sujet des séparations perdent confiance en eux. Certains deviennent d'une vigilance extrême et ne lâchent plus leurs parents d'une semelle parce qu'ils ne savent jamais quand ils vont être abandonnés. Ils ont besoin de surveiller tout ce qui se passe autour d'eux pour savoir si on va, oui ou non, les abandonner, parce qu'ils ne peuvent plus compter sur les adultes pour leur dire la vérité. D'autres enfants se mettent à dénigrer l'importance des relations. Ils évitent les liens affectifs trop proches et adoptent une attitude d'indifférence pour faire face à l'incertitude des allées et venues de leurs parents.

Les parents qui ont du mal à s'en aller peuvent faire l'inverse. Au lieu de partir sans rien dire, ils peuvent très bien ne pas partir du tout et rester auprès de l'enfant en repoussant le moment de lui dire au revoir. Ils se laissent convaincre de rester encore un peu, tout en disant à l'enfant qu'il faut vraiment qu'ils s'en aillent. Le contraste entre ce qu'ils disent et ce qu'ils font peut être très déroutant pour l'enfant, qui continue à leur demander de rester parce que cette stratégie lui permet d'obtenir ce qu'il veut.

Rester encore un moment peut être une décision sensée à condition d'utiliser ce temps pour parler de la séparation et diriger l'enfant vers la puéricultrice, un camarade de jeu ou une activité favorite. Par contre, si les parents se laissent piéger par l'indécision et qu'ils font des efforts désespérés pour partir, suivis de décisions sans conviction de rester, l'effet va à l'encontre du but recherché, parce que les enfants ont le sentiment que les séparations sont, comme ils le craignent, déchirantes.

Passer la journée loin de ses parents

Dire au revoir est la marque la plus visible du départ du parent, mais elle ne fait que marquer le début du processus de séparation. L'enfant a désormais devant lui une longue journée loin de ses parents. Cette séparation fait naître l'angoisse et met les ressources de l'enfant à rude épreuve. Mais il y a des moyens pour raviver l'image rassurante des parents dans le cœur et l'esprit de l'enfant.

Pallier l'absence des parents

Il existe des phases du développement où les enfants ont plus de mal à s'éloigner de la personne qui s'occupe principalement d'eux, c'est-à-dire leur mère, dans la plupart des cas. Entre douze et dix-huit mois, il y a accroissement de la détresse face à la séparation. Après vingt-quatre mois, la plupart des enfants ont moins de mal à quitter leur mère et cette facilité va s'accentuer encore après trente mois. Les progrès dans les domaines de la mémoire, du langage et du jeu symbolique signifient que l'enfant est capable d'utiliser des savoir-faire cognitifs et affectifs plus sophistiqués pour faire face à l'absence de ses parents.

Cette évolution peut guider les parents qui veulent commencer à faire garder leur enfant. De nombreuses études ont montré qu'une garde à mi-temps était moins dure pour les facultés d'adaptation d'un enfant qu'une journée de huit ou dix heures hors de la maison. La plupart des enfants de cet âge aiment surtout et d'abord leurs parents et ils éprouvent un sentiment de soulagement (même s'ils ne le montrent pas forcément) à les retrouver en fin de journée.

Il est, par conséquent, particulièrement important de faire la liaison entre la maison et le lieu de garde. Lorsque ces deux endroits coïncident — c'est-à-dire que l'enfant est gardé chez lui — l'enfant est entouré d'objets familiers et rassurants qui lui rappellent ses parents et leur vie commune. Lorsque l'enfant est gardé hors de chez lui, il est nécessaire d'établir des passerelles en y mettant autant de lucidité que de soin.

Sally Provence et ses collègues ont été les premiers à utiliser des méthodes à la fois simples et efficaces pour aider les jeunes enfants à se séparer de leurs parents dans un centre appelé Children's House ouvert à New Haven en 1967 grâce à une subvention du Comité de l'enfance américain[2]. Jusqu'à présent, leur travail reste un modèle sur ce qu'une garde centrée autour de la famille et du développement de l'enfant peut apporter aux uns et aux autres. Des médecins, des puéricultrices et des chercheurs se sont inspirés de ce modèle pour appliquer, élargir et adapter ces techniques à une grande variété de modes de garde[3]. Le nombre de mesures applicables dépendra des conditions de vie de chaque famille, mais ce qui suit donne un aperçu des efforts optimaux que l'on peut faire pour faciliter la transition entre la maison et le lieu de garde.

1. Familiarisez-vous avec le lieu de garde et son emploi du temps. Cela vous permettra d'en parler avec votre enfant. Cela vous aidera également à mieux comprendre ce à quoi fait référence votre enfant quand il vous décrit sa journée.

2. Essayez de présenter à votre enfant les personnes qui vont s'occuper de lui et faites-lui visiter les lieux avant le début de la garde. Le degré d'intensité et d'extension de cette période de familiarisation dépend en partie du tempérament de votre enfant, de ses expériences antérieures et de sa facilité d'adaptation à des situations nouvelles. La manière dont réagit votre enfant est en fait le meilleur baromètre.

3. Mentionnez au responsable les goûts de votre enfant, ses qualités et ses fragilités et vos propres principes en matière d'éducation, y compris votre approche de la discipline. Cela pourra lui être utile dans sa relation avec l'enfant. Parlez-lui également des événements frappants de votre vie pour qu'il/elle puisse les évoquer avec votre enfant pendant la journée — une visite des grands-parents, une escapade du chien, un film particulier vu la veille, etc.

4. Commencez si possible par des séparations brèves que vous allongerez progressivement à mesure que votre enfant s'adapte à son nouvel environnement. La durée des séparations initiales dépendra de nombreux facteurs, y compris les réactions antérieures de l'enfant à la séparation et sa facilité d'adaptation à un nouveau cadre.

5. Évitez de partir immédiatement après avoir déposé votre enfant. Essayez de rester un peu, le temps qu'il se soit habitué.

6. Essayez d'établir un contact avec votre enfant pendant la journée. Cela peut vouloir dire que vous passiez le voir à midi ou que vous lui téléphoniez. Les contacts téléphoniques sont particulièrement efficaces avec des enfants de plus de deux ans, mais peuvent procurer un sentiment de continuité dès dix-huit mois. Même si l'enfant ne parle pas beaucoup, il reconnaît votre voix et prend plaisir à la communication.

7. Encouragez la puéricultrice à laisser votre enfant vous appeler dans des moments de détresse particulièrement intense. De nombreuses puéricultrices ont l'impression que cela nuit à leur rôle de substitut ou que cela perturbe les habitudes de la crèche. Cela nécessitera peut-être une mise au point avec la puéricultrice où vous reconnaîtrez son importance dans la vie de l'enfant sans vous départir de la vôtre.

8. Donnez à votre enfant quelque chose de la maison à emporter à la crèche. Ce peut être un jouet, une couverture ou un objet appartenant au parent. Ce genre d'objet transitionnel est une représentation concrète du parent pour l'enfant et l'aide à se rappeler que sa maison n'a pas disparu de sa vie.

9. Donnez à l'enfant une photo de vous. Il peut la garder dans ses affaires et y avoir facilement accès pendant la journée. Les tout-petits savent très bien quand utiliser une ressource aussi précieuse. Ils la sortent dans des moments de stress et peuvent très bien ne pas la regarder pendant des semaines quand tout va bien.

10. Parlez à votre enfant de la séparation et de la joie d'être réunis. Cela vous permettra d'intégrer les sentiments liés à la séparation dans vos discussions avec l'enfant.

11. Faites des jeux reposant sur la maîtrise de la séparation — jouez à cache-cache, cachez des objets et jouez à les retrouver, jouez avec des poupées autour des thèmes du départ et des retrouvailles. Ces jeux renforcent le sentiment de la permanence chez l'enfant — à savoir que les gens et les objets continuent à exister même quand on ne les voit plus.

Les parents trouveront certaines de ces suggestions plus adaptées que d'autres. De même, certaines puéricultrices et certains types de crèches se prêteront plus facilement que d'autres à l'établissement d'une continuité avec le domicile familial. Les détails ont moins d'importance que l'esprit de collaboration entre parents et puéricultrice pour arriver à ce que l'enfant se sente chez lui lorsqu'il est hors de chez lui.

La relation enfant-substitut

La crèche va tenir lieu de maison au tout-petit pendant une bonne partie de la journée. La plupart des progrès décisifs se produisent alors que l'enfant est à la crèche. Il acquiert de nouvelles compétences motrices comme sauter ou courir ; il apprend à devenir propre ; il découvre de nouveaux objets en jouant avec eux et en les manipulant ; il élargit enfin ses horizons en explorant et en se déplaçant.

Tous ces progrès ont lieu dans un contexte relationnel. Tout comme les enfants élevés uniquement par leurs parents, les enfants qui vont à la crèche ont besoin d'une base de sécurité à partir de laquelle explorer. À la maison, cette base de sécurité est le parent ; à la crèche, c'est son substitut.

La relation de l'enfant au substitut parental est la composante essentielle de son expérience de la crèche. Les jeunes enfants intériorisent la qualité de leurs interactions non seulement avec leurs parents mais aussi avec d'autres gens importants. La relation avec le substitut du parent devient un modèle important de ce qu'offrent les relations humaines en dehors de la famille.

Si cette relation est riche, confiante, joyeuse, l'enfant sera persuadé que les relations humaines sont source de réconfort et d'échange, même en l'absence de ses parents. Il en déduira qu'il peut faire confiance à d'autres gens, et pas seulement à ses parents.

Si, au contraire, l'enfant se sent perdu dans sa relation avec le substitut, s'il n'a personne vers qui se tourner pour demander de l'aide ou partager le plaisir d'une découverte, cette expérience pourra nuire à son investissement affectif vis-à-vis de lui-même, des autres et du monde au sens large.

Les enfants ont des réactions différentes à des conditions inadéquates. Au mieux, les plus compétents et les plus résistants d'entre eux se reposeront sur leurs facultés d'adaptation naissantes et tireront le maximum de ce que leur offre l'environnement. Ces enfants peuvent devenir précocement autonomes ou établir une relation très forte avec un de leurs pairs, relation qui les aidera à trouver de nouveaux centres d'intérêt au long de la journée. Ils peuvent aussi s'absorber entièrement dans une activité solitaire — jouer à des jeux symboliques ou bâtir des édifices. Ce sont des activités constructives, qui stimulent la croissance, mais qui risquent de provoquer un isolement affectif si l'enfant s'en sert comme défense contre l'angoisse.

D'autres enfants vivent l'absence d'un substitut disponible et dévoué de manière moins créative. Ils peuvent errer sans but, s'intéressant furtivement à un aspect de l'environnement, mais sans être capables de fournir une attention soutenue, faute d'un adulte qui les entoure et les encourage. Ces enfants passent leurs journées à compter les heures qui les séparent du retour de leurs parents. Tout se passe comme s'ils avaient mis leur cœur, leur âme et leur intelligence au placard en attendant le retour de la « vraie » vie. Certains enfants peuvent sortir relativement indemnes d'une journée de crèche peu enrichissante, mais d'autres reportent leur sentiment de manque ailleurs, sous forme de méfiance, d'agressivité ou de repli.

Cela ne devrait pas exister. Comme Jeree Pawl l'a si bien résumé : « En tant que parents, nous pouvons nous permettre de manquer à nos enfants quand ils sont à la crèche, mais nous ne pouvons permettre qu'ils se manquent eux-mêmes[4]. » Un enfant doit avoir l'impression d'être en vie au plan affectif pour pouvoir se développer.

Il appartient aux parents de choisir un cadre qui favorise l'épanouissement de relations humaines qui aient un sens. Cela implique avant tout de trouver un substitut ou un jeu de substituts capables de passer une bonne partie de la journée avec des tout-petits.

C'est sans doute plus facile à dire qu'à faire. Sally Provence et ses collègues ont reconnu qu'ils avaient eu plus de mal à établir un programme destiné à des enfants de quinze à trente mois qu'un programme pour des plus jeunes ou des plus grands. Voici l'explication qu'ils ont donnée : « Vivre exclusivement avec un groupe de tout-petits n'est pas une chose facile. Ils ont tendance à empiéter plus ou moins systématiquement sur le territoire des adultes et sur celui de leurs petits camarades. Le fait qu'ils passent aussi vite de l'impuissance à l'indépendance, d'un négativisme total à une obéissance angélique, de la proximité au rejet explosif, du désir de ne faire qu'un avec l'adulte à la volonté d'être seul et séparé, de la tendresse à l'hostilité, de l'activité débordante à la plus grande passivité, tous ces comportements si radicalement différents sont terriblement éprouvants pour les adultes, aussi bien physiquement que psychologiquement[2]. »

Tous les parents auront reconnu les manifestations intérieures et extérieures de leurs enfants. Si des parents, qui aiment leur enfant du fond du cœur, ont du mal à supporter ses humeurs changeantes et contradictoires, que dire de leur substitut qui, même dans les conditions optimales, n'est pas aussi viscéralement attaché à lui ?

Il est difficile de trouver des adultes (y compris des parents !) capables de passer toute une journée avec des tout-petits et de négocier toutes les épreuves rencontrées en chemin — mobilité nouvellement découverte, curiosité génitale, obligations de propreté, angoisse de séparation et expérimentation de l'auto-affirmation. Et pourtant, ces adultes existent[5]. En se lançant à leur recherche, il est bon de se rappeler que les substituts, comme les parents, n'ont pas besoin d'être tout-puissants, et encore moins omniscients. Il faut, par contre, qu'ils sachent de quoi ont besoin les enfants et qu'ils y répondent ; il faut également qu'ils aient le désir et la capacité de se donner à fond aux enfants qui leur ont été confiés.

Suggestions d'activités

Les relations n'ont pas lieu dans le vide. Elles deviennent extrêmement gratifiantes lorsqu'elles permettent de se découvrir soi-même, de découvrir l'autre et le monde. Pour les tout-petits, faire des activités est un préalable à tous ces apprentissages.

Les crèches varient énormément dans leur fonctionnement. Certains endroits proposent des activités très structurées qui privilégient les sujets plus scolaires comme apprendre à reconnaître et à utiliser les chiffres et les lettres. D'autres n'ont pas de programme préétabli et laissent une large place au jeu et aux activités spontanées.

De même, les nourrices sont diversement capables de stimuler et de divertir un enfant dont elles s'occupent à domicile. Certaines sont pleines de ressources et inventent des tas de projets intéressants ; d'autres manquent d'énergie au point que l'enfant finit par s'ennuyer au fil des heures.

La structure de la journée importe moins que l'esprit dans lequel elle se déroule. Une orientation scolaire peut stimuler l'intelligence de l'enfant, mais comporte le risque d'être trop rigide à un âge où la spontanéité est un facteur clef du développement de l'amour de la connaissance. Inversement, un endroit sans aucune structure, qui privilégie la spontanéité, peut tomber dans le chaos et l'anarchie si les responsables se laissent dépasser par la situation.

Il y a des chances pour qu'un cadre qui convient à un enfant ne convienne pas à un autre. Certains enfants ont besoin d'emplois du temps fixes ; d'autres font preuve d'une énergie débordante quelle que soit l'activité qu'on leur propose.

Les environnements les mieux adaptés aux tout-petits sont ceux qui offrent des activités structurées tout en accordant une grande attention aux besoins individuels de l'enfant[6]. Il est rare que des enfants passent beaucoup de temps sur une activité, même s'ils paraissent au départ ravis. Un planning centré sur des activités durant au maximum un quart d'heure correspond tout à fait à la capacité de concentration de cet âge. Bien entendu, même dans ce type de cadre, il faut laisser une certaine marge de manœuvre pour permettre à un enfant de finir « de mettre le bébé au lit » ou à un autre de mettre la dernière main à sa construction de cubes.

Cela signifie que la garde fournisse aux tout-petits l'occasion de jouer en toute liberté et de maîtriser leur environnement grâce au développement de nouvelles compétences. Les matériaux et les activités suivants aideront les enfants à découvrir et à accomplir différentes choses.

- Des puzzles et des jeux de construction qui permettent une manipulation délicate et une bonne coordination visuelle et motrice.
- Des ustensiles de cuisine qui encouragent la reconstitution des tâches ménagères et autres variations imaginatives sur le thème.
- Des poupées et des meubles de poupée pour stimuler les jeux autour de l'éducation et des soins.
- De la pâte à modeler, des jouets pour aller dans l'eau, du matériel de peinture et autres ingrédients « pour faire des saletés », qui symbolisent les fonctions corporelles que l'enfant s'efforce de maîtriser.
- Des instruments de musique pour encourager le chant et la danse comme formes d'expression faisant appel au corps.
- Des déguisements pour permettre à l'enfant de faire l'expérience symbolique d'autres formes d'être.
- Un équipement destiné aux jeux en extérieur pour permettre à l'enfant de libérer son énergie et d'acquérir, de développer et d'améliorer ses capacités motrices de base.

Une crèche qui propose une partie de ces activités fait preuve d'une bonne compréhension des besoins qui correspondent au développement des tout-petits. Lorsque l'enfant est gardé chez lui, des sorties au parc ou dans des ateliers peuvent introduire un peu de variété dans sa vie quotidienne.

La sécurité physique est un élément essentiel dans une crèche. Sans elle, rien ne peut fonctionner convenablement. La sécurité est un élément important en soi, mais c'est aussi un signe de qualité. Carollee Howes, dont la recherche est devenue une référence dans le domaine des crèches, a montré que la sécurité physique influe sur l'attitude des puéricultrices vis-à-vis des enfants. Elle leur permet de laisser les enfants plus libres d'explorer. Elle leur permet également d'être plus affectueuses envers les enfants, peut-être parce qu'elles ont moins l'impression de devoir les surveiller et peuvent par conséquent être plus détendues et plus spontanées[7].

La relation avec les pairs

Les enfants qui vont à la crèche établissent des relations stables, réciproques et significatives avec d'autres enfants. En fait, ces amitiés soulagent la détresse causée par une journée de séparation avec les parents.

De plus, les enfants qui vont à la crèche ont plus d'interactions les uns avec les autres. Ils apprennent le prénom d'autres enfants plus tôt que des enfants élevés uniquement par leurs mères. Ils se lancent également dans des jeux symboliques beaucoup plus élaborés[8, 9]. Cette plus grande complexité cognitive et sociale du jeu entre pairs chez les enfants qui vont à la crèche laisse penser que les amitiés permettent aux enfants de mieux affronter les tensions quotidiennes causées par la séparation d'avec les parents.

La stabilité de ces amitiés est utile. Les enfants qui ont eu une relation longue avec un même groupe de camarades ont tendance à être plus populaires et socialement plus actifs dans le cadre de la crèche[10]. Les enfants, comme les adultes, se sentent plus à l'aise avec des amis qu'ils connaissent depuis longtemps. De même, le fait de perdre un ami peut avoir des répercussions notables sur la sociabilité d'un enfant. Des tout-petits dont un ami avait quitté la crèche avaient tendance à être socialement moins impliqués l'année suivante[10].

Ces découvertes soulignent à quel point il est important de donner un cadre de garde stable à l'enfant. Les parents ne peuvent évidemment rien faire contre le départ d'un ami de leur enfant, mais ils peuvent essayer de minimiser le nombre de changements qui viennent d'eux. Les enfants, comme les adultes, regrettent leurs amis et il leur arrive de se protéger davantage après avoir perdu une personne chère.

La relation de l'enfant à sa mère et à son substitut a également une incidence sur sa capacité à nouer des amitiés avec d'autres enfants. Les enfants qui ont une relation sécurisante, riche et satisfaisante à leur mère et à son substitut sont beaucoup plus sociables que ceux qui ont une relation peu sécurisante à ces femmes [11]. Cette découverte montre l'importance persistante de la mère ainsi que le rôle central du substitut pour ce qui est de permettre à l'enfant d'élargir ses horizons sociaux. La base de sécurité fournie par les parents et les substituts disponibles au plan affectif donne confiance à l'enfant et lui permet d'explorer de nouvelles relations.

Joies et tensions des retrouvailles

Se retrouver après une longue journée de séparation peut être une expérience où la joie, le soulagement, la colère et la fatigue coexistent à différents degrés pour le parent et l'enfant. Parce que les retrouvailles marquent la reprise d'un contact direct, elles ont une importance particulière et méritent autant d'attention et de précaution que les séparations.

Les retrouvailles peuvent être anticipées avec impatience et s'avérer décevantes lorsqu'elles se produisent enfin. Parents et enfant peuvent être d'humeurs très différentes. L'un peut se montrer actif tandis que l'autre est fatigué et sur la réserve. Pire encore, ils peuvent tous deux être grognons, en manque d'affection, sans grand-chose à partager.

Les tout-petits ne sont souvent pas très démonstratifs lorsque leurs parents viennent les chercher à la fin de la journée. Il arrive qu'ils soient au beau milieu d'un jeu et qu'ils se disent que leurs parents peuvent bien attendre pour une fois. Il arrive qu'ils leur en veuillent de les avoir laissés et qu'ils le leur montrent en les envoyant promener ou en les agressant directement. Il arrive qu'ils soient au milieu d'un tourbillon d'émotions positives et négatives et qu'ils attendent que ces émotions se soient calmées pour pouvoir dire à leurs parents un bonjour vraiment sincère.

Pour un parent qui s'est fait une fête de ces retrouvailles, ces réactions peuvent paraître bien sinistres. Se sentant inutile et indésirable, le parent peut se replier sur lui-même. La réaction de l'enfant et la contre-réaction du parent peuvent promettre une soirée de distance affective entre les deux.

Le ton des retrouvailles est donné par le contenu émotionnel de la séparation, et elle est inévitablement ambiguë. Il est par conséquent bon de ne pas trop espérer que la connexion soit immédiate et parfaite. Il a fallu du temps pour accepter la réalité de la séparation, il en faut également pour abandonner les mécanismes de défense utilisés pour la supporter et apprécier d'être à nouveau ensemble.

Les parents peuvent rendre les choses plus faciles en prenant conscience de l'éventail d'émotions qui apparaissent au moment de ces retrouvailles et en les acceptant sans se sentir coupables ou attaqués. Rester un moment à la crèche, saluer l'enfant chaleureusement, mais en lui laissant suffisamment d'espace pour terminer une activité, discuter avec la puéricultrice et les autres enfants — ces petits gestes significatifs contribuent à créer une atmosphère où parents et enfant sentent que les retrouvailles peuvent se faire à leur rythme.

La relation parent-substitut

Les gens qui s'occupent d'enfants disent souvent que la relation aux enfants et à leurs collègues constitue l'aspect le plus satisfaisant de leur travail[12]. Cette réponse nous rappelle une fois de plus que la garde des enfants est avant tout affaire de relations.

Les parents sont en puissance des partenaires précieux dans le cercle de la crèche, et pourtant leurs relations aux gens qui y travaillent ne reçoivent pas l'attention qu'elles méritent. À titre d'exemple, les parents passent en moyenne sept minutes par jour à l'intérieur de la crèche et 10 % des parents ne se donnent même pas la peine d'entrer. Lorsque les parents ont des rapports aussi réduits avec la personne qui s'occupe de leur enfant, ils perdent par là même l'occasion de collaborer au bien-être de leur enfant.

Ce sont des facteurs concrets qui sont à l'origine de ces contacts sommaires. Le matin, les parents sont pressés d'arriver au travail et le soir, tout le monde est fatigué et a envie de rentrer chez soi. Il y a néanmoins des tensions inhérentes à la relation parent-substitut qui aggravent le manque de communication entre eux.

La source de tension la plus évidente vient sans doute d'un malaise autour de la question « À qui appartient l'enfant ? ». Lorsque l'enfant est chez lui, il va sans dire que ce sont les valeurs et les habitudes parentales qui priment. Dans le cadre de la crèche, en revanche, ce sont celles de la puéricultrice. Il y a de nombreuses zones de conflit sur les attitudes et les solutions à adopter lorsqu'on veut sevrer un enfant, commencer l'apprentissage du pot, répondre à la curiosité de l'enfant sur la question du corps, servir de médiateur dans les conflits entre pairs, etc.

Les sujets de désaccord peuvent facilement devenir sources de tension et même d'hostilité entre le parent et la puéricultrice, chacun adoptant une position défensive. Si chacun n'y met pas du sien, tout le monde finira par se dire que l'enfant doit être élevé de telle ou telle manière (celle qu'il juge préférable) et qu'il est plus heureux entre ses mains.

Les puéricultrices peuvent facilement se sentir exploitées par les parents, qui gagnent souvent mieux leur vie et ont un mode de vie plus sophistiqué que le leur. Une puéricultrice peut se dire qu'on attend d'elle qu'elle s'occupe de l'enfant, mais qu'on ne lui donne pas le respect qu'une telle responsabilité implique. Ce sentiment peut être accru par des retards de paiement ou des retards en fin de journée.

Les parents peuvent facilement se sentir critiqués par la puéricultrice, en particulier s'ils se sentent déjà coupables ou peu sûrs d'eux. Un sentiment de mécontentement de part et d'autre peut entraîner des réactions d'évitement pour empêcher un conflit qui risquerait de compromettre la garde.

Renforcer la relation parent-substitut améliore la qualité de la vie de tout le monde : du parent, du substitut et surtout de l'enfant. Les suggestions ci-dessous peuvent aider à faciliter les choses.

• Avant de prendre votre décision finale, organisez une entrevue avec la personne qui va s'occuper de votre enfant. Faites-lui préciser ses orientations sur les domaines de développement et d'éducation qui vous tiennent particulièrement à cœur. Demandez-lui ce qu'elle compte faire dans certaines situations susceptibles de se présenter, par exemple si votre enfant refuse d'obéir ou vous réclame. Demandez-lui également ce qu'elle attend des contacts avec vous. Pourrez-vous par exemple passer sans prévenir à la crèche ? Si vous êtes satisfait et rassuré par ses réponses et par son style, il y a des chances pour que vous formiez une équipe de travail efficace.

• Essayez de trouver des moments pour parler à la puéricultrice et échanger vos points de vue sur l'enfant. La fréquence et la durée de ces discussions varieront selon les circonstances et le bon déroulement de la garde. Il est cependant impératif que vous puissiez vous parler chaque fois que surgit un problème important.

• Souvenez-vous que la puéricultrice est un élément stable de votre vie de famille. Ne lui parlez pas uniquement de la crèche. Soyez chaleureux et ouvert avec elle. Si elle a l'air fatiguée, dites-lui un mot gentil. Si elle a été malade, demandez-lui comment elle va. Demandez-lui des nouvelles de ses enfants. Donnez-vous la possibilité d'explorer jusqu'où la relation peut aller. Plus les rapports seront chaleureux, plus votre enfant aura l'impression d'une continuité entre la maison et la crèche.

• Si votre enfant vous raconte quelque chose qui vous paraît bizarre ou inquiétant à propos de la puéricultrice, ne le mettez pas automatiquement sur le compte de son imagination. Les tout-petits peuvent être d'une grande justesse dans leurs observations et leurs comptes rendus. Souvenez-vous, cependant, que les jeunes enfants peuvent interpréter certains événements de travers. Un adulte qui essaie de déloger un morceau de nourriture de la gorge d'un enfant peut être perçu comme battant cet enfant par un jeune observateur. Essayez de remettre la scène dans son contexte, puis parlez-en à la puéricultrice d'un ton calme, sans l'accuser.

• Si un conflit se présente, pensez à la manière dont vous allez essayer de le résoudre. Si vous avez le temps, parlez-en autour de vous et prenez la peine de tirer au clair vos sentiments. Lorsque vous allez voir la puéricultrice, essayez de présenter les choses de façon positive. Commencez si possible par évoquer ce que vous aimez dans son travail et abordez progressivement la zone de litige. Les gens (substituts comme parents) réagissent mieux lorsqu'ils se rendent compte que l'on reconnaît et apprécie leurs qualités.

Signes de détresse

Il y a des moments où les enfants ne se sentent pas bien à la crèche. Comment le savoir ? C'est variable selon la personnalité des enfants, mais voici une liste de signaux récurrents.

• Brusques changements dans le comportement de l'enfant qui persistent au-delà de quelques jours et ne sont pas attribuables à des tensions accrues à la maison. L'enfant peut par exemple devenir étrangement agressif, collant, craintif, provocateur ou négatif. Un accroissement des symptômes d'angoisse tels qu'ils ont été décrits au chapitre 6 devrait alerter les parents et les pousser à regarder de plus près ce qui se passe à la crèche.

- L'enfant évite ou a peur d'une puéricultrice en particulier.
- Un refus persistant d'aller à la crèche, notamment lorsque ce refus est soudain et intervient une fois que l'enfant s'est bien adapté.
- Perte du goût d'apprendre et d'explorer, tristesse et repli sur soi.
- Affirmations répétées de ne pas aimer la puéricultrice ou un autre enfant ; descriptions d'actes terrifiants comme des hurlements ou des fessées.

Il arrive que les enfants interprètent la conduite des adultes de travers, mais en général, ils ont plutôt tendance à faire des comptes rendus exacts de ce qu'ils voient. Il est toujours important de faire attention aux récits d'un enfant et aux changements de son comportement. Les deux exemples qui suivent en sont la preuve.

> Kerri, trente-six mois, dit à sa mère : « Mon institutrice se couche sur nous pour nous forcer à faire la sieste. » La mère de Kerri pense que sa fille exagère. Quinze jours plus tard, elle arrive à l'heure de la sieste et trouve une des assistantes maternelles en train d'essayer de « contenir » un enfant réfractaire en se couchant sur lui.
>
> Trim, deux ans, se débat tous les matins quand sa mère l'emmène chez sa grand-mère. « Pas taper, pas taper ! » s'écrie-t-il. Lorsque sa mère découvre un bleu sur sa jambe, elle comprend que la grand-mère le tape effectivement.

Toutefois, la détresse des enfants à la crèche n'est pas nécessairement due à de mauvais traitements. Une enfant a refusé d'aller à la garderie pendant une semaine après avoir entendu une histoire qui lui avait fait peur. Un petit garçon s'est mis à faire des cauchemars parce qu'un enfant plus grand, plus fort et plus agressif n'arrêtait pas de le tyranniser. Un troisième enfant s'est mis à régresser dans l'apprentissage de la propreté et est devenu collant et geignard après le départ inopiné de sa puéricultrice préférée.

Ces signes de détresse doivent pousser les parents à examiner de plus près ce qui se passe à la crèche. C'est dans ces moments-là que les efforts passés à construire une bonne relation avec la puéricultrice sont récompensés. Plus les parents et les responsables de la crèche arriveront à découvrir la cause de la détresse et à y apporter des solutions, plus la crèche deviendra une base de sécurité qui soutient le développement émotionnel de l'enfant.

Les répercussions affectives de la crèche

La crèche affecte-t-elle l'attachement mère-enfant ? Cette question a donné lieu à des débats animés entre spécialistes pour essayer de déterminer comment la crèche affectait le développement d'un enfant. Certains experts se demandent si les longues séparations quotidiennes ne provoquent pas l'angoisse des tout-petits quant à la disponibilité de leur mère. D'autres répliquent que les enfants qui vont à la crèche acquièrent des qualités sociales importantes [13, 14].

Le débat porte sur des désaccords à la fois théoriques et méthodologiques mais, après vingt ans de recherche, personne n'a réussi à prouver avec certitude que la crèche avait des effets négatifs sur la relation mère-enfant. La majorité des petits ayant eu une expérience précoce de la crèche ont un attachement solide à leur mère [15].

Ces découvertes viennent confirmer de nombreuses théories, y compris celle de l'attachement. Comme l'a fait remarquer Alan Sroufe, on peut s'attendre à ce que des tout-petits se développent bien lorsqu'ils savent que les séparations sont prévisibles et sont suivies par des retrouvailles également prévisibles, que les gens qui s'occupent d'eux à la crèche sont affectivement disponibles et que parents et substituts acceptent l'ambivalence de l'enfant vis-à-vis des séparations [16].

Dans des circonstances normales, les liens affectifs entre le parent et l'enfant sont trop forts pour être endommagés par le fait que la famille a besoin de deux salaires ou que la mère désire poursuivre d'autres activités que ses activités de mère. Même quand les parents ne sont pas toujours disponibles, la force de leur amour les distingue des autres dans le cœur et l'esprit de leurs enfants. Malgré la longue journée de travail, leurs sentiments conservent toutes les nuances de l'intensité affective — ravissement, émerveillement, impatience et même fureur — qu'aucune autre relation ne pourra jamais égaler aux yeux de l'enfant. Même de très jeunes enfants sont assez malins pour voir que leurs parents leur sont immensément dévoués et pour leur rendre la pareille. Les chercheurs ont beau ne pas être d'accord, les tout-petits savent de quoi il retourne.

La question : « La crèche nuit-elle à la relation de l'enfant à ses parents ? » devrait être renversée et posée en ces termes : « Quels sont les dommages affectifs commis lorsque deux parents qui travaillent ne fournissent pas à l'enfant une crèche convenable ? »

Aux États-Unis, 50 % des mères recommencent à travailler dans l'année qui suit la naissance de leur enfant [17]. Dans ce contexte, il est grand temps d'en finir avec le débat sur les répercussions de la crèche sur l'attachement pour réfléchir à ce que cela coûte, humainement, de ne pas fournir un système de garde décent à des enfants dont les parents ont besoin ou ont décidé de travailler. Cela nous amène à définir ce qu'est un système de garde de qualité.

Choisir un système de garde de qualité

Il est difficile de déterminer ce que cela signifie dans la mesure où il existe de multiples solutions de garde. La personne qui s'occupe de l'enfant peut être un parent bien-aimé (une tante, une grand-mère) ou quelqu'un qui a été embauché exprès. L'enfant peut être gardé seul ou dans un groupe ; il peut être gardé chez lui, chez une nourrice ou dans une crèche ; il peut y avoir une ou plusieurs nourrices, etc.

Compte tenu de cette diversité, les critères de qualité qui s'appliquent à un système ne seront pas forcément valables pour les autres. L'exemple le plus évident est celui de la taille du groupe : ce n'est pas un problème lorsque l'enfant est gardé seul, mais c'est un facteur important si l'on veut juger de la qualité d'une crèche.

Voici les facteurs qui ont été dégagés pour juger de la qualité d'un système de garde [18, 19, 20].

1. *La stabilité du personnel.* La continuité des soins est une condition préalable si l'on veut que les relations affectives ne soient pas constamment perturbées par des départs et des remplacements. De plus, les puéricultrices qui s'investissent vraiment dans leur travail ont des relations plus stimulantes et plus riches aux enfants que celles qui n'y voient qu'un travail temporaire [21].

Ces deux éléments font que la stabilité du personnel est un des critères de qualité essentiels d'une crèche. Dans le meilleur des cas, une personne sera assignée à un petit groupe d'enfants de manière à ce que chaque enfant puisse utiliser au maximum cette personne comme base de sécurité. La stabilité du personnel est évidemment aussi importante, que l'enfant soit gardé seul ou dans un groupe.

2. *La formation du personnel.* Les personnes qui s'occupent des enfants sont mieux à même de fournir un travail de qualité lorsqu'elles ont reçu une formation spécifique sur le développement des enfants. Lorsque quelqu'un connaît les problèmes qui se posent à tel ou tel âge, il comprend mieux le comportement de l'enfant. Le négativisme ou les colères, par exemple, seront traités plus intelligemment par quelqu'un qui a conscience du besoin d'autonomie et des émotions intenses fréquents à cet âge.

Une certaine formation est particulièrement nécessaire lorsqu'une personne doit s'occuper de plusieurs enfants à la fois, avec leurs demandes et leurs besoins individuels. Si elle n'a pas eu de formation, elle ne pourra que se reposer sur sa propre expérience, chose qui ne la prépare pas forcément aux exigences de la tâche. Quelqu'un qui a reçu une formation est également mieux armé pour identifier les signes de troubles du comportement et en faire part de façon constructive aux parents.

3. *Le nombre d'enfants par adulte.* Une puéricultrice ne peut avoir des contacts fréquents et harmonieux qu'avec un nombre limité d'enfants. Lorsqu'on les interroge sur leur travail, les puéricultrices disent toutes qu'être responsable de trop d'enfants est une des sources principales de stress de leur métier. Elles s'en sortent en insistant sur les activités routinières et en réduisant les échanges spontanés et individualisés. Un rapport de trois à cinq enfants par adulte permet une certaine spontanéité ainsi qu'une attention à la détresse de l'enfant avant qu'elle ne devienne ingérable. Plus ce rapport est élevé, plus la puéricultrice a du mal à s'occuper individuellement des enfants.

4. *La taille du groupe.* Même avec un nombre convenable d'adultes, un groupe important de tout-petits peut facilement devenir épuisant et impossible à diriger. Il y a trop de bruit, trop de désordre, trop de demandes simultanées. Un groupe de huit ou dix enfants permet aux puéricultrices une plus grande disponibilité affective et une gestion plus souple.

5. *La présence d'un deuxième adulte.* Cela permet aux personnes qui s'occupent d'un groupe d'enfants seules de se sentir soutenues à la fois concrètement et affectivement. L'autre adulte peut intervenir, donner un coup de main et tenir compagnie. La présence d'un deuxième adulte peut également prévenir les risques de sévices dans la mesure où il y a toujours un témoin potentiel et

où chaque adulte risque moins de s'emporter s'il peut déléguer sa responsabilité avant de se laisser submerger.

La qualité de la crèche importe-t-elle vraiment ?

Le plus brièvement et le plus honnêtement possible : oui, la qualité importe vraiment. Une bonne crèche améliore le bien-être de l'enfant alors qu'une mauvaise crèche lui nuit. Une dizaine d'études sont récemment venues appuyer cette conclusion. Les enfants ont de meilleures capacités cognitives et sociales lorsqu'ils vont dans des crèches de bonne qualité[20].

L'une de ces études présente un intérêt particulier puisqu'elle a choisi d'enquêter sur des rapports affirmant que des enfants qui étaient allés à la crèche tôt étaient agressifs et refusaient d'obéir. Les auteurs de l'étude ont montré que c'était effectivement le cas lorsqu'il s'agissait d'une crèche de mauvaise qualité : les enfants souffraient de crises de colère plus fréquentes et refusaient d'obéir aux demandes des adultes. En revanche, des enfants inscrits dans des crèches de qualité arrivaient mieux à moduler leurs réactions que des enfants qui n'étaient jamais allés à la crèche ou qui étaient allés dans des crèches de mauvaise qualité[22]. La qualité de la crèche compte donc beaucoup, tout comme le soin que les parents mettent à la choisir.

CONCLUSION

Une proximité respectueuse

À mesure que les bébés grandissent et commencent à affirmer leur besoin d'autonomie, les parents se retrouvent confrontés à leurs propres limites en matière d'éducation et de protection. L'idée que la présence physique et affective du parent suffit à protéger et à satisfaire l'enfant fait place au constat qu'il existe des déceptions, des épreuves et même des dangers que notre seule volonté est incapable d'effacer.

Le désir de bien faire s'accompagne de la nécessité, inévitable et même souhaitable, de décevoir quelquefois notre enfant.

Plus d'un parent a essayé, en toute bonne conscience, d'anticiper les moindres chagrins de son enfant, de verbaliser au mieux chacune de ses pensées et de ses émotions dans l'espoir de lui éviter la peur et la solitude. Ces parents risquent d'empêcher leur enfant de se débattre avec ses incertitudes et d'émerger triomphalement avec ses solutions. En se projetant exagérément dans la vie de leur enfant, les parents risquent de le priver de la possibilité de développer une personnalité à lui.

Il faudra attendre l'adolescence pour que les parents soient à nouveau confrontés à des dilemmes aussi inextricables concernant leurs enfants. En fait, les deuxième et troisième années résument les problèmes qui resurgiront au moment de la puberté. La petite enfance et l'adolescence ont en commun la rapidité de la croissance et le désir d'échapper aux contraintes parentales. À chacun de ces âges, la lutte pour l'indépendance s'accompagne d'un désir, souvent secret, d'être protégé et retenu alors même que l'on s'avance dans le monde. La façon dont parents et enfant concilient leurs différences est un bon moyen de savoir s'ils seront capables de travailler ensemble pendant l'enfance et jusqu'aux années de rébellion de l'adolescence.

Les tout-petits, comme les adolescents, ont besoin de se forger une identité qui allie sens de l'initiative personnelle et sentiment d'appartenance à une communauté. Pendant ces deux périodes, il revient aux parents de décider quand respecter la solitude de leur enfant, quand lui proposer de la compagnie et quand faire preuve d'autorité. Lorsque le choix des parents correspond aux besoins de l'enfant, le négativisme se transforme tout naturellement en affirmation de soi à l'école maternelle, tout comme les tempêtes affectives de l'adolescence se résoudront en conscience de sa valeur chez le jeune adulte.

Parler est important lorsqu'on grandit, mais pas plus que penser ou sentir par soi-même. Laisser un enfant seul est parfois aussi important que d'être avec lui. Ce que nous apprend la petite enfance, c'est que le meilleur moyen d'être proche d'un enfant consiste parfois à le laisser partir.

Notes et références

Chapitre 2. Qu'est-ce qu'un tout-petit ?

1. S. Kierkegaard, *Purity of Heart is to will one Thing*, New York, Harper & Row, 1983, p. 85.

2. M. D. S. Ainsworth, M. C. Blehar, E. Waters & S. Wall, *Patterns of Attachment : A Psychological Study of the Strange Situation*, Hillsdale, New Jersey, Erlbaum, 1978.

3. J. Bowlby, *Attachment and Loss*, vol. 1, *Attachment* (2nd ed.), New York, Basic Books, 1982 ; traduction française, *Attachement et perte. L'attachement*, Paris, PUF, 1978.

4. J. Bowlby, *Attachment and Loss*, vol. 2, *Separation : Anxiety and Anger*, New York, Basic Books, 1973 ; traduction française, *Attachement et perte. La séparation : angoisse et colère*, Paris, PUF, 1978.

5. M. S. & M. C. Smart, *Children : Development and Relationships*, New York, Macmillan, 1967, p. 146.

6. J. W. Anderson, « Attachment behavior out of doors », *Ethological Studies of Child Behavior*, Cambridge, England, Cambridge University Press, 1972, p. 199-217.

7. E. Erikson, *Childhood and Society*, New York, Norton, 1950, p. 227 ; traduction française, *Enfance et société*, 6e éd., Neuchâtel, Paris, Delachaux et Niestlé, 1976.

8. M. S. Mahler, F. Pine, A. Bergman, *The Psychological Birth of the Human Infant*, New York, Basic Books, 1975.

9. R. S. Marvin, « An ethological-cognitive model for the attenuation of mother-child attachment behavior », *in* T. Alloway, L. Kramer & P. Pliner (eds), *Advances in the Study of Communication and Affect*, vol. 3 : *Attachment Behavior*, New York, Plenum, 1977, p. 25-60.

10. T. B. Brazelton, *Toddlers and Parents : A Declaration of Independence*, New York, Delta/Seymour Lawrence, 1989 ; traduction française, *L'Âge des premiers pas : une déclaration d'indépendance*, Paris, Payot, 1989.

11. M. Lewis & J. Brooks-Gunn, *Social Cognition and the Acquisition of Self*, New York, Plenum, 1979.

Chapitre 3. Le tout-petit et ses parents

1. G. R. Patterson, « Mothers : The unacknowledged victims », *Monographs of the Society for Research in Child Development,* n° 45, 5, 1980.

2. C. L. Fawl, « Disturbances experienced by children in their natural habitat », *The Stream of Behavior,* R. Barker (ed.), New York, Appleton-Century-Croft, 1963.

3. C. Minton, J. Kagan & J. Levine, « Maternal control and obedience in the two-year-old », *Child Development,* n° 42, 1971, p. 1873-1894.

4. R. Forehand, H. E. King, S. Peed & P. Yoder, « Mother-child interactions : comparison of a noncompliant clinic group and a nonclinic group », *Behavior Research and Therapy,* n° 13, 1975, p. 79-84.

5. C. Rexroat & C. Shehan, « The family life cycle and spouses' time in housework », *Journal of Marriage and the Family,* 49, 1987, p. 737-750.

6. M. E. Lamb, *The Role of the Father in Child Development,* New York, Wiley, 1976.

7. S. Fraiberg, *The Magic Years,* New York, Scribner's, 1959.

8. J. Bowlby, *Attachment and Loss,* vol. 1, *op. cit.*

9. S. Greenspan, *The Essential Partnership,* New York, Viking Books, 1989.

10. D. Stern, *The Interpersonal World of the Infant,* New York, Basic Books, 1985 ; traduction française, *Le monde interpersonnel du nourrisson : une perspective psychanalytique et développementale,* Paris, PUF, 1989.

11. Lettre de Kevin Frank, citée par L. B. Murphy, « When a child is inconsolable : Staying Near », *in Zero to Three, Bulletin of the National Center for Clinical Infant Programs,* 9 (2), 15, 1988.

Chapitre 4. La question du tempérament

1. T. B. Brazelton, *Infants and Mothers : Differences in Development,* New York, Delacorte Press/Seymour Lawrence, 1969 ; traduction française, *Trois bébés dans leur famille, Laura, Daniel et Louis : les différences du développement,* Paris, Librairie générale française, 1987.

2. T. B. Brazelton, « The neonatal behavioral assessment scale », *in Clinics in Developmental Medicine,* 50, 1973.

3. A. Thomas, S. Chess & H. Birch, *Temperament and Behavior Disorders in Children,* New York, New York Universities Press, 1968.

4. D. Stern, *The Interpersonal World of the Infant,* New York, Basic Books, 1985 ; traduction française, *Le monde interpersonnel du nourrisson : une perspective psychanalytique et développementale,* Paris, PUF, 1989.

5. H. Goldsmith, A. Buss, R. Plomin, M. Rothbart, A. Thomas, S. Chess, R. Hinde & R. McCall, « Roundtable : what is temperament ? », *in Child Development,* 58, 1987, p. 505-529.

6. « Temperament is the law of God written in the heart of every creature by God's own hand, and must be obeyed, and will be obeyed, and will be obeyed in spite of all restricting or forbidding statutes, let them emanate whence they may. » (« Letters from the Earth », *in What is Man, and other Philosophical Writings.)*

7. A. Thomas & S. Chess, *Temperament and Development,* New York, Brunner/Mazel, 1977.

8. A. Thomas & S. Chess, *The Dynamics of Psychological Development,* New York, Brunner/Mazel, 1980.

9. S. Chess & A. Thomas, *Origins and Evolution of Behavior Disorders : From Infancy to Early Adult Life*, New York, Brunner/Mazel, 1984.

10. S. Escalona, *The Roots of Individuality*, Chicago, Aldine, 1968.

11. S. Greenspan, *The Essential Partnership, op. cit.*

12. E. Erikson, *Childhood and Society, op. cit.*, p. 64.

13. S. B. Crockenberg, « Infant irritability, mother responsiveness and social support influences on the security of infant-mother attachment », *in Child Development*, 52, 1981, p. 857-869.

14. M. J. Gandour, « Activity level as a dimension of temperament in toddlers : its relevance for the organismic specificity Hypothesis », *in Child Development*, 60, 1989, p. 1092-1098.

Chapitre 5. Les enfants actifs : aller de l'avant

1. S. Provence & R. C. Lipton, *Infants in Institutions*, New York, International Universities Press, 1962.

2. A. F. Lieberman & J. H Pawl, « Clinical applications of attachment », *in* J. Belsky & T. Nezworski (ed), *Clinical Implications of Attachment*, New York, Lawrence Erlbaum, 1962, p. 327-351.

3. S. Fraiberg, *The Magic Years, op. cit.*

4. Vidéo, « Flexible, fearful or feisty : The different temperaments of infants and toddlers », Sausalito, California, Far West Laboratories Center for Child and Family Studies for California State Department of Education, 1979.

5. H. Parens, *The Development of Agression in Early Childhood*, New York, Aronson, 1979.

Chapitre 6. Les enfants timides : prendre son temps

1. J. Kagan & N. Snidman, « Temperamental factors in human development », *in American Psychologist*, 46, 8, 1991, p. 856-862.

2. J. Kagan, J. S. Reznick & N. Snidman, « The physiology and psychology of behavioral inhibition in children », *in Child Development*, 58, 1987, p. 1459-1473.

3. J. Kagan & H. A. Moss, *Birth to Maturity*, New York, Wiley, 1962.

4. J. Kagan, J. S. Reznick, N. Snidman, J. Gibbons & M. D. Johnson, « Childhood derivatives of inhibition and lack of inhibition to the familiar », *in Child Development*, 59, 1988, p. 1580-1589.

5. J. Kagan & N. Snidman, « Infant predictors of inhibited and uninhibited profiles », *in Psychological Science*, 2, 1991, p. 40-44.

6. J. Kagan, « The shy and the sociable », *in Harvard Alumni Magazine*, Winter, 1991.

7. « Flexible, fearful or feisty... », vidéo citée.

Chapitre 7. Premières angoisses

1. J. Bowlby, *Attachment and Loss*, vol. 2, *op. cit.*

2. T. Humphrey, « The development of human fetal activity and its relation to

postnatal behavior », *in Advances in Child Development and Behavior*, H. W. Reese & L. P. Lipsitt (eds.), vol. 2, New York, Academic Press, 1970, p. 1-57.

3. T. Field, *Infancy*, Cambridge, Mass., Harvard University Press, 1990.

4. D. N. Stern, « A micro-analysis of mother-infant interaction : Behavior regulating social contact between a mother and her 3 1/2 month-old twins », *in Journal of the American Academy of Child Psychiatry*, 10, 1971, p. 501-516.

5. M. D. S. Ainsworth, M. C. Blehar, E. Waters & S. Wall, *Patterns of Attachment...*, *op. cit.*

6. P. Graves, « The functioning fetus », *in The Course of Life : Psychoanalytic Contributions toward understanding Personality Development*, vol. 1, *Infancy and Early Childhood*, S. I. Greenspan & G. H Pollock (eds), Washington DC, US Government Printing Office, 1980.

7. A. J. DeCasper & W. P. Fifer, « Of human bonding : Newborns prefer their mothers' voice », *in Science*, 208, 1980, p. 1174-1176.

8. J. McFarlane, « Olfaction in the development of social preferences in the human neonate », *in Parent-Infant Interaction*, H. Hofer (ed.), Amsterdam, Elsevier, 1975.

9. L. Sander, « Issues in early mother-child interaction », in *Journal of the American Academy of Child Psychiatry*, 1, 1962, p. 141-166.

10. S. I. Greenspan & N. T. Greenspan, *First Feelings : Milestones in the Emotional Development of your Baby and Child*, New York, Penguin, 1989 ; traduction française, *Le développement affectif de l'enfant : de la naissance à quatre ans ; premières émotions, premiers sentiments*, Paris, Librairie française, 1992.

11. S. M. Bell & M. D. S. Ainsworth, « Infant crying and maternal responsiveness », *in Child Development*, 43, 1972, p. 1171-1190.

12. D. W. Winnicott, *The Maturational Process and the Facilitating Environment*, New York, International Universities Press, 1965 ; traduction française, *Processus de maturation chez l'enfant, développement affectif et environnement*, Paris, Payot, 1970.

13. K. D. Pruett, *The Nurturing Father : Journey toward the Complete Man*, New York, Warner Books, 1987.

14. S. Dixon, M. W. Yogman, E. Tronick, H. Als, L. Adamson & T. B. Brazelton, « Early social interaction of infants with parents and strangers », *Journal of the American Academy of Child Psychiatry*, 20, 1981, p. 32.

15. M. Mains & D. R. Weston, « The quality of the toddler's relationship to mother and father : Related to conflict behavior and the readiness to establish new relationships », *Child Development*, 52, 1981, p. 932-940.

16. M. Main, N. Kaplan & J. Cassidy, « Security in infancy, childhood and adulthood : A move to the level of representation », *in* I. Bretherton & E. Waters (eds), « Growing points of attachment theory and research », *Monographs of the Society for Research in Child Development*, 50, n°s 1-2, Serial n° 209, 1985, p. 66-104.

17. H. Roiphe & E. Galensau, *Infantile Origins of Sexual Identity*, New York, International Universities Press, 1981.

18. B. Lozoff, G. Brittenham, M. Kennell & M. Klaus, « The mother-newborn relationship : Limits of adaptability », *Journal of Pediatrics*, 91 (1), 1977, p. 1-12.

19. Erik H. Erikson, *Childhood and Society*, *op. cit.*

20. S. Fraiberg, « Pathological defenses in infancy », *Psychoanalytical Quaterly*, 51, 1982, p. 612-635.

21. A. F. Lieberman, « Infant mental health : A model for service delivery », *Journal of Clinical Child Psychology*, 14 (3), 1985, p. 196-201.

22. A. F. Lieberman, D. R. Weston & J. H. Pawl, « Preventive intervention and outcome with anxiously attached dyads », *Child Development*, 62, 1991, p. 199-209.

23. L. Matas, R. Arend & L. A. Sroufe, « Continuity of adaptation in the second year : The relationship between quality of attachment and later competence », *Child Development*, 49, 1978, p. 547-556.

24. L. A Sroufe, « Infant-caregiver attachment and patterns of adaptation in preschool : The roots of maladaptation and competence », *in* M. Perlmutter (ed.), *Minnesota Symposium in Child Psychology*, vol. 16, New Jersey, Erlbaum, 1983.

25. R. Arend, F. Grove & L. A. Sroufe, « Continuity of individual adaptation from infancy to kindergarten : A predictive study of ego-resiliency », *Child Development*, 50, 1979, p. 950-959.

26. M. Lewis, C. Feiring, C. McGoffog & J. Jaskir, « Predicting psychopathology in six-year-olds from early social relations », *Child Development*, 55, 1984, p. 123-126.

Chapitre 8. Questions à négocier

1. J. Bowlby, *Attachment and Loss*, vol. 2, *op. cit.*

2. S. Fraiberg, *The Magic Years, op. cit.*

3. T. B. Brazelton, *Toddlers and Parents : A Declaration of Independence, op. cit.*

4. J. Kagan, *The Second Year*, Cambridge, Harvard University Press, 1981.

5. N. Richman, « A community survey of the characteristics of the 1-2 year olds with sleep disruptions », *Journal of the American Academy of Child & Adolescent Psychiatry*, 20, 1981, p. 281-291.

6. M. Keener, C. Zeanah & T. Anders, « Infant temperament, sleep organization and nighttime parental interventions », *Pediatrics*, 81, 1988, p 762-771.

7. K. Minde, K. Popiel, N. Leos, S. Falkner, K. Parker & M. Handley-Derry, « The evaluation and treatment of sleep disturbances in young children », *Journal of Child Psychology & Psychiatry*, 34, 1993.

8. C. Guilleminault, « Disorders of arousal in children : Somnambulism and night terrors », *in* C. Guilleminault (ed.), *Sleep and its Disorders in Children*, New York, Raven Press, 1987, p. 243-252.

Chapitre 9. Quand les parents divorcent

1. E. M. Hetherington, « Coping with family transitions : Winners, losers and survivors », *Child Development*, 60, 1989, p. 1-14.

2. J. Wallerstein, *Second chances : Men, Women and Children a Decade after divorce*, New York, Ticknor & Fields, 1989.

3. J. Piaget, *Le langage et la pensée chez l'enfant : étude sur la logique de l'enfant*, Paris, Denoël-Gonthier, 1984.

4. J. MacFarlane, « Olfaction in the development of social preferences in the human neonate », art. cit.

5. A. J. DeCasper & W. P. Fifer, « Of human bonding : Newborns prefer their mothers' voices », art. cit.

6. J. F. Fagan, « Infant's delayed recognition necessary and forgetting », *Journal of Experimental Child Psychology*, 16, 1973, p. 424-50.

7. P. Nachman & D. Stern, « Recall memory for emotional experience in pre-lin-

guistic infants », Paper presented at the National Clinical Infancy Fellows Conference, Yale University, New Haven, CT, 1983.

8. R. Thompson, M. E. Lamp & D. Estes, « Stability of infant-mother attachment and its relationship to changing life circumstances in an unselected middle class sample », *Child Development*, 53, 1982, p. 144-148.

9. A. F. Lieberman, D. Weston & J. H. Pawl, « Preventive intervention and outcome with anxiously attached dyads », *Child Development*, 62, 1991, p. 199-209.

10. J. Herzog, « Sleep disturbance and father hunger in 19-to 28-months-old boys : The Erlkoning syndrome », *The Psychoanalytic Study of the Child*, 35, 1980, p. 219-236.

Chapitre 10. Faire garder son enfant

1. S. Provence, *Presentation made at the Symposium on Early Infant and Toddler Care*, San Francisco Psychoanalytic Institute Extension Division, San Francisco, CA, 1986.

2. S. Provence, A. Taylor & J. Patterson, *The Challenge of Daycare*, New Haven, Yale University Press, 1977.

3. B. Kalmanson, « Understanding responses to separation », *in* S. Chehrazi (ed.), *Psychosocial issues in Daycare*, Washington DC, American Psychiatric Press, 1990, p. 159-175.

4. J. H. Pawl, « Infants in daycare : Reflections on experiences, expectations and relationships », *Zero to Three : Bulletin of the National Center for Clinical Infant Programs*, February, 1-6, 1990.

5. J. Roemer, *Two to four from 9-5 : The Adventures of a Daycare Provider*, New York, Harper & Row, 1989.

6. R. Lally, *A Guide to Social-Emotional Growth and Socialization*, Sacramento, California Department of Education, 1990.

7. C. Howes, « Caregiver behavior in center and family daycare », *Journal of Applied Developmental Psychology*, 4, 1983, p. 99-107.

8. C. Howes, « Sharing fantasy : Social pretend play in toddlers », *Child Development*, 56, 1985, p. 1253-1258.

9. P. A Nachman, « A companion study of toddlers cared for by their mother or by substitute caregivers », *in* S. Chehrazi (ed.), *Psychological Issues in Daycare*, Washington DC, American Psychiatric Press, 1990, p. 147-158.

10. C. Howes, « Social competence with peers in young children : Development sequences », *Developmental Review*, 7, 1987, p. 252-272.

11. C. Howes, C. Rodning, D. C. Galluzzo & L. Myers, « Attachment and childcare : Relationships with mother and caregiver », *in* N. Fox & G. G. Fein (eds.), *Infant Daycare : The Current Debate*, New Jersey, Albex, 1990, p. 169-182.

12. D. Philips & M. Whitebook, « The child care provider : Pivotal player in the child's world », *in* S. Chehrazi (ed.), *Psychological issues in Daycare*, *op. cit.*, p. 129-146.

13. J. Belsky, « The "effects" of infant daycare reconsidered », *in* N. Fox & G. G. Fein (eds.), *Infant Daycare : The Current Debate*, *op. cit.*, p. 3-40.

14. K. A. Clarke-Steward, « The effects of daycare reconsidered : Risks for parents, children and researchers », *in ibid.*, p. 61-86.

15. R. A. Thompson, « The effects of infant daycare through the prism of attachment theory : A critical appraisal », *in ibid.*, p. 3-40.

16. A. Sroufe, « A developmental perspective on day care », *in ibid.*, p. 3-40.

17. House Select Committee on Children, US Congress, « Youth and Families : Families and child care : Improving the options », Washington DC, US Government Printing Office, 1984.

18. E. Ziegler & N. Hall, « Daycare and its effects on children : An overview for pediatric health professionals », *Journal of Developmental and Behavorial Pediatrics*, 9, 1988, p. 38-46.

19. R. Ruopp, J. Travers, D. Cornell & R. Goodrich, *Chidren at the Center*, Summary findings and implications of the National Day Care Study, Cambridge, MA, Abt Books, 1979.

20. C. Howes, « Current research on early daycare », *in* S. Chehrazi (ed), *Psychological Issues in Daycare, op. cit.*, p. 129-146.

21. L. Berk, « Relationships of educational attainments, child oriented attitudes, job satisfaction, and career commitment to caregiver behavior toward children », *Child Care Quaterly*, 14, 1985, p. 103-129.

22. C. Howes & M. Olenick, « Family and child care influences on toddler compliance », *Child Development*, 57, 1986, p. 206-216.

Index

Table

Cet ouvrage a été composé
chez Nord Compo (Villeneuve-d'Ascq).
Reproduit et achevé d'imprimer sur Roto-Page
par l'Imprimerie Floch (Mayenne)
en janvier 1997

N° d'impression : 40857
N° d'édition : 7381-0413-05
Dépôt légal : janvier 1997

Imprimé en France